TESI GREGORIANA
Serie Diritto Canonico

———————— 66 ————————

FRANCISCO WALKER VICUÑA

LA FACULTAD PARA CONFESAR

EDITRICE PONTIFICIA UNIVERSITÀ GREGORIANA
Roma 2004

Vidimus et approbamus ad normam Statutorum Universitatis

Romae, ex Pontificia Universitate Gregoriana
die 19 mensis maii anni 2004

R.P. Prof. James J. Conn, S.J.
R.P. Prof. Janusz Piotr Kowal, S.J.

ISBN 88-7652-999-3
© Iura editionis et versionis reservantur
PRINTED IN ITALY

GREGORIAN UNIVERSITY PRESS
Piazza della Pilotta, 35 - 00187 Rome, Italy

INTRODUCCIÓN

La actual legislación canónica establece, recogiendo una larga tradición en la Iglesia, que «para absolver válidamente de los pecados se requiere que el ministro, además de la potestad de orden, tenga facultad de ejercerla sobre los fieles a quienes da la absolución» (c. 966 §1). En palabras sencillas, esta disposición significa que para que un sacerdote pueda confesar, no basta que esté válidamente ordenado, sino que requiere además de una particular licencia (en el sentido amplio de la palabra) dada por la autoridad eclesiástica, licencia que es técnicamente llamada facultad. Y la Iglesia exige tal facultad para la validez del sacramento.

Es evidente que la mayoría de los fieles ignora esta disposición. Es más, muchos sacerdotes tienen hoy día sólo una vaga idea de la misma. No faltan quienes creen que se trata de una disciplina antigua, superada por la doctrina y legislación posterior al Concilio Vaticano II. Muchos no le hayan mayor sentido y les cuesta aceptar que la validez del sacramento de la confesión pueda estar vinculada a una determinación jurídica. Es verdad que la práctica común en muchos lugares de reducir el otorgamiento de la facultad requerida para confesar a un mero trámite burocrático no ayuda mucho a disipar estos y otros equívocos. A modo general, podemos decir que ellos son una vertiente más de una cierta crisis que ha conocido el sacramento de la penitencia en tiempos recientes, crisis que no ha dejado de ser señalada por el Magisterio reciente[1], y que no está del todo superada en ciertos ambientes.

Ahora bien, ¿tiene sentido el que la Iglesia siga exigiendo algo más que la ordenación al sacerdote que desea sentarse en el confesionario? Para responder adecuadamente a esta pregunta, será necesario partir con un estudio de la historia de la disposición del c. 966 §1. Sabemos que la historia es siempre maestra, y la historia del sacramento de la penitencia,

---

[1] Cf. JUAN PABLO II, Ex. Ap. *Reconciliatio et Paenitentia*, 2 diciembre 1984, n. 28.

en particular, es de una gran riqueza y variedad. ¿Cuál es entonces el origen histórico de la facultad para la confesión? ¿Cuál ha sido la práctica de la misma a lo largo de la historia bimilenaria de la Iglesia? El primer capítulo del presente trabajo estará destinado a responder estas preguntas.

Una vez conocido el pasado, podremos estudiar el presente. En el segundo capítulo, analizaremos con la acuciosidad que nos permitan los límites de este estudio, la disciplina actual de la materia, tal como está tratada en los cánones del Código de 1983, tratando de sacar a luz, junto con una explicación sistemática, las grandes diferencias con respecto al Código píobenedictino. El método, aquí, será principalmente exegético, en cuanto buscaremos conocer el verdadero sentido y alcance de los cánones que regulan la facultad para confesar. Sin duda, este conocimiento tendrá importantes consecuencias pastorales, pues nos permitirá también iluminar la práctica administrativa vinculada a la concesión de la facultad, y eventualmente nos llevará a formular algunas sugerencias prácticas.

Finalmente, conocido ya el pasado y el presente, intentaremos en los dos últimos capítulos, con la ayuda de todo el material acumulado, esbozar una comprensión acerca de la naturaleza y sentido de la facultad para confesar. En el tercer capítulo buscaremos responder a la siguiente pregunta: ¿qué es la facultad para confesar? ¿Cuál es su naturaleza canónico-teológica? Se tratará de una reflexión de índole más especulativa, en la que nos toparemos con cuestiones de índole teológico-dogmático. En efecto, como tendremos ocasión de ver, la respuesta a las preguntas recién formuladas nos llevará necesariamente a indagar acerca del alcance de la potestad de la Iglesia sobre los sacramentos.

Llegados a este punto, retomaremos en el último capítulo la pregunta con que iniciábamos esta introducción: ¿qué sentido tiene la exigencia del c. 966 §1? ¿Sigue siendo necesaria en el tiempo actual en el que la Iglesia, por medio del vicario de Cristo, nos ha llamado a una revigorización del sacramento de la reconciliación?[2] ¿Qué es lo que la Iglesia está tutelando con una disposición que a primera vista pudiera parecer gravosa u obsoleta?

Confiamos en que estas líneas puedan ayudar a iluminar el sentido y alcance de la normativa canónica, susciten una mayor comprensión de los deberes de justicia inherentes al sacramento de la penitencia y puedan, finalmente, invitar a una ulterior reflexión.

---

[2] Cf. JUAN PABLO II, Litt. Ap. *Novo Millenio Ineunte*, 6 enero 2001, n. 37.

Capítulo I

Desarrollo histórico

Iniciábamos la introducción al presente trabajo con la cita del c. 966 §1 del Código de 1983. ¿Cómo llegó la Iglesia a esta formulación? ¿Cuál es el origen de esta exigencia de una especial facultad para que el sacerdote pueda absolver los pecados? A lo largo de este primer capítulo, luego de una breve introducción acerca del fundamento bíblico de la potestad de la Iglesia para perdonar los pecados, trataremos de responder a las interrogantes recién indicadas presentando la evolución histórica de la materia. Al hacerlo, veremos que la historia de la facultad para confesar está íntimamente unida a la historia misma del sacramento de la penitencia. A la vez, junto con señalar los hechos más significativos de cada período histórico, trataremos de conocer la reflexión doctrinal que acompañó a tales hechos.

1. Fundamento escriturístico

Es verdad de fe que el sacramento de la penitencia fue instituido por Jesucristo Nuestro Señor (cf. *DS* 1701).

«Durante su vida pública, Jesús no sólo perdonó los pecados, también manifestó el efecto de este perdón: a los pecadores que son perdonados los vuelve a integrar en la comunidad del pueblo de Dios, de donde el pecado los había alejado o incluso excluido» (CEC 1443). Podríamos analizar las páginas del Nuevo Testamento que nos muestran esta actitud de Jesús frente a los pecadores, pero ello sin duda excede el objeto de nuestro estudio.

Por otra parte, para que su misión reconciliadora pudiera extenderse a lo largo de los siglos, el Señor hace partícipes a los apóstoles de su propio poder de perdonar los pecados y de reconciliar a los pecadores con la Iglesia (cf. CEC 1444). Nos detendremos entonces a realizar una breve exégesis de los textos que dicen directa relación a este poder dado por Nuestro Señor a los apóstoles de perdonar los pecados[1].

Dos han sido tradicionalmente considerados los textos fundacionales del sacramento de la penitencia: «Yo os aseguro: todo lo que atéis en la tierra quedará atado en el cielo, y todo lo que desatéis en la tierra quedará desatado en el cielo» (Mt. 18,18) y, sobre todo, «A quienes perdonéis los pecados, les quedan perdonados; a quienes se los retengáis, les quedan retenidos» (Jn. 20,23). Estas expresiones bíblicas significan, como lo explicaremos a continuación, que los apóstoles reciben la totalidad de los poderes necesarios para introducir a los hombres en el Reino de Dios, es decir, para remitir los pecados.

En el texto citado de Mateo, el Señor otorga a los apóstoles el poder de atar y desatar. Tal poder, que también fue conferido individualmente a Pedro (cf. Mt. 16,19), ha sido denominado por la tradición de la Iglesia la *potestas clavium*, es decir, el poder de las llaves. El texto de Mateo ha sido interpretado de diversos modos a lo largo de la historia. Tales interpretaciones son agrupadas por Ramos-Regidor en tres grupos: jurídica, eclesiológica y demonológica[2]. La tradición teológica, más allá de las distintas interpretaciones, es constante en afirmar que el poder de las llaves al que alude el texto de Mateo, si bien es más amplio que el solo poder de perdonar, ciertamente lo incluye[3]. Atar y desatar en el uso rabínico significaba por un lado, «enseñar con autoridad» y por otro, el «excluir» o «excomulgar» de la comunidad y el levantar tal exclusión. Además, en el contexto bíblico y en general en la literatura antigua, la expresión también podía significar el entregar a una persona al poder del demonio o el liberarla del mismo. Uniendo estos distintos significados, y teniendo también en cuenta la práctica de la primitiva comunidad respecto de los pecadores, se puede afirmar que el Señor otorga a los apóstoles[4] el poder de excluir y readmitir al pecador a la comunidad,

---

[1] Para todo lo que se indica en este apartado sobre la fundamentación bíblica, seguimos principalmente, a no ser que se señale otra cosa, a P. ADNÈS, *La penitencia*, 25-47 y J. RAMOS-REGIDOR, *Il Sacramento della penitenza*, 107-133.

[2] Cf. J. RAMOS-REGIDOR, *Il Sacramento della penitenza*, 122-128.

[3] Cf. D. NOTHOMB, «La nature du pouvoir de juridiction du confesseur», 473.

[4] El que el Señor se dirija en el v.18 no a la comunidad en general, sino a los jefes de la misma, es decir a los apóstoles, viene explicado en J. RAMOS-REGIDOR, *Il Sacramento della penitenza*, 127-128.

entregándolo o liberándolo del dominio del demonio[5]. Por otra parte, como ya lo señalamos, el mismo poder de atar y desatar había sido conferido a Pedro individualmente. No se debe ver en ello una contradicción. Como enseña un conocido biblista, «la autoridad petrina se refería a toda la Iglesia, aquí [en Mt. 18] en cambio se habla del poder ejercido en la comunidad local. Se puede decir que la autoridad petrina autoriza la ejercida en la comunidad»[6].

El segundo texto, de Juan, se refiere con toda claridad a la potestad de perdonar los pecados[7]. Visto en su contexto inmediato (Jn. 20, 19-23), tal potestad, otorgada a los apóstoles (cf. v. 19), es un don del Resucitado y brota de la plenitud del Espíritu (cf. v. 22). Se refiere a los pecados cometidos después del bautismo[8], respecto de los cuales los apóstoles reciben el poder de perdonar y retener. Algunos ven en estas palabras dos acciones contrapuestas: absolver o no absolver. Otros, en cambio, ven más bien en ellas, relacionándolas con el atar y desatar de Mateo[9], dos dimensiones de un mismo proceso de reconciliación del pecador. Estas dos dimensiones son, nos enseña Ramos-Regidor, «vincular, imponer ciertas obligaciones a causa de los pecados cometidos, y perdonar sucesivamente estos pecados»[10].

Podemos concluir junto con Adnès que «Juan y Mateo describen el mismo hecho, pero desde dos puntos de vista distintos y complementarios. En Mateo aparece, sobre todo, el aspecto eclesial y discipli-

---

[5] Ello se ve reforzado por el contexto inmediato del v. 18, en el cual, en palabras de Adnès, se trata «de la manera cómo hay que proceder con respecto a un pecador, que debe finalmente someterse al juicio de la Iglesia» (*La penitencia*, 34).

[6] J. GNILKA, *Il vangelo de Matteo*, 209-210: «L'autorità petrina si riferiva a tutta la chiesa, qui invece si parla del potere esercitato nella comunità locale. Si può dire che l'autorità petrina autorizza quella esercitata nella comunità». Las traducciones, a no ser que se indique otra cosa, son nuestras.

[7] Trento define dogmáticamente que las palabras de Jn. 20, 22s. se refieren a la potestad de remitir y retener los pecados en el sacramento de la penitencia (Cf. CONCILIO DE TRENTO, Sess. 14, Decr. *De poenitentia et unctione extrema*, in *DS* 1703). Los textos de Mt. 16, 19 y 18, 18, en cambio, están citados sólo en la doctrina del capítulo 5 del decreto sobre la penitencia (cf. *Ibid.* in *DS* 1679), lo que por cierto no significa restarles valor.

[8] Cf. J. RAMOS-REGIDOR, *Il Sacramento della penitenza*, 129-130.

[9] Cf. R. SCHNACKENBURG, *Il vangelo di Giovanni*, 538.

[10] J. RAMOS-REGIDOR, *Il Sacramento della penitenza*, 130: «vincolare, imporre certi obblighi a causa dei peccati commessi, e perdonare successivamente questi peccati». En las páginas 123 y 125 de la misma obra, se puede ver el elenco de los autores que postulan cada una de las dos posiciones arriba aludidas.

nar de la penitencia cristiana; en Juan, el aspecto espiritual y pneumático»[11]. Y en ambos casos, la voluntad de Cristo es explícita.

El Catecismo de la Iglesia Católica sintetiza esta voluntad fundacional de Cristo:

> Cristo instituyó el sacramento de la penitencia en favor de todos los miembros pecadores de su Iglesia, ante todo para los que, después del bautismo, hayan caído en el pecado grave y así hayan perdido la gracia bautismal y lesionado la comunión eclesial. El sacramento de la penitencia ofrece a éstos una nueva oportunidad de convertirse y de recuperar la gracia de la justifcación (n. 1446).

Ahora bien, ¿quiénes ejercen en la Iglesia esta potestad que Cristo otorgó a los apóstoles? ¿De qué manera es conferida dicha potestad? Conscientes de que a lo largo de los siglos la forma concreta en que la Iglesia ha ejercido el poder de perdonar recibido del Señor ha variado mucho[12], intentaremos ver brevemente cómo la Iglesia ha respondido a las preguntas anteriores a lo largo de su historia ya veinte veces secular.

2. Período de la penitencia pública: siglos I-VI

Desde un comienzo, la Iglesia entendió que por medio de los textos aludidos en el apartado anterior, Cristo le había concedido la potestad de perdonar los pecados. Los autores antiguos denominaron esta potestad poder de las llaves o poder de atar y desatar[13].

El sentido del recorrido histórico que vamos a iniciar será estudiar como la exigencia de una especial facultad para confesar se ha vinculado a la potestad para perdonar los pecados. Veremos como tal exigencia está fundamentada en la tradición más antigua de la Iglesia. En efecto, el origen más remoto de la necesidad de una determinación jurídica para que los presbíteros puedan confesar está en el hecho de que en la Iglesia primitiva sólo el Obispo administraba la penitencia de modo ordinario. Los presbíteros sólo eran llamados a colaborar con el

---

[11] P. ADNÈS, *La penitencia*, 45.

[12] Para una visión general de la evolución de la práctica penitencial de la Iglesia, se puede ver G. CARZANIGA, «Confessione, penitenza, riconciliazione», 376-389.

[13] Cf. R. A COSIO, «De natura potestatis remittendi peccata», 4-7. El autor cita a numerosos Padres de la Iglesia para ilustrar que en la antigüedad cristiana el concepto de *potestas clavium* y el poder de atar y desatar incluían ya la potestad de perdonar los pecados, aunque no de modo exclusivo. En efecto, tales conceptos a menudo tenían un sentido muy amplio, abarcando toda la potestad dada por Cristo a la Iglesia.

Obispo de un modo subordinado y excepcional. Para marcar tal subordinación, y más aún en la medida en que la participación de los presbíteros en la celebración del sacramento se fue haciendo con el tiempo más habitual, se vio la necesidad de señalar la dependencia respecto al Obispo con un vínculo de carácter jurídico, vínculo que a lo largo de la historia conocerá diversas conceptualizaciones.

2.1 *La penitencia pública y el rol del Obispo*

En los primeros siglos de la Iglesia encontramos un particular modo de celebrar la reconciliación llamado penitencia pública o canónica, en cuanto será regulado por los cánones de los Concilios. Este sistema, que se remonta a la época apostólica, está ya plenamente consolidado hacia fines del s. III. Hasta fines del siglo VI, cuando se generalizará la llamada penitencia privada, será el único modo de obtener el perdón de los pecados graves. Se trataba de un itinerario penitencial reservado para los pecados más graves en el cual toda la comunidad eclesial estaba implicada, y de modo particular, la figura del Obispo, el cual dirigía todo el camino de reconciliación del pecador[14].

La Iglesia antigua consideró que los Obispos, en cuanto sucesores de los apóstoles, eran los llamados a ejercer la potestad dada a éstos por el Señor de perdonar los pecados. Si bien es cierto que las fuentes más primitivas no distinguen claramente los Obispos de los presbíteros, como señala Vacandard, «desde el momento que el Obispo aparece como jefe, *praepositus*, de las Iglesias particulares, es el "ecónomo" oficial de la penitencia y debe por consiguiente escuchar las confesiones de los pecadores»[15]. Muchos textos antiguos[16] hablan del *sacerdos* como el ministro de la penitencia, pero en realidad tal expresión se reservaba al Obispo[17] ¿Cuál era el rol concreto del Obispo? El pecador acudía normal-

---

[14] Para la historia y características de la penitencia pública o canónica en este período, nos hemos guiado principalmente por las obras de P. ADNÈS, *La penitencia*, 77-136 y B. POSCHMANN, *La pénitence*, 27-107.

[15] E. VACANDARD, «Confession du I au XIII siècle», 840: «dès que l'évêque apparaît comme chef, *praepositus*, des Eglises particulières, il est l' "économe" officiel de la pénitence et doit, par conséquent, entendre les confessions des pécheurs».

[16] Un elenco de muchos de los textos antiguos que se refieren al ministro de la penitencia lo podemos encontrar en G. D'ERCOLE, *Penitenza canonico-sacramentale*, 54-66. 77-80. 94-101. El autor, distinguiendo las distintas partes del rito de la penitencia, señala quien era el ministro de cada una de sus partes.

[17] Cf. E. VACANDARD, «Confession du I au XIII siècle», 844-845.

mente a él para confesar su pecado. El Obispo, luego de juzgar si lo debía someter a la penitencia canónica, establecía el modo y la duración de la misma. Un rito litúrgico marcaba el ingreso público del pecador al *ordo paenitentium* mediante la imposición de manos por parte del Obispo en presencia de toda la comunidad. Al final del período penitencial, que podía ser bastante largo, otro rito litúrgico marcaba la reconciliación del pecador: el Obispo le imponía las manos y pronunciaba la oración sacerdotal. En resumen, el Obispo recibía la confesión del pecador, llamada *exomologesis*, le imponía la penitencia y finalmente lo reconciliaba[18].

Pero junto al Obispo, toda la comunidad eclesial acompañaba el camino penitencial del pecador. Este acompañamiento se hacía ante todo con la oración, la caridad para con los penitentes y con la presencia activa en los ritos litúrgicos de ingreso al orden penitencial y de reconciliación. En este contexto eclesial, aparece totalmente natural que sea el Obispo propio del pecador, en cuanto cabeza de la comunidad eclesial, quien tenga la potestad de perdonarle y de reintegrarle en la comunidad[19].

2.2 *Paulatina participación de los presbíteros*

Desde un comienzo, el Obispo era acompañado por los presbíteros de la comunidad en los ritos litúrgicos penitenciales. Muy luego, en caso de imposibilidad del Obispo o en peligro de muerte del penitente, también los presbíteros[20] podrán ejercer la reconciliación, como lo testimonian documentos ya en el s. III. San Cipriano, por ejemplo, señala que en nombre del Obispo, los presbíteros pueden reemplazarlo en el escuchar la confesión o la reconciliación del pecador[21]. En varios de estos casos se dice expresamente que debían contar con la licencia del Obispo[22]. El c. 32 del tercer concilio de Cartago, del año 397, que a su vez reproduce una norma un poco anterior del sínodo de Hipona, por ejemplo, señala:

---

[18] Para todos los pasos de la liturgia penitencial y en particular el rol del Obispo, cf. J. RAMOS-REGIDOR, *Il Sacramento della penitenza*, 147-151.

[19] Cf. E. FISCHER, «Necessità della potestà», 56-57; Z. ALSZEGHY, *De paenitentia*, 198.

[20] Para el problema histórico de la confesión hecha a diáconos y laicos, tema que rebasa nuestro estudio, remitimos a la exposición clara y sintética de P. GALTIER, *De poenitentia*, 464-468.

[21] Cf. CIPRIANO, *Epistula 13*, in *PL* 3, 266-268.

[22] Las citas de los documentos respectivos se pueden ver en P. ADNÈS, «La penitencia», 157-159.

«y los presbíteros no reconcilien los penitentes sin consultar al Obispo, salvo en ausencia del Obispo y obligándolo la necesidad...»[23]. El sentido de esta licencia parece que deba entenderse en el sentido del c. 39 de los apóstoles[24], según el cual «los presbíteros [...] no deben realizar nada sin el consentimiento de su Obispo, porque es a él que ha sido confiado el pueblo del Señor, y que deberá rendir cuenta de sus almas»[25].

Paulatinamente, los presbíteros irán teniendo mayor protagonismo en la práctica de la penitencia. Afirma Adnès: «Como hacia finales de la época patrística la mayoría de los cristianos diferían la penitencia hasta la muerte[26], la tarea de los sacerdotes no cesaba de ir creciendo. Por otra parte, cuanto más se extendían las comunidades cristianas, menos podía el Obispo realizar personalmente todas las funciones eclesiásticas»[27]. De hecho, sabemos que ya a inicios del s. IV, el Papa Marcelo (308-309) dividió la comunidad de Roma en veinticinco iglesias titulares *propter baptismum et paenitentiam*. Por la misma época, en oriente, aparece la figura del sacerdote penitenciario, instituido por el Obispo, para realizar en su nombre los actos penitenciales[28].

No es fácil establecer cómo se entendía en estos casos el poder recibido por los presbíteros para administrar la penitencia. ¿Era acaso

---

[23] CONCILIO III DE CARTAGO, c. 32, in MANSI III, 885: «Ut presbyteri inconsulto episcopi non reconcilient poenitentes nisi absentia episcopi et necessitate cogente...».

[24] Los «cánones apostólicos», una de las colecciones pseudo-apostólicas de mayor difusión en la antigüedad (fueron traducidos en diversos idiomas e incluso recogidos por el Concilio Ecuménico de Nicea el año 787), fueron escritos hacia fines del s. IV en Siria, pero recogen numerosas normas anteriores, de carácter prevalentemente disciplinar (Cf. D. SALACHAS, *Il Diritto*, 13-18).

[25] D. SALACHAS, *Il Diritto*, 223: «I presbiteri [...] non devono compiere nulla senza l'assenso del loro vescovo, poiché è a lui che fu affidato il popolo del Signore, e dovrà rendere conto delle loro anime». Es interesante la interpretación que dará a esta norma el *Pedalium*, famoso comentario griego de fines del s. XII, el cual dirá que los presbíteros en virtud de la ordenación pueden absolver los pecados pero requieren de una facultad dada por el Obispo para ejercer el poder recibido en la ordenación. Por otra parte la licencia del Obispo parece necesaria sólo para la licitud del sacramento, no para la validez (Cf. *Ibid.*, 223).

[26] El fenómeno es debido a la irreiterabilidad de la penitencia pública y a que el penitente, aun después de la reconciliación, debía llevar una vida de renuncia al mundo muy cercana a la del estado religioso. Tales exigencias aparecían muy difíciles al común de los cristianos.

[27] P. ADNÈS, *La penitencia*, 158. La época referida se ha de entender entre los ss. IV y VI.

[28] Cf. B. POSCHMANN, *La pénitence*, 88.

concedido directamente por el Obispo o en virtud del derecho mismo? ¿O les era conferido en la ordenación, para ser luego ejercitado lícitamente sólo en caso de necesidad o por expreso encargo del Obispo? Siguiendo a E. Fischer, «esta última explicación parece más probable, dada la falta de una distinción teórica entre la potestad de orden y de jurisdicción, y de un claro concepto de delegación»[29].

3. Desarrollo medieval de la praxis y de la doctrina penitencial

3.1 *Paso de la penitencia pública a la penitencia privada*[30]

El alto medioevo conoce el paulatino paso de la penitencia pública a la llamada penitencia privada. Ya hemos señalado cómo hacia el final de la antigüedad cristiana la penitencia canónica, dada la rigidez de su normativa, en la gran mayoría de los cristianos se postergaba para el momento de la muerte. Una reforma eficaz de la penitencia cristiana sólo podría venir si se admitía la posibilidad de la reiteración de la misma. Tal reforma vendrá de la Iglesia celta de Gran Bretaña e Irlanda. Tal Iglesia, aislada del resto del continente por distintas vicisitudes históricas, mantendrá durante siglos usos propios, particularmente en el campo penitencial. Fuentes ya del s. VI nos indican, aunque la práctica ciertamente era anterior, que en torno a los monasterios se desarrolló un camino penitencial de carácter privado, por medio del cual el pecador confesaba al sacerdote sus pecados y luego de cumplir la satisfacción que le era fijada, volvía para recibir la reconciliación. Se trataba de una práctica reiterable, aplicable no sólo a los pecados graves, sino también a las faltas ligeras. Poschmann, el gran estudioso de la historia de la penitencia, nos dice que «al contrario del antiguo uso eclesiástico, los presbíteros aparecen desde un principio como los administradores regulares de la penitencia junto al Obispo [...] y no es sino excepcionalmente que un pecado particularmente grave es reservado a éste»[31].

---

[29] E. FISCHER, «Necessità della potestà», 59-60: «Quest'ultima spiegazione sembra essere più probabile, data la mancanza di una distinzione teorica fra potere di ordine e di giurisdizione, nonché di un chiaro concetto di delega». Los conceptos de potestad de orden y de jurisdicción serán explicados más adelante.

[30] En los datos históricos de este apartado seguimos a B. POSCHMANN, *La pénitence*, 110-135; P. ADNÈS, *La penitencia*, 137-144.

[31] B. POSCHMANN, *La pénitence*, 115: «Contrairement à l'ancien usage ecclésiastique, les prêtres y apparaissent dès l'abord comme les intendents réguliers de la Pénitence, à

Durante los ss. VII y VIII, los monjes irlandeses, muy activos en la obra de evangelización en todo el continente, tendrán un influjo grande en la difusión de esta nueva forma de celebración del sacramento. La llamada penitencia privada se difundirá y se consolidará rápidamente, a pesar de los intentos de volver a la práctica antigua, en especial durante la reforma carolingia en el siglo IX[32].

Sin embargo, a nivel teórico, el Obispo, en continuidad con la tradición precedente, sigue siendo considerado el ministro ordinario de la penitencia, incluso en su forma privada[33]. Los concilios de Piacenza y Clermont, bajo Urbano II, el año 1095 lo testimonian expresamente: «ningún presbítero reciba a alguien a la penitencia salvo al cual el propio Obispo hubiera confiado este cuidado»[34]. Por esta época encontramos también los primeros casos de pecados reservados al Obispo[35] o incluso al Papa[36]. No es claro si esta licencia del Obispo era requerida para la validez o la licitud del sacramento, pero parece ser, siguiendo a E. Fischer, que «el sacerdote recibía en la consagración el pleno poder de administrar la penitencia, [...] pero al mismo tiempo, para ejercerlo, fuera necesario el (simple) permiso del Obispo o del párroco interesado[37], permiso que en determinados casos de necesidad no era necesario requerir»[38]. Según esto, la licencia no otorga el poder de Admi-

---

côté de l'évêque [...] et ce n'est qu'exceptionnellement qu'un péché particulièrement grave est réservé à celui-ci».

[32] Ésta, buscando volver a la práctica antigua, establecerá la penitencia pública para las faltas públicas y la penitencia privada para las faltas privadas. En realidad, esta disposición era una innovación contraria a la tradición antigua, en la cual la penitencia pública estaba reservada para todos los pecados graves, fueran estos públicos u ocultos (Cf. B. POSCHMANN, *La pénitence*, 120-122).

[33] Cf. E. FISCHER, «Necessità della potestà», 58-59; B. POSCHMANN, *La pénitence*, 128.

[34] CONCILIO DE PIACENZA, año 1095, in MANSI XX, 803: «Item ut nullus presbyter aliquos ad poenitentiam reciperet nisi cui proprius episcopus hanc curam commisisset».

[35] Cf. CONCILIO DE LONDRES, año 1102, can. 28 in MANSI XX, 1152.

[36] Cf. CONCILIO LATERANENSE II, año 1139, can. 15 in MANSI XXI, 530. Algunos han atribuido una disposición similar al Concilio de Clermont, celebrado poco antes, en 1130.

[37] Entraremos muy luego en el tema de la confesión ante el *proprius sacerdos*.

[38] E. FISCHER, «Necessità della potestà», 60-61: «il sacerdote ricevesse nella consacrazione il pieno potere di amministrare la penitenza [...] ma nello stesso tempo che, per esercitarlo, ci fosse bisogno del (semplice) permesso del vescovo o del parroco interessato, permesso che in determinati casi di necessità non era necessario richiedere».

nistrar el sacramento (en virtud de la ordenación ya lo tiene), sino sólo autoriza su lícito ejercicio.

3.2 *La confesión ante el* proprius sacerdos

A partir del siglo IX distintos sínodos y disposiciones eclesiásticas insistirán en la necesidad de confesarse ante el *proprius sacerdos*, entendido éste como el correspondiente a la propia demarcación territorial[39].

¿De donde proviene esta exigencia[40]? Aun cuando no se formule explícitamente, todo el período de la penitencia pública la vivió implícitamente. El pecador que quería someterse a la penitencia siempre acudía a su Obispo. El principio lo vemos confirmado, por ejemplo, cuando el Papa Marcelo, como señalamos, dividió la Urbe en distintas parroquias *propter baptismum et paenitentiam*. Ciertamente, con la introducción de la penitencia privada, surgida en ámbito monacal, tal principio se perdió. Los monjes no eran párrocos. Más adelante, los misioneros irlandeses que pasarán al continente y difundirán la penitencia privada serán, sobre todo en un primer momento, itinerantes, por lo que difícilmente se podrían aplicar criterios de jurisdicción territorial clara. Las normas del s. IX que insisten en la confesión ante el *proprius sacerdos* debemos verlas entonces en el contexto de la reforma carolingia que pretende colocar orden en los distintos aspectos de la Administración eclesiástica[41]. Por lo demás, en la época todavía no se dis-

---

[39] Se pueden ver las referencias a algunas de estas disposiciones eclesiásticas en J.M. GONZALEZ DEL VALLE, *El sacramento*, 73.

[40] Insistimos en este aspecto de la confesión ante el *proprius sacerdos* ya que, como veremos más adelante, será un elemento importante para la configuración del futuro concepto de jurisdicción.

[41] De esta época es el Pseudo Isidoro, obra apócrifa que tendrá gran influencia en autores posteriores, el cual pretende basarse en la autoridad del Papa Calixto, haciéndole decir en la *Epístola 2*: «Nadie usurpe los límites de otro, ni presuma juzgar u ordenar o excomulgar los parroquianos de otro, ya que tal juicio, ordenación, excomunión o condenación no será válida, ni tendrá ninguna fuerza, porque nadie está sujeto a la sentencia de otro juez que no sea el suyo» (P. ANCIAUX, *La théologie*, 310: «Nullus alterius terminos usurpet, nec alterius parrochianum iudicare, ver ordinare, aut excommunicare presumet, quia talis iudicatio, vel ordinatio, aut excommunicatio vel damnatio nec rata erit, nec vires ullas habebit, quoniam nullus alterius iudicis, nisi sui, sententia tenebitur»). El texto será comentado entre otros por Graciano, el cual lo trata dentro de su tratado de la penitencia y como prueba de la necesidad de confesarse ante el *proprius sacerdos* (cf. C. 6, q. 40, c. 1, d. A.). Por lo demás, en el concepto de la época, el *iudicare* incluye la adminis-

tingue explícitamente entre la excomunión y la penitencia[42], por lo que el que tenía competencia en el ámbito penal era también competente en el ámbito penitencial[43].

Todo lo anterior no obsta a que esta regla se sustente también en hermosas consideraciones pastorales, como lo podemos ver en Pedro el Chantre, un autor del siglo XII, el cual argumentando que el pastor debe conocer a sus ovejas para poder conducirlas al cielo, se pregunta: «¿Cómo podrá rendir cuentas del alma de la oveja a él confiada, cuyas suciedades y manchas no conoce?»[44].

La necesidad de confesarse ante el *proprius sacerdos*, llamada también la regla canónica[45], suscitará numerosas cuestiones prácticas que serán tratadas por los autores de la época. ¿Qué hacer en caso de que el párroco propio fuera inepto o el confesarse con él comportara algún peligro moral? Algunos sostienen que en tal caso es lícito acudir a otro confesor; otros afirman que ello se puede hacer solamente con la licencia del pastor propio o del Superior del mismo; otros, en fin, en el caso de ignorancia del sacerdote, señalan que igual hay que acudir donde él para cumplir así con la regla canónica, y luego se puede acudir con libertad a otro[46].

Toda esta doctrina será más tarde solemnemente sancionada por el IV Concilio de Letrán, en el famoso decreto *Omnis utriusque sexus* sobre la confesión anual:

---

tración de la penitencia. Interesante también notar que la norma se exige so pena de nulidad.

[42] Con respecto a esta distinción, a la que aludiremos más adelante, cf. F. RUSSO, «Pénitence et excommunication», 257-279.431-461. El texto recién citado del Pseudo Isidoro nos confirma la ausencia de esta distinción.

[43] Quizás haya que ver también otro motivo de la exigencia de la confesión ante el pastor propio en el principio tan difundido en el primer milenio de la ordenación relativa, en virtud del cual el orden se otorgaba para un determinado oficio y con él se daban todas las facultades necesarias para ser desempeñadas dentro del ámbito de ese oficio (Cf. A. STICKLER, «La bipartición», 47).

[44] *Summa*, tomada de P. ANCIAUX, *La théologie*, 591: «Quomodo poterit reddere rationem de anima oviculae sibi commissae, cuius sordes et maculas non agnoscet?».

[45] Canónica, en razón de los numerosos cánones de sínodos y concilios que la prescribían.

[46] Cf. P. ANCIAUX, *La théologie*, 586-604, donde son citados distintos autores de la segunda mitad del s. XII, con las respectivas opiniones. Se puede ver también un decreto del Papa Urbano II (1088-1099) sobre la cuestión.

Todo fiel de uno y otro sexo, después que llegare a la edad de la discreción, confiese él solo sus pecados al menos una vez al año al propio sacerdote [...] Con todo, si alguien, con justa causa, quisiera confesar sus pecados a otro sacerdote, pida primero y obtenga la licencia del propio sacerdote, no pudiéndolo de otro modo aquél absolver o atar[47].

Pero estamos ya en 1215, a comienzos del siglo XIII, en medio de un gran desarrollo doctrinal respecto al tema que nos interesa, tanto en el ámbito de la canonística como de la teología. Es lo que estudiaremos en el apartado siguiente.

3.3 *Desarrollo doctrinal de los siglos XII y XIII*

Hacia fines del siglo XII se irá perfilando en la reflexión teológica, y sobre todo en la canonística, un cambio de concepción que será fundamental para entender la materia que nos ocupa, y que alcanzará su madurez en el s. XIII. Se trata de la distinción entre una potestad de orden y una potestad de jurisdicción como dos poderes diversos que confluyen en el sacerdote para la válida absolución de los pecados[48]. El influjo de esta nueva concepción marcará la doctrina hasta la víspera de la promulgación del Código de 1983. Veamos cómo se llegó a esta distinción en lo que se refiere a la confesión.

3.3.1 Paulatina elaboración del concepto de la jurisdicción necesaria para absolver

Si todavía en el s. XI, más allá de las colecciones canónicas, no se conoce aún ninguna elaboración doctrinal acerca del sacramento de la

---

[47] Concilio Lateranense IV, Cap. 21, decr. *Omnis utriusque sexus,* in *DS* 812: «Omnis utriusque sexus fidelis, postquam ad annos discretionis pervenerit, omnia sua solus peccata saltem in anno fideliter confiteatur proprio sacerdoti [...] Si quis autem alieno sacerdoti voluerit iusta de causa sua confiteri peccata, licentiam prius postulet et obtineat a proprio sacerdote, cum aliter ille ipsum non possit absolvere vel ligare».

[48] Expliquemos brevemente los términos que nos acompañarán en nuestra reflexión. La potestad de orden, recibida como su nombre lo indica por medio del sacramento del orden, consiste en un poder sagrado sacramental ordenado a la colación de los sacramentos. La potestad de jurisdicción, en cambio, consiste en un poder jurídico, conferido por medio de la *missio canonica,* tendiente al gobierno exterior de la Iglesia (Cf. K. Mörsdorf, «Potestades de la Iglesia», 678-681). Conviene también señalar desde ya, como se explicará más adelante, que la distinción entre estas dos potestades se dio en un contexto más amplio que el del solo sacramento de la penitencia.

penitencia, sin duda que el s. XII marcará un cambio fundamental[49]. A partir de Abelardo, serán muy numerosos los estudios acerca del aspecto sacramental de la penitencia, la obligatoriedad de la confesión y el poder de los sacerdotes respecto a la remisión de los pecados. Es en este contexto más amplio que debemos situar la reflexión que expondremos a continuación. Siéndonos imposible estudiar con detalle todos los autores de la época, señalaremos tan sólo algunos hitos fundamentales, deteniéndonos con más calma en santo Tomás de Aquino, por alcanzar en él la doctrina su plena madurez. Con todo, conviene recordar que en lo que respecta a nuestro tema, el gran desarrollo doctrinal significará el conceptualizar una práctica vivida en la Iglesia desde muy antiguo[50].

a) *Graciano*[51]

Graciano en su Decreto redactado hacia el 1140 refleja el *status quaestionis* y la praxis de su tiempo. Son numerosos los textos en que recoge la regla canónica del deber de confesarse ante el *proprius sacerdos* y estudia los problemas prácticos a que aludíamos más arriba. Abordando la cuestión de por qué un fiel no podía ir a confesarse con un monje que fuera sacerdote[52], Graciano planteará una distinción fundamental para la evolución de la materia que nos ocupa. Distinguirá entre la *potestas* y la *executio potestatis*. He aquí sus palabras:

> Como pues en la bendición [se refiere a la ordenación] ambos reciben una común potestad, así en la institución reciben conjuntamente la ejecución de la potestad. Por lo demás, sin licencia de los Obispos no sólo a los monjes,

---

[49] Los años comprendidos entre la segunda mitad del s. XII y primera mitad del s. XIII son sin duda fundamentales para la consolidación de las principales instituciones canónicas. Es la época en que surge la teología escolástica por un lado, y la ciencia canónica por otro. Dada la importancia de este período, nos detendremos en él con mayor profundidad.

[50] Cf. F. RUSSO, «Pénitence et excommunication», 447. Todo el apartado anterior sobre la necesidad de confesarse con el *proprius sacerdos* tuvo como objetivo justamente el mostrar cómo la práctica precedió a la conceptualización doctrinal.

[51] En lo que se refiere a la exposición de la doctrina de Graciano, seguimos fundamentalmente a P. ANCIAUX, *La théologie*, 302-312.

[52] La cuestión será planteada por la mayoría de los autores de la época, lo que seguramente refleja una práctica bastante habitual entre los fieles. Recordemos que fueron precisamente los monjes quienes difundieron la práctica de la penitencia privada y reiterable.

sino también en general a todos los clérigos se prohibe la ejecución de la potestad[53].

Graciano está afirmando que el sacerdote recibe en la ordenación sus poderes sacerdotales, pero que está sometido al Obispo en cuanto al ejercicio de los mismos[54]. La institución a que alude el texto citado es sin duda la cura de almas que le confía el Obispo en un determinado territorio. Sin embargo, en otros textos no siempre Graciano muestra la misma claridad[55], por lo que aún debemos esperar un mayor desarrollo de la doctrina.

b) *Canonistas y teólogos de fines del s. XII y principios del s. XIII*

Los decretistas, es decir los comentadores del Decreto de Graciano, y los grandes teólogos de fines del s. XII e inicios del s. XIII abordarán nuestro tema bajo la óptica del análisis de la *potestas clavium*.

Ante todo, aclaremos los términos. Para la teología medieval, existían dos llaves[56]. Una, la *clavis scientiae*, llamada también *discretio*, que es la facultad de discernir quiénes deban ser atados o desatados. La otra, la *clavis potentiae*, que era propiamente la *potestas iudicandi*, esto es, la potestad de atar y desatar. Esta última abarcaba tanto la potestad de absolver de los pecados, como la potestad de excomulgar y de levantar la excomunión. En los párrafos que siguen, al hablar de la *potestas clavium* nos referiremos en realidad sólo a esta segunda llave, es decir, al poder de atar y desatar.

El gran mérito de estos autores será que, continuando con la distinción esbozada por Graciano entre *potestas* y *executio potestatis*,

---

[53] C. 16, q. 1, c. 40, d. p: «Sicut ergo in benedictione utrique communem nasciscuntur potestatem, ita in institutione communiter assecuntur potestatis executionem. Ceterum absque episcoporum licentia non solum monachis sed etiam omnibus generaliter clericis potestatis executio interdicitur».

[54] Respecto al significado que hay que dar a la *executio* de la potestad, cf. K. NASILOWSKI, «Distinzione», 103-108. El autor se inclina por interpretarla como un verdadero poder, distinto de la potestad sacramental.

[55] Las imprecisiones de Graciano son puestas en relieve por J. GAUDEMET, *Droit*, 84-85.

[56] La terminología a veces varía entre un autor y otro, según puede verse, por ejemplo, en J.M. GONZALEZ DEL VALLE, *El sacramento*, 80-96. Tomamos aquí los términos tal como serán empleados por santo Tomás, aun cuando ya se encuentran los mismos en muchos autores anteriores (Cf. H. MERKELBACH, *Quaestiones de Poenitentiae Ministro*, 9-10).

distinguirán con mayor claridad entre las *claves* y el *usus clavium*, para llegar así a formular explícitamente el concepto de jurisdicción.

Los autores del siglo XII en general no precisan aún la relación entre las llaves y el poder de orden, limitándose a afirmar que las llaves son concedidas por la ordenación[57]. Huguccio, por ejemplo, dice que «es más exacto decir que sólo hay una llave sacerdotal, esto es, la potestad de atar y desatar. Y ésta es el orden sacerdotal»[58]. Y si reconocen que no todo sacerdote puede absolver, es porque no ha recibido una cura de almas, por lo que no es el pastor propio del penitente[59].

Unas pocas décadas más tarde, a inicios del s. XIII, los autores afinan los términos distinguiendo entre la potestad *in habitu* e *in usu*. Encontramos tal distinción, por ejemplo, en la *Summa Ne ad mensam*, en Pedro de Poitiers, Tomás de Chobham, Esteban Langton, y muchos otros de la época[60]. Por la ordenación se recibe sólo la potestad *in habitu*, el *usus* de la misma se confiere por el Obispo, cuando éste concede al sacerdote la *cura gregis*. Tomás de Chobham dice que los sacerdotes que no tienen cura de alma tienen la potestad ligada mientras no sea desatada por algún Prelado superior[61]. De todos estos autores, quizás el que primero utilice el término jurisdicción sea Esteban Langton († 1228), el cual afirma que: «respecto a que pueda atar y desatar es necesario que tenga jurisdicción, ya que la ejecución de las llaves no tiene lugar sino en súbditos. Pero todo ha sido cortado sin la jurisdicción. Y por tanto no puede atar o desatar»[62].

Desde entonces el término jurisdicción será invocado cada vez con mayor frecuencia por los autores como algo necesario en el sacerdote para poder absolver. Mucho se ha discutido acerca del significado que

---

[57] Cf. F. RUSSO, «Pénitence et excommunication», 446.

[58] *Summa in Decretum, ad Dictum Gratiani ante* c. 1, D. XX, tomada de P. ANCIAUX, *La théologie*, 549 : «Sed verius dicitur quod tantum sit una clavis sacerdotalis, scilicet potestas ligandi et solvendi. Et hic est ordo sacerdotalis».

[59] Así lo dice, por ejemplo, Pedro el Chantre (Cf. P. ANCIAUX, *La théologie*, 591-592).

[60] Un elenco sintético de estos autores lo podemos encontrar en J.M. GONZALEZ DEL VALLE, *El sacramento*, 90-96. Este autor, por lo demás, extrae su síntesis de la obra que hemos citado de P. Anciaux.

[61] Cf. J.M. GONZALEZ DEL VALLE, *El sacramento*, 92.

[62] *Quaestiones*, tomada de P. ANCIAUX, *La théologie*, 568: «quod ad hoc quod possit ligare et solvere oportet quod habeat iurisdictionem, quia executio clavium non nisi in subiectis habet locum. Sed omnis praecisus est absque iurisdictione. Et ideo non potest solvere vel ligare».

los autores daban a este término⁶³. Que significaba un cierto poder sobre el penitente se deduce de las razones argumentadas por los maestros de la época, los cuales insisten en que sólo el propio sacerdote puede imponer, *iniungere* la penitencia, distinguiendo tal imposición del mero consejo, que podía ser dado por cualquiera⁶⁴.

González del Valle afirma que el concepto de jurisdicción surgió en relación al sacramento de la penitencia en razón de aplicar al mismo los principios de la administración de justicia, al no distinguirse aún entre penitencia y excomunión⁶⁵. Es probable que así sea. Lo cierto es que más allá de la causa, ya a mediados del s. XIII la doctrina está plenamente consolidada. Autores como san Raimundo de Peñafort y Bartolomeo de Brescia afirman con toda claridad la necesidad de esta jurisdicción para la validez del sacramento⁶⁶.

c) *Síntesis de santo Tomás de Aquino*

A modo de síntesis del desarrollo doctrinal habido desde la mitad del s. XII, exponemos el pensamiento de santo Tomás de Aquino, en el cual la doctrina está ya decantada y ha alcanzado su madurez⁶⁷.

Santo Tomás, recogiendo la doctrina de sus antecesores, denomina llave (*clavis*) al poder de «atar y desatar», es decir, de abrir el cielo

---

⁶³ Cf. el documentado estudio de M. VAN DE KERCKHOVE, «La notion». El autor hace ver como recién con los decretalistas el término pasa a significar con claridad un poder social, de gobierno, en la Iglesia.

⁶⁴ Cf. P. ANCIAUX, *La théologie*, 596-597. 599. 607.

⁶⁵ Cf. J.M. GONZALEZ DEL VALLE, *El sacramento*, 93. 96-99.

⁶⁶ Cf. E. FISCHER, «Necessità della potestà», 63-65.

⁶⁷ Santo Tomás de Aquino interrumpió la composición de la Suma Teológica a fines del año 1273, luego de tener una visión que le llevó a considerar todo cuanto había escrito como paja. La Suma quedó interrumpida en la mitad del sacramento de la penitencia. Los temas que nos interesan, acerca de la potestad del ministro, están tomados principalmente del *Supplementum*, compilado por un discípulo del Aquinate para completar el tratado inconcluso. El material de esta compilación está tomado de otras obras del mismo maestro, particularmente del libro cuarto del Comentario a las Sentencias de Pedro Lombardo, por lo que toda la tradición ha considerado el Suplemento como un fiel reflejo del pensamiento del Doctor Angélico. En este apartado, citaremos directamente el Suplemento. La doctrina que nos interesa está tratada en dos partes: en la q. 8, respecto del ministro de la confesión y en las qq. 17-20, respecto al poder de las llaves. Alguna citación estará tomada también del Comentario a las Sentencias. Para una exposición sistemática del pensamiento del Doctor Angélico sobre esta materia, remitimos al trabajo de H. MERKELBACH, *Quaestiones de Poenitentiae Ministro*.

removiendo el obstáculo del pecado (o dejarlo cerrado, en caso de no poder remover tal obstáculo). Tal poder, que en Cristo existe por excelencia, ha sido otorgado también a los ministros de la Iglesia. En este sentido, esta potestad se llama *clavis Ecclesiae* o *clavis ministerii*[68].

¿Cómo se conceden las llaves? «Toda potestad espiritual es conferida mediante alguna consagración. Y por esto las llaves se entregan con el orden»[69]. Ahora bien, este poder (las llaves) es recibido en la ordenación como una potencia[70], que para ser actuada requiere de jurisdicción. Al respecto, el Aquinate distingue entre las llaves y su *usus* o *executio*. «Pero el ejercicio de las llaves [*executio clavis*] necesita de una materia apta, que es el pueblo sometido por la jurisdicción. Antes de tener la jurisdicción, tiene las llaves, pero no su ejercicio»[71]. Es ésta una idea constantemente repetida; así p. ej.: «puesto que el uso del poder de las llaves [*usus clavium*] requiere alguna potestad de gobierno [*praelationis potestatem*], por la cual aquel sobre quien se confiere el uso del poder de las llaves se hace materia propia de este acto»[72]. En base a esta distinción, los sacerdotes cismáticos, herejes, excomulgados, suspensos o degradados, manteniendo «el poder de las llaves en cuanto a su esencia, queda impedido su uso por falta de materia»[73]. Pero en peligro de muerte, cualquiera de ellos puede absolver, ya que la Iglesia le otorga jurisdicción[74].

---

[68] Cf. TOMÁS DE AQUINO, *Suppl.* q. 17, a. 1.
[69] TOMÁS DE AQUINO, *Suppl.* q. 17, a. 2, ad 2: «omnis potestas spiritualis datur cum aliqua consecratione. Et ideo clavis cum ordine datur». Las traducciones de la Suma Teológica y del *Supplementum* están tomadas de la edición bilingüe citada en bibliografía.
[70] Cf. TOMÁS DE AQUINO, *Suppl.* q. 17, a. 2.
[71] TOMÁS DE AQUINO, *Suppl.* q. 17, a. 2, ad 2: «Sed executio clavis indiget materia debita, quae est plebs subdita per iurisdictionem. Et ideo, antequam iurisdictionem habeat, habet claves, sed non habet actum clavium». De todos estos textos, y de otros que vendrán luego citados, aparece claro que para santo Tomás las llaves y la jurisdicción se distinguen claramente. Las llaves son recibidas en la ordenación. Es más, se podría decir que se identifican con el orden. En efecto, en su esencia, la potestad de atar y de desatar no se distingue de la potestad de consagrar (Cf. *Ibid.* q. 17, a. 2, ad 1). La jurisdicción, en cambio, es necesaria para el uso o ejercicio de las llaves. Cuando santo Tomás hable de *clavis iurisdictionis* dirá que es *clavis* en sentido impropio.
[72] TOMÁS DE AQUINO, *Suppl.* q. 20, a. 1: «quia usus clavium requirit aliquam praelationis potestatem per quam ille in quem usus clavium communicatur, efficitur materia propria illius actus».
[73] TOMÁS DE AQUINO, *Suppl.* q. 19, a. 6: «clavium potestas quantum ad essentiam, sed usus impeditur ex defectu materiae» (Cf. también ID., *STh.* II-II, q. 39, a. 3).
[74] Cf. TOMÁS DE AQUINO, *Suppl.* q. 8, a. 6.

De los textos anteriores, se deduce con claridad la necesidad de una doble potestad en el sacerdote. Santo Tomás lo dirá explícitamente: «Para la absolución del pecado se requiere doble potestad, a saber, la de orden y la de jurisdicción»[75].

Ahora bien, ¿cómo explica el Doctor Angélico la necesidad de la jurisdicción? Por una parte, por el carácter judicial del sacramento: «en el juicio temporal no todo juez puede juzgar a cualquiera. Luego, siendo el uso del poder de las llaves un juicio [*iudicium quoddam*], no puede el sacerdote usar de él sobre cualquiera»[76]. Y «el juicio espiritual debe ser más ordenado que el temporal»[77]. Pero esto no debe entenderse como si la jurisdicción sólo otorgara competencia para ejercer un poder que ya se tiene. Los textos que aluden a que la jurisdicción confiere, en los súbditos, una materia al uso de las llaves podrían llevar a tal interpretación. En realidad, santo Tomás entiende la jurisdicción como un nuevo poder, un *imperium* que le es dado al sacerdote[78]. En efecto, el sacerdote, antes de absolver, debe usar también la «llave de la ciencia»[79], es decir, debe discernir la idoneidad de quien pide ser absuelto. Y para poder efectuar este juicio, debe poder disponer de los actos del penitente, a saber, contrición, confesión y satisfacción, que constituyen la substancia del sacramento:

> nuestros actos, puesto que de nosotros reciben su existencia, no pueden depender de otro, a no ser en cuanto éste los preceptúa. Por lo cual, el ministro de este sacramento ha de tener potestad de imperar la ejecución de algo. Mas el imperio sobre alguien sólo compete a las personas que gozan de jurisdicción. Luego la naturaleza de este sacramento exige que su minis-

---

[75] TOMÁS DE AQUINO, *Suppl.* q. 20, a. 1. ad 1: «ad absolutionem a peccato requiritur duplex potestas: scilicet potestas ordinis, et potestas iurisdictionis».

[76] TOMÁS DE AQUINO, *Suppl.* q. 20, a. 1: «Sed in iudicio temporali non potest quilibet iudex quemlibet iudicare. Ergo, cum usus clavium sit iudicium quoddam, non potest sacerdos sua clavi uti in quemlibet».

[77] TOMÁS DE AQUINO, *In Sent.* 4, Dist. 19, q. 1, a. 3: «judicium spirituale debet esse ordinatius quam temporale». El santo Doctor explica a continuación de este mismo texto que esta necesidad de orden en todo juicio es una expresión del orden que debe reinar en toda la creación y de modo especial en el gobierno de la Iglesia militante.

[78] Cf. TOMÁS DE AQUINO, *Suppl.* q. 8, a. 4, ad 2.

[79] Respecto a cómo entender esta llave de la ciencia, cf. TOMÁS DE AQUINO, *Suppl.* q. 17, a. 3.

tro tenga no sólo la potestad de orden, como el ministro de los restantes sacramentos, sino también la de jurisdicción[80].

Con esto, santo Tomás es aún más explícito que los autores anteriores, los cuales, como ya hemos indicado, afirmaban que sólo el *sacerdos proprius*, que gozaba de *iurisdictio*, podía *iniungere* la satisfacción. Con claridad entonces el Aquinate entiende la jurisdicción como un *imperium*.

Pero el Angélico Doctor ve también la necesidad de la jurisdicción en una dimensión más amplia, como expresión del poder de la Iglesia de reglamentar el uso de la potestad recibida en la ordenación: «La potestad de orden, en sí misma considerada, se extiende a todos los penitentes [...], no obstante que el uso de esa potestad debía estar sometido a la reglamentación de Pedro»[81]. Del mismo modo, aplicando el mismo principio, se reconoce el poder del Superior de reservarse a sí algunas causas[82].

En la obra del Aquinate se refleja también la disciplina acerca de los modos de obtener la jurisdicción, disciplina que en su sustancia no conocerá grandes variaciones hasta el Código de 1983. En efecto, lo que Trento y el Código de 1917 llamarán jurisdicción ordinaria o delegada, aunque no con los mismos términos, se encuentra ya en santo Tomás. El santo Doctor distingue entre una jurisdicción inmediata, que es la que tienen el Papa, el Obispo y el *proprius sacerdos* (el párroco), y la jurisdicción que es conferida por alguno de ellos a otro sacerdote. Es de

---

[80] TOMÁS DE AQUINO, *Suppl.* q. 8, a. 4 : «Actus autem nostri, cum in nobis principium habeant, non possunt nobis ab alio dispensari nisi per imperium. Unde oportet quod ille qui dispensator huius sacramenti constituitur, sit talis qui possit imperare aliquid agendum. Imperium autem non competit alicui in alium nisi qui habet super eum iurisdictionem. Et ideo de necessitate huius sacramenti est, non solum ut minister habeat ordinem, sicut in aliis sacramentis, sed etiam quod habeat iurisdictionem».

[81] TOMÁS DE AQUINO, *Suppl.* q. 20, a. 1. ad 1: «Potestas autem ordinis, quantum est de se, se extendit ad omnes absolvendos [...] tamen quod usus illius potestatis esse deberet praesupposita potestate Petro collata secundum ipsius ordinationem». Santo Tomás parece afirmar que este deber de Pedro de regular el uso de la potestad de orden es de derecho divino. En efecto, él interpreta el texto de Jn. 20 como aludiendo a la potestad recibida en la ordenación por todos los sacerdotes, mientras que ve en Mt. 16, donde el poder de perdonar se da individualmente a Pedro, la prueba de que él tiene un poder de jurisdicción por sobre los demás, por tanto capaz de regular el uso del poder que todos reciben en la ordenación (Cf. ID., *In Sent.* 4, Dist. 19, q. 1, a. 3, ad 1).

[82] Cf. TOMÁS DE AQUINO, *Suppl.* q. 20, a. 2.

notar que el *Supplementum*, siguiendo al Lateranense IV, reconoce el poder del párroco de delegar la jurisdicción a otro sacerdote[83].

Finalmente, conviene señalar que en santo Tomás está ya plenamente distinguido el fuero penitencial del fuero contencioso. Al absolver los pecados, el sacerdote ejerce la llave del orden (*clavis ordinis*), por la cual abre el cielo al pecador (es el poder de las llaves al que hemos aludido en los párrafos anteriores). Al inferir o absolver una excomunión, el Superior eclesiástico (no necesariamente sacerdote) ejerce la llave de jurisdicción en el fuero contencioso (*clavis iurisdictionis in foro causarum*), la cual excluye o admite en la Iglesia militante. Pero esta llave sólo en modo impropio (*non proprie*) se denomina llave, ya que sólo se refiere al cielo de modo indirecto, en cuanto la Iglesia en la tierra es camino para el cielo[84]. Esta misma distinción de las dos llaves aparece en otro lugar de la obra del Angélico, con un alcance más general, al afirmar que existe una potestad sacramental, de carácter permanente, conferida por una consagración, y una potestad jurisdiccional, otorgada *ab homine*, que puede perderse. Tenemos así claramente formulada la distinción entre potestad de orden y de jurisdicción[85].

Con Tomás de Aquino, la doctrina de los grandes maestros medievales está fijada. Su influjo, más allá de las distintas discusiones de escuela, será decisivo en los autores posteriores, al igual que en las definiciones del Magisterio.

d) *Identificación de la jurisdicción con la potestas clavium*

Volviendo un poco atrás, ya señalamos que en la antigüedad cristiana se designaba con la metáfora de las llaves toda la potestad de la Iglesia, dentro de la cual estaba incluido, por cierto, el poder de perdonar los pecados. Al inicio de la Edad Media se produce un cambio importante. Los autores, a partir del s. VIII, parecen ahora aludir con el concepto *potestas clavium* de modo exclusivo a las materias penitenciales[86]. De ahí que estos autores identifiquen las llaves con el sacramento del orden.

---

[83] La explicación de los modos de adquirir la jurisdicción se puede ver en TOMÁS DE AQUINO, *Suppl.* q. 8, a. 4 y 5.

[84] Cf. TOMÁS DE AQUINO, *Suppl.* q. 19, a. 3 y q. 22, a. 1. Volveremos poco más adelante a la distinción entre ambos fueros.

[85] Cf. TOMÁS DE AQUINO, *STh*. II-II, q. 39, a. 3. Santo Tomás formula la distinción a propósito de la potestad de los cismáticos.

[86] Los autores aludidos son, entre otros, W. Strabus, R. Maurus y A. Laudunensis (Cf. R. A COSIO, «De natura potestatis remittendi peccata», 7-8).

Es lo que vimos en santo Tomás, para quien las llaves, en sentido propio, se refieren al poder de abrir el cielo removiendo el obstáculo del pecado. De ahí que se otorguen por medio del sacramento del orden.

Sin embargo, ya un siglo antes, con Graciano volvía a aparecer un concepto más amplio de las llaves, refiriéndose en general al poder de fuero externo. Esta concepción será retomada por los autores posteriores. Juan el Teutónico será el primero en identificar las llaves con la jurisdicción: «creo que la llave es la jurisdicción»[87]. Santo Tomás, en cambio, representa una línea distinta. Para él, es cierto que se puede hablar de una *clavis iurisdictionis*, pero ésta es llave sólo en sentido impropio[88]. Sin embargo, a pesar de la opinión tomista, la identificación entre las llaves y la jurisdicción se hará cada vez más común entre los autores[89], lo que no dejará de tener influencia sobre nuestro tema[90].

3.3.2 Distinción entre potestad de orden y de jurisdicción[91]

Hemos visto cómo a partir de Graciano, la profundización doctrinal acerca del ejercicio del poder de las llaves en la absolución de los pecados llevó a distinguir la necesidad de dos potestades en el sacerdote: la potestad de orden y la de jurisdicción. Esta distinción está ya explícitamente formulada por santo Tomás. Con todo, para tener una visión completa del tema, es preciso señalar que la distinción entre ambas potestades se dio en un contexto más amplio que el de la absolución de los pecados.

Revisemos brevemente cuáles son las razones que llevaron a la elaboración de la distinción. En sustancia, se trata de dos grandes problemas abordados por los decretistas del s. XII[92].

---

[87] *Summa ad Decretum*, glosa al c. I, Dist. XX, tomado de M. VAN DE KERCKHOVE, «La notion», 444: «credo clavem iurisdictionem esse».

[88] Con el estudio que hemos hecho, nos parece claro que no es exacta la afirmación de R. a Cosio de que santo Tomás tendría una postura ambigua, identificando las llaves, a veces con el orden, otras con la jurisdicción. Cf. R. A COSIO, «De natura potestatis remittendi peccata», 10.

[89] Cf. R. A COSIO, «De natura potestatis remittendi peccata», 9-14.

[90] Retomaremos más adelante el argumento. Digamos tan sólo que en lo que respecta al poder de absolver, esta identificación llevará a sobrevalorar la jurisdicción para confesar, y como contrapartida, a minusvalorar el influjo de la potestad de orden.

[91] Para una visión general del sentido de la distinción entre orden y jurisdicción en la Iglesia, cf. Y. CONGAR, *Sainte Eglise*, 203-237.

[92] Cf. J. GAUDEMET, *Droit*, 84-90; A. STICKLER, «La bipartición», 55-57.

Por un lado, la reforma gregoriana, buscando poner fin a tantos ministros que ejercían indignamente un oficio no obstante el orden recibido, vuelve a plantear un problema antiguo en la Iglesia[93]: ¿qué valor tienen los actos de un ministro indigno? Asimismo, en la época eran frecuentes las excomuniones; los movimientos heréticos son abundantes. ¿Qué valor tienen los sacramentos o sentencias, cuando el sacerdote o el Obispo han sido excomulgados o han caído en la herejía? La respuesta a todas estas interrogantes será el distinguir entre una potestad inamisible, vinculada a la ordenación, y una potestad amisible, que no depende de la ordenación. Más allá de las vacilaciones en la terminología empleada[94], ello llevará a la distinción entre potestad de orden y de jurisdicción.

Por otro lado, el otro gran problema abordado por la canonística de la época se refería a las relaciones al interior de la jerarquía. Las discusiones giraban, como nota J. Gaudemet, en torno a las siguientes interrogantes: «¿Cómo regular las relaciones entre los Obispos y el Papa, que han recibido la misma consagración episcopal? ¿Qué poder reconocer al Papa electo, pero aún no consagrado; al Obispo designado, pero no ordenado?»[95]. La respuesta también llevaría a distinguir entre un poder dado en la ordenación y otro dado fuera de ella (en el acto de elección). Estos poderes serán llamados respectivamente potestad de orden y de jurisdicción.

Sin embargo, debemos dejar claro que en esta época surge la conceptualización de la distinción, lo que no significa que tal distinción no haya sido vivida durante el primer milenio cristiano. A. Stickler lo afirma con claridad:

> ya desde los primeros siglos hay una serie de instituciones, modos de conducirse y disposiciones, de las que hay que deducir que existía la conciencia práctica de una diferenciación y distinta significación en la potestad eclesiástica, lo cual resulta efectivo en la tradición de diversas maneras [...] si se quiere dar a entender una conciencia reflexiva y un conocimiento científicamente elaborado de la pluripartición de la potestad eclesiástica, sin duda

---

[93] Piénsese, por ejemplo, en las controversias en tiempos de san Cipriano o en las afirmaciones de san Agustín, el cual en las disputas con los donatistas, sostiene la validez del bautismo y de las ordenaciones conferidas por los herejes.

[94] Un resumen sintético de los términos usados puede verse en K. NASILOWSKI, «Distinzione», 120 y, con más detalle, en M. VAN DE KERCKHOVE, «La notion», 421-425.

[95] J. GAUDEMET, *Droit*, 87 : «comment régler les relations des évêques et du pape, qui ont reçu la même consécration épiscopale? Quel pouvoir reconnaître au pape élu, mais non encore consacré; à l'évêque désigné, mais non ordonné?».

eso sólo puede darse por vez primera gracias a la existencia de la correpondiente ciencia [canónica][96].

3.3.3 Distinción entre penitencia y excomunión

Finalmente, también a efectos de ofrecer una visión completa del desarrollo doctrinal en este período, hagamos una breve alusión a la distinción entre penitencia y excomunión, que como señalamos, ya está claramente conceptualizada en santo Tomás[97].

En los primeros siglos de la Iglesia, penitencia y excomunión constituían una sola práctica. Con todo, muy temprano se esbozará una distinción en la práctica: sólo se considerará verdaderamente excomulgado el pecador que no aceptaba someterse a los ritos penitenciales. A partir del siglo IX, al distinguirse entre las formas públicas y privadas de la penitencia según se tratara de pecados públicos o no, se acentúa la diferenciación. En la práctica, la penitencia pública se limitará a la excomunión canónica. Sin embargo, en el plano teórico, la indiferenciación se mantendrá hasta mucho más tarde. Hasta el siglo XII inclusive, los autores veían en la penitencia y la excomunión dos manifestaciones del ejercicio de las mismas llaves. F. Russo, quien ha estudiado el origen de la distinción entre ambas instituciones, nos enseña:

> La completa diferenciación doctrinal entre la penitencia y la excomunión no pudo realizarse sino cuando a fines del siglo XII fueron planteadas dos distinciones fundamentales muy estrechamente ligadas, que hasta entonces no habían sido claramente percibidas: el orden y la jurisdicción por una parte, el fuero penitencial y el fuero judicial por otra. Sólo entonces la doctrina está nítidamente despejada[98].

Esta clara diferenciación aparece por primera vez en Alejandro de Hales; será profundizada por san Buenaventura y san Alberto Magno,

---

[96] A. STICKLER, «La bipartición», 55. El mismo autor, en el artículo citado, da numerosos ejemplos tomados de la práctica del primer milenio para probar su afirmación. A la misma conclusión llega K. NASIŁOWSKI, «Distinzione», 93-102.

[97] Nos guiamos en este apartado principalmente por F. RUSSO, «Pénitence et excommunication».

[98] F. RUSSO, «Pénitence et excommunication», 456: «La complète différenciation doctrinale entre la pénitence et l'excommunication ne put se faire que lorsque à la fin du douxième siècle eurent été posées deux distinctions fondamentales très étroitement liées, qui jusque-là n'avaient pas été clairement aperçues : l'ordre et jurisdiction d'une part, le for pénitentiel et le for judiciel d'autre part. Alors seulement était nettement dégagée la doctrine».

para alcanzar ya su madurez, como vimos, en santo Tomás de Aquino. La potestad de excomulgar, llamada *clavis* en sentido impropio (Buenaventura y Alberto Magno preferirán llamarla *gladius*) es propia del Superior eclesiástico, mientras que la potestad de absolver es propia del sacerdote. El ejercicio de ésta supone una doble potestad, de orden y de jurisdicción; en aquella sólo la jurisdicción. Mientras el fuero penitencial regula directamente las relaciones del hombre con Dios, el fuero de la excomunión regula en primer lugar los vínculos externos en la Iglesia, las relaciones de los hombres entre sí[99].

Además del deseo de completar el cuadro doctrinal, hemos querido aludir a esta distinción entre penitencia y excomunión ya que a pesar de la diferenciación, los vínculos entre ambos institutos permanecerán. Ante todo, del período en que se confundía la potestad para absolver y para excomulgar, permanecerá el concepto de que el confesor deberá tener jurisdicción sobre el penitente por algún título de fuero externo. Además, hasta hoy día el confesor, en determinadas circunstancias, tiene potestad para absolver de la excomunión con ocasión de la Administración del sacramento de la confesión.

3.4 *Del Lateranense IV a los albores de Trento*

Hemos visto como en menos de un siglo, desde mediados del s. XII hasta mediados del siglo XIII, se ha producido un gran desarrollo en la elaboración de importantes conceptos canónicos. En lo que toca a nuestro tema, en la segunda mitad del siglo XIII, con santo Tomás de Aquino, la doctrina ha alcanzado su madurez, y veremos más adelante como será recogida luego por el Magisterio de la Iglesia, en los Concilios de Florencia y Trento. En el ámbito de la vida de la Iglesia, en las décadas que siguen al Lateranense IV, quizás la mayor novedad en cuanto a la disciplina acerca de la jurisdicción para confesar, estará representada por el surgir de las órdenes mendicantes, y los problemas a que ello dio lugar. Es lo que estudiaremos a continuación[100].

---

[99] Cf. F. RUSSO, «Pénitence et excommunication», 449-453.

[100] El problema fue ciertamente importante en la época. Si lo estudiamos con cierto detalle es, además, porque se trata del origen remoto de las disposiciones acerca de las facultades de los religiosos, disposiciones que hasta hoy día plantean ciertos problemas.

3.4.1 La regla canónica y las órdenes mendicantes

Si volvemos un poco atrás, recordamos que el decreto *Omnis utriusque sexus* del Concilio Lateranense IV, el año 1215, había consagrado la antigua regla canónica estableciendo la obligación de confesarse con el propio párroco[101].

Los años siguientes al Concilio conocerán el gran desarrollo de las órdenes mendicantes de reciente fundación, franciscanos y dominicos, que aportarán un gran movimiento de renovación en la Iglesia. Con todo, tal movimiento no dejará de plantear importantes problemas canónicos, al tratarse de religiosos dedicados al ministerio apostólico, los cuales desempeñaban su labor en medio del clero secular, sin estar ligados a territorio, y por ende, sin un vínculo de obediencia canónica a los Prelados.

Junto a la predicación, parte importante del ministerio de estos religiosos era la confesión. En los primeros años, confesaban en los distintos lugares a que eran destinados a misionar, siguiendo la regla del Lateranense IV, esto es, además del permiso del Obispo, con la licencia del párroco respectivo. Sin embargo, muy pronto surgirían los problemas. Los mendicantes se hicieron luego muy populares entre los fieles y muchos párrocos verán en ello un peligro para sus derechos parroquiales. Por éstos se entendía el conjunto de competencias, temporales y espirituales, que competen al sacerdote dentro de los límites de su territorio con respecto a sus fieles[102]. Aun cuando a menudo el Obispo concediera a los mendicantes la potestad de confesar en la diócesis, muchos clérigos se apoyarán en una interpretación estrecha del Lateranense IV, para no darles licencia en sus parroquias para confesar (y lo mismo para la predicación y otros ministerios).

Sin entrar en todos los detalles de la controversia, ésta se irá poco a poco decantando mediante la consolidación de la autoridad episcopal respecto a los párrocos, por un lado, y por otro, mediante la intervención del Papa en favor de los mendicantes.

En lo que respecta a la consolidación de la autoridad episcopal, ésta se veía limitada, como indicábamos, por una interpretación estrecha del decreto del Lateranense IV. El decreto pedía además una justa causa para que un fiel pudiera solicitar licencia a su párroco para confesarse

---
[101] Cf. 3.2.
[102] Para todo lo que atañe a las dificultades entre mendicantes y derechos parroquiales, cf. S.M. DA ROMALLO, *Il ministero*, 129-156.

con otro sacerdote. En general, los Obispos exhortaban a su clero a ser benignos en conceder la licencia; los canonistas, en cambio, tendían a ser más exigentes[103]. Pero la solución vendrá por la consolidación de la autoridad del Obispo. El mismo Laterano IV, en otro decreto, el *Inter Coetera*, aludía a la facultad del Obispo de proveer a que en las distintas iglesias hubiera sacerdotes que, en su nombre, prediquen y confiesen en bien de los fieles[104]. Poco después, distintos concilios particulares establecerán el poder de los Obispos de delegar a sacerdotes a confesar a los fieles de un modo cumulativo a los párrocos. Será de hecho lo que harán muchos Obispos con respecto a los mendicantes[105]. En unas pocas décadas, al decantarse la doctrina de la jurisdicción, ya no habrá dudas al respecto. Santo Tomás, como ya hemos aludido, lo afirmará con toda claridad[106]. Poco antes, lo afirmó ya Raimundo de Peñafort, el cual escribe en 1225 que sólo el Obispo tiene la facultad de dar la jurisdicción para confesar a sacerdotes religiosos, y en caso de que no se la conceda, no lo puede hacer el párroco[107].

En lo que se refiere a las intervenciones pontificias, varias bulas darán amplios poderes a los franciscanos y dominicos para poder confesar en

---

[103] Las distintas opiniones se pueden ver en S.M. DA ROMALLO, *Il ministero*, 153-156. Debemos considerar también, además de los motivos que ya vimos al tratar en general de la necesidad de la confesión ante el *proprius sacerdos*, que en estas primeras décadas del siglo XIII los teólogos y canonistas eran renuentes a ampliar mucho las excepciones por la concepción que entonces tenían acerca del alcance del poder sacerdotal en la confesión. Éste era visto como un declarar *in facie Ecclesiae* la remisión del pecado otorgada previamente por Dios en razón de la contrición. De ahí que correspondiera naturalmente hacerlo al Superior inmediato (para el común de los fieles, el párroco). Con santo Tomás, esta concepción será definitivamente superada. Además, los autores enfatizarán que la *erubescentia* era parte importante de la penitencia, y ella era mayor si la confesión se hacía ante el pastor propio. Pero en la práctica, ello llevará a muchos fieles a alejarse del sacramento (Cf. *Ibid*, 138-140).

[104] Cf. S.M. DA ROMALLO, *Il ministero*, 172.

[105] Cf. S.M. DA ROMALLO, *Il ministero*, 173-176.

[106] Cf. TOMÁS DE AQUINO, *Suppl.* q. 8, a. 5, donde lo explica y responde a las objeciones, en base a los principios de la delegación y a que la jurisdicción es otorgada para bien de los fieles.

[107] Cf. RAIMUNDO DE PEÑAFORT, *Summa de Poenitentia*, Lib. 3, tit. 34, §§ 14-16. Sin embargo, la opinión de s. Raimundo, en este aspecto, era minoritaria, ya que la mayoría de los autores concedían al párroco la facultad *simpliciter* de autorizar a otro sacerdote a confesar.

las tierras de misiones[108]. Pero las dificultades se planteaban sobre todo en los países cristianos, en lo que se refería a la confesión del común de los fieles. En este campo, al menos en el siglo XIII, las intervenciones papales serán más prudentes. La bula *Quoniam abundavit*, el año 1237, exhorta a los Prelados a admitir a los frailes menores a predicar y a confesar: «no impidáis que aquellos que acuden a sus predicaciones, puedan confesarse con sus sacerdotes»[109]. A esta exhortación seguirán otras más, las que no irán más allá de ser una exhortación. Sólo varias décadas más tarde, los Papas concederán verdaderos privilegios a los mendicantes en la materia.

El primer privilegio importante será concedido por Martín IV en 1281, el cual los dispensa de la aprobación episcopal, pidiéndoles sólo que exhorten al pueblo a la confesión anual con el párroco. El año 1300, la célebre decretal *Super Cathedram* de Bonifacio VIII armonizará tal privilegio con el derecho del Obispo de aprobar el confesor. La decretal establece que los Superiores de los franciscanos y dominicos deben pedir a los Prelados diocesanos la licencia para que los religiosos que ellos (los respectivos Superiores) hubieren elegido puedan confesar. Pero si tales Prelados se negaren por dos veces a darla, el Papa concede por su autoridad apostólica a dichos religiosos la licencia para confesar a quienes libremente acudan a ellos. En virtud de esta concesión, gozan de la misma potestad (no más amplia) que la de los párrocos[110]. Poco tiempo después, el Papa Benedicto XI (†1304), en la decretal *Inter cunctas*[111] concederá un privilegio más amplio, derogando la disposición de su antecesor: parte estableciendo la concesión apostólica, y sólo más adelante, en razón del honor debido a los Prelados, pide que los Superiores soliciten también a ellos la licencia para aquellos religiosos que hubieren elegido. Con todo, reitera que el alcance de la potestad es la misma que la de los párrocos. Finalmente, invita a los religiosos a que exhorten a sus penitentes a confesarse igualmente una vez al año con sus párrocos. Más tarde, Clemente V, en el Concilio de Viena, renovará la

---

[108] Entre ellas destaca la bula del Papa Honorio III, *Vinae Domini Custodes*, del año 1225 (Cf. S.M. DA ROMALLO, *Il ministero*, 81).
[109] GREGORIO IX, Bula *Quoniam abundavit*, 6 abril 1237, in *BFRPC*, 215: «nec impediatis, quominus illi, qui ad eorum praedicationem accesserint, cum eorum sacerdotibus valeant confiteri».
[110] Cf. Clem. 3, 5, 2.
[111] Cf. Extrav. com. 5, 7, 1.

Super Cathedram de Bonifacio VIII[112]. Lo mismo hará Juan XXII en 1327[113].

La vigencia práctica de la *Super Cathedram* se prolongará por más de un siglo. La licencia por parte del Obispo en ella establecida, que los autores estiman que era necesaria sólo para la licitud[114], fue en la práctica derogada por diversos privilegios posteriores en virtud de los cuales el Papa concedió jurisdicción a los sacerdotes de diversas órdenes sin la licencia de los Ordinarios: a los ermitaños de san Francisco de Paula en 1474; a franciscanos y dominicos el mismo año y a los olivetanos en 1507[115]. Además, estas nuevas constituciones pontificias establecieron el principio de la comunicación de los privilegios entre las distintas órdenes mendicantes, en virtud del cual, lo concedido a una de ellas, se comunicaba a las demás[116]. El año 1516 León X, en el Concilio Lateranense V, trató de limitar estos privilegios, pero Pontífices posteriores nuevamente los ampliaron.

Este vaivén de intervenciones pontificias sólo muestra que los conflictos de competencias entre religiosos mendicantes y Prelados y clero secular fueron la tónica de este período. Deberemos esperar al Concilio de Trento para que la autoridad episcopal en la materia sea definitivamente afirmada.

3.4.2 Concilio de Florencia

El Concilio de Florencia tiene la importancia de constituir la primera recepción oficial del Magisterio de la Iglesia del desarrollo doctrinal iniciado a mediados del siglo XII acerca de la jurisdicción para confesar. A iniciativa del Papa Eugenio IV, el Decreto para los Armenios del Concilio de Florencia afirmará en 1439: «y ministro de este sacramento es el sacerdote que tiene autoridad de absolver, ya sea ordinaria o por comisión del Superior»[117]. A pesar de recoger la doctrina sacramentaria de santo Tomás, el decreto no dice explícitamente que el sacerdote deba

---

[112] Cf. Clem. 3, 5, 2.
[113] Cf. Extrav. com. 2, 1, 1.
[114] Cf. CH. DE CLERCQ, «Des sacrements», 145.
[115] Cf. F.X. WERNZ – P. VIDAL, *Ius Canonicum*, IV/1, 153.
[116] Cf. F.X. WERNZ – P. VIDAL, *Ius Canonicum*, III, 405-406.
[117] CONCILIO DE FLORENCIA, Decr. *pro Armeniis*, in *DS* 1323: «et minister huius sacramenti est sacerdos habens auctoritatem absolvendi vel ordinariam vel ex commissione superioris».

tener jurisdicción para absolver, pero ello está implícito en el tenor de las palabras usadas. No nos detenemos más en el Concilio de Florencia, para dar paso al análisis de la enseñanza del Concilio de Trento, la cual tendrá una repercusión mucho mayor.

4. El Concilio de Trento y el desarrollo posterior de la doctrina y de la praxis

4.1 *La enseñanza del Concilio de Trento*

4.1.1 Doctrina sobre la jurisdicción

La doctrina desarrollada por la canonística y la teología medieval sobre la necesidad de la jurisdicción para una válida absolución fue radicalmente refutada por la reforma protestante. Tal rechazo es parte de una contestación mucho más radical, en la cual se atacan las bases mismas de la doctrina católica sobre la penitencia. Los reformadores del siglo XVI dirán que Cristo otorgó a los apóstoles sólo una potestad de ministerio y no de jurisdicción. En cuanto al perdón de los pecados, afirman que sólo Cristo absuelve, y lo hace en relación a la fe del penitente[118].

El Concilio de Trento responderá a estas doctrinas protestantes por medio de un decreto especial sobre el sacramento de la penitencia, el cual fue votado en la sesión XIV del 25 de noviembre de 1551. En él, los padres conciliares reafirman, entre otros puntos, la necesidad e institución del sacramento, su autonomía como sacramento diverso del bautismo, sus distintas partes y el carácter judicial de la absolución sacramental. Este carácter judicial está constantemente afirmado; bástenos citar lo que dice el capítulo 6 del decreto sobre la penitencia, refrendado por el canon 9: la absolución es dada «a la manera de un acto judicial, por el cual la sentencia es pronuciada por él [el confesor] como por el juez»[119].

La doctrina acerca de la jurisdicción necesaria en el confesor es tratada por el Concilio a propósito de los casos reservados. Los protestantes negaban todo poder del Papa o de los Obispos de reservarse a sí la absolución de ciertos pecados más graves; a lo más lo admitían en razón

---

[118] Cf. E. FISCHER, «Necessità della potestà», 66-67.
[119] CONCILIO DE TRENTO, Sess. 14, Decr. *De paenitentia et unctione extrema*, in *DS* 1685: «sed ad instar actus iudicialis, quo ab ipso velut a iudice sententia pronuntiatur». El canon respectivo está en *Ibid.*, in *DS* 1709.

de un cierto orden externo, pero sin afectar la validez de la absolución (validez que por lo demás sólo dependía de la fe del penitente)[120]. Los padres, al discutir la respuesta a dar a tales errores, siendo conscientes de que no se deben multiplicar innecesariamente las reservas, defienden la legitimidad de tal reserva en base al principio de que un acto judicial requiere de jurisdicción[121]. Es así como el capítulo 7 que contiene la doctrina sobre los casos reservados empieza precisamente con la afirmación siguiente:

> Dado que la naturaleza y la idea de juicio requiere que la sentencia recaiga sólo sobre los súbditos, siempre ha existido la persuasión en la Iglesia de Dios y así lo confirma este Sínodo como muy verdadero, que ningún valor deba tener la absolución que el sacerdote imparte en aquel sobre el cual no tiene jurisdicción ordinaria o subdelegada[122].

Como consecuencia de esta doctrina, el capítulo prosigue reafirmando la legitimidad y conveniencia de que el Papa o los Obispos puedan reservarse a sí la absolución de ciertos pecados considerados particularmente graves, lo cual tiene valor no sólo en el fuero externo, sino también ante Dios. En el razonamiento del capítulo 7 está implícito el que siendo la jurisdicción otorgada por la Iglesia, la misma Iglesia la puede limitar. El canon 11 que corresponde a dicho capítulo sanciona lo siguiente: «Si alguno dijere que los Obispos no tienen el derecho de reservarse casos sino en el dominio de la disciplina exterior; y que, por consiguiente, la reserva de los casos no impide que un sacerdote absuelva verdaderamente de casos reservados, sea anatema»[123].

---

[120] Cf. F. CAVALLERA, «Le décret», 125-126.
[121] Los detalles de la discusión de los padres conciliares se pueden ver en el documentado trabajo de F. CAVALLERA, «Le décret».
[122] CONCILIO DE TRENTO, Sess. 14, Decr. *De paenitentia et unctione extrema*, in *DS* 1686: «Quoniam igitur natura et ratio iudicii illud exposcit, ut sententia in subditos dumtaxat feratur, persuasum semper in Ecclesia Dei fuit et verissimum esse Synodus haec confirmat, nullius momenti absolutionem eam esse debere, quam sacerdos in eum profert, in quem ordinariam aut subdelegatam non habet iurisdictionem».
[123] CONCILIO DE TRENTO, Sess. 14, Decr. *De paenitentia et unctione extrema*, in *DS* 1711: «Si quis dixerit, episcopos non habere ius reservandi sibi casus, nisi quoad externam politiam, atque ideo casuum reservationem non prohibere, quominus sacerdos a reservatis vere absolvat, anathema sit».

4.1.2 Decretos disciplinares

El Concilio de Trento, en lo que respecta a nuestro tema, no sólo se refirió a la jurisdicción en su parte doctrinal, sino que también emanó dos cánones disciplinares de particular interés.

El primero de ellos, que tendrá gran repercusión y que tendremos ocasión de comentar más adelante con cierto detalle, es el c. XV de la sesión XXIII sobre la reforma, que establece lo siguiente:

> Aunque los sacerdotes en su ordenación reciben el poder de absolver los pecados, este santo Concilio establece sin embargo que ninguno, ni siquiera un religioso, podrá escuchar las confesiones de los seculares, incluidos los sacerdotes, ni será juzgado idóneo para este ministerio, si no ha obtenido un beneficio parroquial o es juzgado idóneo por los Obispos mediante un examen si a ellos les parece necesario o de otro modo, y obtenga la aprobación que es dada gratuitamente; no obstante cualquier privilegio o costumbre contraria, aunque sea inmemorial[124].

El segundo de estos cánones es el cap. X de la sesión XXV, sobre los religiosos y las monjas, el cual establece que en los monasterios de monjas, dos o tres veces al año, además del confesor ordinario, el Obispo y los Superiores deben presentar otro confesor extraordinario.

4.2 *Sentido de la enseñanza tridentina sobre la jurisdicción*

4.2.1 Valor doctrinal de la enseñanza tridentina

Ciertos autores, como E. Fischer, sostienen que la necesidad de la jurisdicción en el confesor, entendida como un poder soberano sobre súbditos, es de derecho divino. Sostienen que Trento la ha definido dogmáticamente[125]. Otros autores, en cambio, le confieren una calificación

---

[124] CONCILIO DE TRENTO, Sess. XXIII, Decr. *super reformatione*, can. XV, in *COD* 751: «Quamvis presbyteri in sua ordinatione a peccatis absolvendi potestatem accipiant, decernit tamen sancta synodus, nullum, etiam regularem, posse confessiones secularium, etiam sacerdotum, audire, nec ad id idoneum reputari, nisi aut parochiale beneficium, aut ab Episcopis per examen, si illis videbitur esse necessa-rium, aut alias idoneus iudicetur, et approbationem, quae gratis detur, obtineat, privilegiis et consuetudine quacumque etiam immemorabili non obstantibus».

[125] Cf. E. FISCHER, «Necessità della potestà», 53-55. En la nota nota 10 de dicho estudio aparece un amplio elenco de las distintas opiniones de los autores sobre la calificación teológica a dar a la necesidad de la jurisdicción.

teológica menor, considerándola de doctrina católica (y la proposición contraria como errónea)[126].

El problema de la calificación teológica se nos plantea pues el nuevo Código de 1983 ya no sostiene la necesidad de jurisdicción en el ministro de la confesión. ¿Cómo interpretar, entonces, la doctrina tridentina?

Ante todo, debemos constatar que lo único que Trento anatematiza es la pretensión de que los Obispos no tendrían el poder de reservarse a sí la absolución de ciertos casos (cf. can. 11 del decreto sobre la penitencia). Es para fundamentar la legitimidad de la reservación de los pecados, que el capítulo respectivo trata de la jurisdicción. Respecto de ésta, el Concilio afirma dos cosas. La primera, que al ser el sacramento un acto judicial (este carácter judicial está definido en el can. 9), el sacerdote debe tener jurisdicción, es decir, debe ser constituido juez. La segunda, que tal jurisdicción es otorgada por la Iglesia. Esto último está dicho de modo más bien implícito, por una parte al calificarse de «ordinaria o subdelegada», y por otro, al ser el fundamento de la facultad de la Iglesia de reservarse los pecados, ya que se supone que la Iglesia limita aquello que ella misma otorga.

K. Rahner afirma que la jurisdicción requerida por Trento puede significar sea un poder activo otorgado por la Iglesia independientemente de la ordenación o también que el sacerdote recibe el uso expedito de un poder que ya tiene[127]. Según él, aun cuando el tridentino parece afirmar lo primero, «lo que el Concilio quiso decir y verdaderamente enseñar, también es plenamente salvaguardado en la segunda explicación»[128]. A. Miralles, por su parte, siguiendo a González del Valle, afirma que «no parece que haya de interpretarse como si la jurisdicción sobre el penitente quiera decir potestad de gobierno en el sentido actual. La jurisdicción en esta enseñanza tridentina parece más bien indicar lo que se designa como competencia [...] la cual le es concedida según las leyes de la Iglesia»[129].

---

[126] Cf. P. GALTIER, *De poenitentia*, 468.

[127] Cf. K. RAHNER, *De poenitentia*, 572. En el capítulo tercero de nuestro trabajo analizaremos con detalle las distintas posibilidades que plantea Rahner.

[128] K. RAHNER, *De poenitentia*, 572: «quod Concilium dicere et vere docere voluit, etiam in altera explicatione plene servatur».

[129] A. MIRALLES, *Pascete il gregge di Dio*, 190: «Non sembra che siano da interpretare quasi la giurisdizione sul penitente voglia dire potestà di governo nel senso attuale. La giurisdizione in questo insegnamento tridentino sembra piuttosto indicare ciò che si designa come competenze [...] la quale gli viene concessa secondo le leggi della Chiesa».

Nuevamente nos preguntamos: ¿cuál es el sentido justo de la doctrina de Trento? A nosotros nos parece que Trento suponía un concepto de jurisdicción como *potestas imperandi subditos* otorgado por la Iglesia, distinta de la potestad de orden. ¿Por qué lo afirmamos? Por una parte, no mucho después del Concilio, el año 1602, Suárez constatará los distintos conceptos de jurisdicción usados por los autores, y basándose en la enseñanza de Trento refutará los conceptos distintos a aquél[130]. Por otra parte, tal es el concepto de jurisdicción en santo Tomás, como hemos estudiado[131], y es sabido el gran influjo que tal autor tuvo sobre los padres tridentinos. Finalmente, la gran mayoría de los autores posteriores a Trento, como muy luego veremos, así la interpretó, lo mismo que el Magisterio posterior, en particular la bula *Auctorem fidei* de Pío VI.

Entonces, ¿cómo entender el que el Código de 1983 hable de facultad en vez de jurisdicción? Como intentaremos ver en los siguientes capítulos, es probable que se trate de algo más que de un cambio terminológico. Por una parte, podría entenderse como un cambio doctrinal, lo que no es imposible si no se trata de una definición dogmática. Por otra parte, aun considerando que Trento pensaba en una *potestas imperandi subditos*, nos parece que se debe ponderar *quod Concilium dicere et vere docere voluit*, según el decir de Rahner. En este sentido, dejando a salvo las dos afirmaciones dogmáticas, a saber, el carácter judicial del sacramento[132] y la legitimidad de la reserva, pensamos que lo mínimo que el Concilio afirma es que la Iglesia, para la validez del sacramento, puede exigirle al ministro el poseer algo más que la mera ordenación, siendo eso algo más otorgado y moderado por la misma Iglesia. Quizás nos estemos adelantando a temas que desarrollaremos ampliamente más adelante, pero conviene desde ya dejar bien fundadas ciertas bases fundamentales que nos permitan proseguir nuestro estudio.

---

[130] Cf. F. SUÁREZ, *De sacramento poenitentiae*, 347-356. Desarrollaremos estas distintas teorías sobre la jurisdicción algo más adelante.

[131] Cf. *supra*, 3.3.1, c.

[132] En el capítulo cuarto estudiaremos el sentido del carácter judicial atribuido por Trento al sacramento.

4.2.2 La jurisdicción en la doctrina posterior a Trento

a) *Francisco Suárez*

Francisco Suárez, en su tratado sobre la penitencia ya citado, no presenta un concepto distinto de jurisdicción del de santo Tomás. Quizás el mayor interés que pueda tener es que da cuenta de las tres concepciones distintas de jurisdicción imperantes entre los autores[133]. Para unos, la jurisdicción es dada en la ordenación, por lo que no se distingue sustancialmente de la potestad de orden. Es la opinión planteada, entre otros, por Durando. Para otros, la postura mayoritaria a la que Suárez adhiere, la jurisdicción se distingue del orden tanto en su esencia como en el modo en que es conferida. Es la opinión de los grandes escolásticos: Tomás de Aquino, Buenaventura, Alberto Magno, Soto, Medina, Covarrubias, Scoto y otros más. Finalmente, una tercera posición, intermedia entre las dos anteriores, sostiene que la jurisdicción es «en algún modo dada o incoada en la misma ordenación [...] pero por otra parte es completada fuera del sacramento del Orden por algún oficio eclesiástico, o por concesión de los hombres, y según esa razón esta potestad puede cambiarse, y aumentarse, o disminuirse o del todo quitarse»[134].

Esta última opinión, al afirmar que en la ordenación se recibe ya cierta jurisdicción, señala que los sacerdotes en ella son constituidos jueces para dictaminar acerca de los pecados de los hombres. Con todo, esta jurisdicción deba ser completada por la aplicación o sujeción de materia. La materia del sacramento se entendía que era el pecador en cuanto súbdito. Al tratar de explicar cómo se da esta *applicatio materiae*, esta teoría da lugar, a su vez, a tres modos distintos de explicación. Cayetano enseña que la voluntaria sujeción del penitente al confesor basta para constituir materia apta para la jurisdicción del confesor. Martín de Azpilcueta (conocido como el Doctor Navarro), en cambio, afirma que todo sacerdote, al momento mismo de la orde-

---

[133] Como veremos más adelante en el capítulo tercero, esta distinción a la que alude Suárez ha sido retomada *grosso modo* por modernos autores como Z. Alszeghy y K. Rahner.

[134] F. Suárez, *De sacramento poenitentiae*, 348: «aliquo modo dari vel inchoari in ipsamet ordinatione [...] aliqua vero ex parte compleri extra sacramentum Ordinis per aliquod ecclesiasticum munus, vel hominum concessionem, et secundum eam rationem potestatem hanc mutari posse, et augeri, aut minui, veo omnino auferri».

nación, tiene su jurisdicción expedita y en acto. Tal era el uso, según este autor, en la primitiva Iglesia. Sin embargo, por distintas circunstancias históricas, la Iglesia ha debido atar esta jurisdicción, prohibiendo la aplicación de materia. La Iglesia, mediante su ordenamiento canónico, levanta tal impedimento, concediéndole al sacerdote súbditos determinados[135]. Finalmente autores como el Ostiense, el Panormitano y otros que cita Suárez, dirán que la aplicación de materia a la jurisdicción no puede darse sino por un acto positivo de la Iglesia (la colación de súbditos al confesor), ya que así lo dispuso el Señor. Antes de esto, por la sola ordenación, el sacerdote no puede absolver por falta de materia[136].

b) Otros autores

Todos los canonistas de los siglos posteriores a Trento partirán de la enseñanza tridentina sobre la necesidad para una válida absolución del orden y de la jurisdicción conjuntamente. Ello no será puesto en duda. Si recorremos los escritos de autores de la época como H. Pirhing († 1679), A. Reiffenstuel († 1703), F. Schmalzgrueber († 1735) y C.S. Berardi († 1768), sus explicaciones se centrarán en el modo en que ambos poderes confluyen en el sacramento y en el concepto de jurisdicción por ellos utilizado[137]. No siempre es fácil entender lo que querían expresar. Cuando A. Reiffenstuel, por ejemplo, dice que el sacerdote recibe en la ordenación la potestad de absolver «remota» e «impedida»[138], con el primer término pareciera indicar que el orden es sólo un

---

[135] Cf. MARTÍN DE AZPILCUETA, *Commentaria*, Dist. 6, cap. *Placuit*, nn. 1-48.

[136] Estos distintos modos de explicar la tercera opinión son los que más se extiende Suárez a confutar, basándose en argumentos de razón y en la enseñanza del Concilio de Trento (Cf. F. SUÁREZ, *De sacramento poenitentiae*, 348-356). Las distintas maneras de explicar esta tercera posición son sin duda de gran interés, lo mismo que la argumentación contraria de Suárez. Con respecto a la tesis del Navarro, además de negar su valor histórico, Suárez afirma que la Iglesia no tiene poder para privar de una potestad dada por Cristo, ni tampoco para impedirla bajo pena de nulidad. En cuanto a la tesis del Ostiense y otros, según Suárez, no difiere en sustancia de lo dicho por el Tridentino, aunque él considera más exacta la terminología del Concilio. Por ahora dejamos aquí la explicación, pero volveremos a ella con mayor profundidad en la tercera parte de nuestro trabajo, ya que se trata de argumentos algunos de los cuales han recobrado actualidad.

[137] Cf. T.J. ROORDA, «De natura», 355-360. Allí se estudia la enseñanza de estos y otros autores de la época. También se puede ver J.M. GONZALEZ DEL VALLE, *El sacramento*, 106-112.

[138] Cf. T.J. ROORDA, «De natura», 356-357.

requisito previo para obtener la jurisdicción; con el segundo, en cambio, daría a entender que la potestad está ya dada por el orden y sólo debe ser liberada por la jurisdicción. En cuanto a la noción de jurisdicción, usaron un concepto bastante amplio, al comprender en él, según Roorda, «toda potestad de cualquier naturaleza, mientras fuera conferida o moderada por la potestad de jurisdicción»[139]. Más allá de la diferencia de matices, podemos considerar como una definición común de jurisdicción para confesar la que nos da san Alfonso María de Ligorio: «es una autoridad en otro como súbdito, sobre el cual recibe una potestad en el fuero interno, distinta de la potestad de orden, dada por externa concesión de la Iglesia»[140]. Más tarde, en la medida en que nos acercamos a la época de la codificación de 1917, autores como P. Hinschius, G. Phillips y M. Lega insistirán en que la jurisdicción del confesor es de naturaleza peculiar con respecto a la jurisdicción de fuero externo[141].

Otra característica de este período será que para muchos de estos autores, la materia relativa a la penitencia y la disciplina acerca de la potestad del ministro será considerada de carácter más teológico que jurídico. Es así que a menudo viene estudiada en los tratados de teología moral. Ejemplar es el caso de A. Reiffenstuel, el cual expresamente no trata la materia en su monumental obra *Ius canonicum universum* y sí la trata en su *Theologia moralis*[142]. Del mismo modo, san Alfonso M. de Ligorio trata ampliamente del ministro de la penitencia y de la disciplina respecto de la aprobación y jurisdicción del mismo en su *Theologia Moralis*, cuya tercera parte está íntegramente dedicada a la disciplina de los sacramentos. Incluso en las vísperas de la codificación, grandes canonistas como De Angelis y F. Wernz no tratan esta materia como *penitus theologicam*[143].

---

[139] T.J. ROORDA, «De natura», 355: «omnem cuiusvis naturae potestatem, dummodo a potestate iurisdictionis collatam vel moderatam».

[140] A.M. DE LIGORIO, *Theologia Moralis*, III, 571: «est auctoritas aliqua in alium ut subditum, in quem, in foro interno accipit potestatem, a potestate ordinis distincta, datur per externam concessionem Ecclesiae».

[141] Cf. T.J. ROORDA, «De natura», 358-360.

[142] Cf. T.J. ROORDA, «De natura», 356.

[143] La tendencia de estos autores refleja la confusión que se vivió durante largo tiempo, hasta bastante entrado el s. XX, entre derecho y moral.

4.3 Distinción entre jurisdicción y aprobación a partir del c. XV de la sess. XXIII

Volvamos algo atrás, para analizar ahora el texto ya citado del c. XV de la sess. XXIII del Tridentino. Se refiere ante todo a la confesión de los seculares. Respecto de los regulares, el Concilio nada establece, por lo que permanece vigente la práctica anterior[144]. La gran novedad de este decreto disciplinar de Trento es el exigir para el confesor de los seculares, si no es el párroco, una especial aprobación del Obispo. Esta aprobación no debe confundirse con la jurisdicción[145]; es sólo un requisito previo para la misma[146]. Puede definirse, siguiendo a san Alfonso, como «el público juicio acerca de la aptitud de la persona para escuchar confesiones, esencialmente requerido para recibir la jurisdicción»[147].

Para entender adecuadamente lo que Trento quiso establecer con la necesidad de esta aprobación episcopal, seguiremos la explicación de Francisco Suárez, el cual, tratando por extenso la disciplina acerca del ministro de la penitencia, es un privilegiado intérprete de la enseñanza tridentina[148].

La necesidad de la aprobación por parte del Obispo se planteaba cada vez que había que delegar jurisdicción a un sacerdote, cualquiera que fuera el modo de la delegación[149]. Esta delegación podía hacerse de modo directo, al mismo confesor, o de modo indirecto, mediante la

---

[144] Esto es, al menos en las religiones exentas, sólo los Superiores podían conce-der jurisdicción para confesar a sus súbditos. Cf. F.X. WERNZ – P. VIDAL, *Ius Canonicum*, IV/1, 152-153. El Concilio de Trento no quizo sujetar a los religiosos a los Obispos en cuanto a la confesión de sus pecados, lo que era congruente con la naturaleza de la exención.

[145] En M. GORKA, *Natura*, 75, se identifican ambos conceptos. Nos parece que sólo una lectura superficial del decreto de Trento puede llevar a tal identificación, no cayendo en la cuenta que todos los manuales posteriores a Trento recogen la distinción entre aprobación y jurisdicción.

[146] Aunque en la práctica, a menudo la distinción era más formal que material, ya que por lo general el Obispo, al aprobar a un sacerdote, le concedía alguna jurisdicción. Decimos alguna, ya que podía estar limitada según tiempo, lugar o personas.

[147] A.M. DE LIGORIO, *Theologia Moralis*, III, 561: «publicum iudicium de aptitudine personae ad audiendas confessiones, essentialiter praerequisitum ad iurisdictionem recipiendam».

[148] Cf. F. SUÁREZ, *De sacramento poenitentiae*, 575-613. En la reflexión que sigue, no nos adentraremos en todas las implicancias de la distinción, tratadas prolijamente por Suárez, sino tan sólo buscaremos comprender el núcleo de ella.

[149] Cf. F. SUÁREZ, *De sacramento poenitentiae*, 588.

facultad otorgada al penitente de elegir su propio confesor. En una y otra situación, la delegación podía provenir del Papa, del Obispo o del párroco[150]. Ahora bien, Suárez explica que en el derecho antiguo (es decir el anterior a Trento), no era necesario que un sacerdote tuviera alguna aprobación del Obispo para ser delegado por el párroco (en virtud de las reglas generales sobre la delegación) o para ser elegido confesor por un fiel con privilegio para ello[151]. Los problemas se planteaban de modo particular cuando el sacerdote delegado en tales circunstancias era un religioso. O más todavía, cuando ese religioso en virtud de algún privilegio recibía la jurisdicción directamente del Sumo Pontífice.

Ahora, a partir de Trento, todo sacerdote debe tener como requisito necesario para poder recibir o ejercer la jurisdicción, la aprobación del Obispo. De ahí que Suárez concluya:

> De donde los religiosos, aunque no reciban la jurisdicción de los Obispos, sino del Sumo Pontífice por sus privilegios, igualmente necesitan la aprobación del Obispo; y cuando alguien es elegido por la bula de la Cruzada, o por el Jubileo, o por similar privilegio pontificio, recibe la jurisdicción del Sumo Pontífice; sin embargo para que sea capaz de ella, debe ser aprobado[152].

La disciplina aquí establecida, junto con querer evitar múltiples abusos, constituye un evidente fortalecimiento de la autoridad episcopal en su diócesis, congruente con otras muchas disposiciones del mismo Concilio.

4.4 *Legislación y práctica administrativa posterior a Trento*

Los siglos posteriores a Trento conocieron una abundante legislación, tanto a nivel universal como particular, sobre la jurisdicción para confesar y materias anexas. También conocemos numerosas decisiones de las

---

[150] Cf. F. SUÁREZ, *De sacramento poenitentiae*, 584. En aquella época, el Papa o el Obispo podían conceder por privilegio a un fiel la facultad de elegir su propio confesor. En el caso del párroco, se trata de la licencia que él daba a un feligrés suyo de confesarse con otro, según lo establecido en el Lateranense IV.

[151] Cf. F. SUÁREZ, *De sacramento poenitentiae*, 584-586.

[152] F. SUÁREZ, *De sacramento poenitentiae*, 592: «Unde religiosi, quamvis non accipiant jurisdictionem ab Episcopis, sed a Summo Pontifice per sua privilegia, nihilominus indigent Episcopi approbatione; et quando aliquis eligitur per bullam Cruciatae, vel Jubilaeum, aut simile privilegium Pontificium, jurisdictionem recipit a Summo Pontifice; ut autem sit capax ejus, approbatus esse debet».

congregaciones romanas al respecto. Aun cuando en muchos de los casos estos actos legislativos o administrativos se limitan a confirmar la norma vigente, ellos nos permiten conocer cuáles eran los problemas que la práctica suscitaba. Revisemos sucintamente algunos de estos actos.

4.4.1 A nivel universal

No hay más que ver las fuentes de los cánones respectivos del Código de 1917, que recogerá la enseñanza tridentina y su desarrollo posterior, para darnos cuenta de la gran cantidad de actos del Romano Pontífice y de las principales congregaciones romanas que regulan, con gran minuciosidad, la jurisdicción necesaria del confesor según las diversas categorías de penitentes[153]. Señalamos a continuación las principales temáticas abordadas por estos actos legislativos y administrativos[154].

En cuanto a los actos pontificios, la gran mayoría tiene por objeto confirmar la disciplina del c. XV de la sess. XXIII del Tridentino, recordando que todos los religiosos, sin excepción, requieren la aprobación del Obispo para escuchar las confesiones de seculares. Al parecer los conflictos entre los Obispos y las órdenes mendicantes no cesaron después de Trento, y se hicieron extensivos a los institutos religiosos fundados en el siglo XVI. Reiteradamente los regulares pretendían por privilegio sustraerse a la disciplina conciliar. Es así que ésta debe ser ya reiterada por el Papa Pío V, con la const. *Romani Pontificis*[155] en 1571, a pocos años de la clausura de Trento, y por otros 12 documentos pontificios durante los siglos XVII y XVIII. La const. *Cum sicut*[156] de Urbano VIII en 1628 revoca, enumerándolos extensamente, todo privilegio o indulto contrario, que pudiera hacer vana la disposición tridentina. Clemente X, con la const. *Superna*[157] de 1670 puntualiza que la apro-

---

[153] Cf. *Codex Iuris Canonici Pii X. Pontificis Maximi iussu digestus Benedicti Papae XV auctoritate promulgatus*. Praefatione, fontium annotatione et indice analytico-alphabetico, ab E.mo Petro Card. Gasparri auctus, Città del Vaticano 1917, 254-260.

[154] Nuestra mirada será necesariamente de carácter bastante general. Para un estudio detallado de los documentos, remitimos a la lectura de los textos mismos. Volveremos, en todo caso, a referirnos a ellos, en el próximo capítulo, al tratar de la disciplina vigente, en cuanto muchas de estas disposiciones constituyen una fuente de la norma actual.

[155] Cf. PÍO V, Const. *Romani Pontificis*, 6 agosto 1571, in *CICF* I, n. 139, 246-247.

[156] Cf. URBANO VIII, Const. *Cum sicut*, 12 septiembre 1628, in *CICF* I, n. 208, 394-395.

[157] Cf. CLEMENTE X, Const. *Superna*, 21 junio 1670, in *CICF* I, n. 246, 472-475.

bación dada a un religioso por un Obispo en una diócesis no vale para otra diócesis, ni siquiera en el caso de confesar a súbditos del Obispo que dio la aprobación[158]. Pontífices posteriores confirmarán expresamente tales normas para los reinos de Portugal[159] y España[160]. Todas estas normas serán nuevamente confirmadas por la *Apostolica indulta*[161] de Benedicto XIV en 1744. Por otra parte, algunos de estos documentos tratan de limitar el exceso de celo de algunos Obispos, estableciendo que no examinen a los religiosos nuevamente sin nueva causa[162], que tal examen sea siempre gratuito[163], que no retiren la licencia a todos los religiosos de una casa salvo por gravísima causa y con aprobación de la Santa Sede[164].

Otras materias tratadas por estas disposiciones pontificias: casos en que los Superiores religiosos pueden escuchar las confesiones de sus súbditos[165]; el confesor de monjas, aun sujetas a regulares, requiere de

---

[158] Esta norma se aplica a todo sacerdote aprobado, no así al párroco, el cual podía confesar a sus súbditos aun fuera de la diócesis, sin necesidad de la aprobación del Obispo del lugar (Cf. también SAGRADA CONGREGACIÓN DEL CONCILIO, Resp. *Posnanien*, 3 diciembre 1707, in *CICF* V, n. 3058, 519).

[159] Cf. INOCENCIO XII, Const. *Cum sicut*, 19 abril 1700, in *CICF* I, n. 263, 520-522.

[160] Cf. INOCENCIO XIII, Const. *Apostolici ministerii*, 23 mayo 1723, in *CICF* I, n. 280, 582-592.

[161] Cf. BENEDICTO XIV, Const. *Apostolica indulta*, 5 agosto 1744, in *CICF* I, n. 344, 819-823.

[162] Cf. PÍO V, Const. *Romani Pontificis*, 6 agosto 1571, in *CICF* I, n. 139, 246-247.

[163] Cf. CLEMENTE XIV, Encíclica *Decet quam maxime*, 21 septiembre 1769, in *CICF* II, n. 467 § 24, 638.

[164] Cf. CLEMENTE X, Const. *Superna*, 21 junio 1670, in *CICF* I, n. 246, 472-475.

[165] Sólo lo podían hacer en caso de que el religioso acudiera espontáneamente a la confesión o en caso de algún pecado reservado (Cf. CLEMENTE VIII, Decr. *Sanctissimus*, 26 mayo 1593, in *CICF* I, n. 177, 338-339). González del Valle ve en esta disposición y en la norma que prohibe que el penitenciario sea a la vez Vicario general de una diócesis (cf. SAGRADA CONGREGACIÓN DE OBISPOS Y REGULARES, Resp. *Arminiensis*, 13 mayo 1611, in *CICF* IV, n. 1649, 718) una contradicción con el principio recogido por el Concilio de Trento. Para este autor, Trento establece que quien tiene jurisdicción en el fuero externo tiene también jurisdicción ordinaria para oír confesiones y luego estas disposiciones prohiben a los Superiores oír las confesiones de los súbditos. Para salvar esta contradicción, el autor propone una reinterpretación del uso que Trento hace de jurisdicción, de modo tal que no signifique que el penitente ha de ser súbdito del confesor (Cf. *El sacramento de la Penitencia*, 100-103). A nosotros nos parece que dos excepciones, que se explican por el deseo de evitar conflictos entre ambos fueros, no son de tal entidad de llegar a constituir una contradicción. Ya hemos explicado cómo debe entenderse jurisdicción en Trento, y cómo la entendió la doctrina posterior (cf. *supra*, 4.2).

CAP. I: DESARROLLO HISTÓRICO 47

aprobación del Obispo[166]; tal aprobación para confesar a monjas debe ser especial respecto de la aprobación general[167]; el confesor carece de toda jurisdicción para absolver al cómplice en pecado contra el sexto mandamiento y si intentara hacerlo incurre en excomunión papal[168].

En cuanto a los actos de las congregaciones romanas, destacan las decisiones de la Sagrada Congregación del Concilio[169]. En el período que estudiamos, encontramos al menos 32 resoluciones que interpretan y aplican tanto las disposiciones de Trento como las normas pontificias posteriores. Los temas tratados son los mismos ya aludidos respecto de los documentos papales. Tales temas aparecen también en al menos 23 resoluciones de la Sagrada Congregación para Obispos y Regulares, en las respuestas que ésta da a dudas o reclamos, sea de parte de los Obispos o de religiosos. También tenemos algunas decisiones de *Propaganda Fide*, respecto de las tierras de misiones, y del Santo Oficio. La actividad de este último organismo, en cuanto al tema que nos ocupa, es relevante sobre todo en el siglo XIX, y se refiere principalmente a las situaciones de absolución en peligro de muerte y a la absolución del cómplice.

4.4.2 A nivel particular

El conocimiento de la legislación particular nos puede ayudar a tener una visión más completa acerca de cómo la enseñanza tridentina sobre la aprobación y jurisdicción del confesor fue vivida en la práctica. A modo de ejemplo, aludiremos a algunas normas, tomadas principalmente del derecho particular español en este período[170].

Conocemos abundantes normas acerca del ministro del sacramento, el alcance de su potestad, la aprobación dada por el Obispo, requisitos en

---

[166] Cf. GREGORIO XV, Const. *Inscrutabili*, 5 febrero 1622, in *CICF* I, n. 199, 379-381. Al menos 8 documentos pontificios en el período examinado tratarán del confesor de monjas.

[167] Cf. CLEMENTE XIII, Const. *Inter multiplices*, 11 diciembre 1758, in *CICF* II, n. 449, 579-583.

[168] Cf. BENEDICTO XIV, Const. *Sacramentum Poenitentiae*, 1 junio 1741, in *CICF* I, n. 309, 680; Const. *Apostolici muneris*, 8 febrero 1745, in *CICF* I, n. 355, 884-885.

[169] Este dicasterio, creado al término del Concilio de Trento, tenía por misión promover la observancia y ejecución de los decretos disciplinares del Concilio, aclarar las dificultades teóricas y prácticas a que pudieran ellos dar lugar y resolver eventuales litigios.

[170] Cf. F. LÓPEZ ILLANA, *El sacramento*.

el confesor, sanciones para quien confiesa sin la necesaria aprobación o jurisdicción, los pecados reservados, etc. Muchas de estas normas no hacen sino reiterar la legislación universal. Vemos en ellas repetidos los litigios entre Obispos y religiosos respecto a la confesión; muchos sínodos tendrán que recordar la necesidad de la aprobación episcopal[171], conminando con diversas penas y multas pecuniarias[172] a quienes contraríen tal disciplina, sea el confesor mismo, o el rector de una iglesia que lo admite a confesar sin licencias[173].

Señalamos a continuación sólo algunas normas originales que nos puedan ser de interés. Muchos sínodos establecen que el confesor de mujeres, a no ser que sea párroco o vicario, no debe tener menos de 40 años[174]. Un sínodo de Urgel del año 1747 da facultad a los párrocos de confesar en toda la diócesis, e incluso otorga tal facultad a los párrocos de las diócesis vecinas[175]. La legislación sobre los pecados reservados es abundante[176], aunque tiende a restringirse con el tiempo. Así, por ejemplo, mientras el sínodo de Ávila estableció 37 casos reservados en 1556, el Código de 1917 dirá que éstos no pueden ser más de tres o cuatro. En las distintas diócesis españolas, encontramos en total 50 pecados distintos que son reservados al Obispo. Con todo, es interesante notar la connotación pastoral que tenían tales normas. El concilio provincial de Lima de 1582 estableció que los párrocos y confesores aprobados de indios podían absolver de todos los casos y censuras reservados al Obispo[177]. Y varios sínodos peninsulares dan facultad a los párrocos y demás aprobados para absolver tales casos durante el período mandado para cumplir con el precepto de la confesión anual[178].

Todas estas normas a que hemos aludido, tanto a nivel universal como particular, nos muestran el gran cuidado que la Iglesia tendrá en estos siglos respecto a los confesores, buscando verificar por distintos medios su idoneidad para poder conferirles la jurisdicción necesaria para

---

[171] Cf. F. LÓPEZ ILLANA, *El sacramento*, 156-160.
[172] Cf. F. LÓPEZ ILLANA, *El sacramento*, 68-69, 155-156.
[173] Cf. F. LÓPEZ ILLANA, *El sacramento*, 160-161.
[174] Cf. F. LÓPEZ ILLANA, *El sacramento*, 63.
[175] Cf. F. LÓPEZ ILLANA, *El sacramento*, 48. Es una norma del todo excepcional, que tiene el interés de ser un antecedente bastante antiguo de la extensión que hace la legislación actual de la facultad para confesar.
[176] Cf. F. LÓPEZ ILLANA, *El sacramento*, 168-196.
[177] Cf. F. LÓPEZ ILLANA, *El sacramento*, 51.
[178] Cf. F. LÓPEZ ILLANA, *El sacramento*, 51-52.

absolver. Baste pensar, a modo de ejemplo, como en la diócesis de Bérgamo, en Italia, a mitad del siglo XIX, de un total de 2000 sacerdotes, 800 no gozaban de la facultad para confesar[179]. Una buena muestra de la idoneidad requerida en los confesores y de las consecuencias canónicas en caso de faltar, es lo que establece el concilio plenario de la América Latina de 1899:

> Para dar licencias de confesar, atiendan los Ordinarios no sólo a la ciencia del candidato, en su triple carácter de juez, de médico y de doctor, sino a su piedad, buenas costumbres, prudencia, paciencia y celo por el bien de las almas. Excepto sólo en caso de necesidad, por la penuria de sacerdotes, conviene que sean los confesores de edad provecta, sobre todo los que han de confesar mujeres. Si entre los ya aprobados hay algunos que en el ejercicio de sus sagradas funciones, se portan con menos edificación, sinceridad o integridad, de la que exige la santidad del alto ministerio que se les ha confiado, y la salud de las almas requiere, suspéndaseles, o retírenseles por completo las licencias de confesar, aunque sean regulares[180].

4.5 *La bula* Auctorem fidei *y la condena del sínodo de Pistoya*

A lo largo de los siglos posteriores a Trento, la única contestación doctrinal seria en el campo católico se dará con ocasión del sínodo de Pistoya, el año 1786, dominado por las ideas jansenistas y galicanas[181]. El sínodo, que consagra la quinta sesión a la penitencia, sin negar el carácter judicial de la absolución, afirmó que todo sacerdote recibía el poder necesario para absolver directamente de Dios en la ordenación. Negaba por tanto la necesidad de una autorización eclesiástica para una válida absolución; a lo más la sugería por una necesidad de orden, para evitar confusiones.

El Papa Pío VI condenó 85 proposiciones del sínodo de Pistoya, entre las cuales 16 se refieren al sacramento de la penitencia, por medio de la bula *Auctorem fidei* del 28 de agosto de 1794. La proposición extraída

---

[179] Cf. G. CARZANIGA, «Confessione, penitenza, riconciliazione», 385.

[180] CONCILIO PLENARIO DE LA AMERICA LATINA, año 1899, decr. 551.

[181] El sínodo representa la culminación de las ideas jansenistas, las cuales venían difundiéndose en diversos escritos desde 150 años. Podemos definir el jansenismo como un movimiento multiforme, surgido hacia 1640, a partir de la obra del Obispo Jansenio, dominado por una visión pesimista de la naturaleza humana, que exalta la majestad y la trascendencia de Dios, propugna un ascetismo riguroso y afirma que la gracia sólo puede vencer con un gran esfuerzo moral y de renuncia al mundo. Para más detalles acerca del sínodo de Pistoya, cf. J. CARREYRE, «Synode de Pistoie».

del § 10 n. 6 del sínodo será condenada como una doctrina «falsa, temeraria, perniciosa, contraria e injuriosa al Tridentino, errónea»[182]. La misma bula cita la doctrina del sínodo del siguiente modo:

> La doctrina del sínodo, la cual acerca de la autoridad de absolver los pecados recibida en la ordenación expresa que «después de la institución de las diócesis y parroquias es conveniente que cada uno ejerza este juicio sobre personas a sí sujetas, sea por razón de territorio o por un derecho personal, por el hecho que de otro modo se induciría confusión y perturbación»; en la medida que después de la institución de las diócesis y parroquias expresa sólo que «es conveniente para evitar confusión que la potestad de absolver se ejerza sobre súbditos»; entendida de tal modo como si al válido uso de esta potestad no sea necesaria aquella jurisdicción ordinaria o subdelegada sin la cual el Tridentino declara que la absolución dada por el sacerdote no tiene ningún valor[183].

Por una parte, la *Auctorem fidei* confirma la interpretación que hemos dado del sentido en que Trento entendió la jurisdicción. Reitera además que ella es necesaria para la validez de la absolución, no sólo conveniente. Ante el cambio doctrinal que ha significado el Código de 1983, valen acá las mismas observaciones que formulábamos con ocasión de la valoración doctrinal de la enseñanza de Trento[184].

4.6 *La jurisdicción necesaria para absolver pecados veniales*

Finalmente, aludimos muy brevemente a una cuestión disputada por los autores desde los tiempos de la escolástica y resuelta definitivamente en el período que estudiamos. Se trata de la jurisdicción necesaria para absolver los pecados veniales (y en general, para la llamada materia libre, es decir, pecados dudosos o ya confesados).

---

[182] Pío VI, Bula *Auctorem fidei*, 28 agosto 1794, in *DS* 2637: «falsa, temeraria, perniciosa, Tridentino contraria et iniuriosa, errónea».

[183] Pío VI, Bula *Auctorem fidei*, 28 agosto 1794, in *DS* 2637: «Doctrina Synodi, quae de auctoritate absolvendi accepta per ordinationem enuntiat, "post institutionem dioecesium et parochiarum conveniens esse, ut quisque iudicium hoc exerceat super personas sibi subditas sive ratione territorii sive iure quodam personali, propterea quod aliter confusio induceretur et perturbatio"; quatenus post institutas dioeceses et parochias enuntiat tantummodo, "conveniens esse ad praecavendam confusionem, ut absolvendi potestas exerceatur super subditos"; sic intellecta, tamquam ad validum usum huius potestatis non sit necessaria ordinaria vel subdelegata illa iurisdictio, sine qua Tridentinum declarat, nullius momenti esse absolutionem a sacerdote prolatam».

[184] Cf. *supra*, 4.2.1.

La mayoría de los escolásticos (cf. santo Tomás, Duns Scoto, Soto) afirmaban que no era necesaria la jurisdicción en tal caso, basándose en el hecho de que los pecados veniales también pueden ser perdonados por otros medios. Con el progreso doctrinal y después de la definición de Trento de la absolución como acto judicial, los autores cada vez más consideraban que ya no bastaba el solo poder sacerdotal. Para justificar la praxis contraria prolongada hasta bastante avanzada la época moderna, Suárez, Lugo y otros contemporáneos sostenían que por costumbre inmemorial la jurisdicción para absolver los pecados veniales era concedida a todos los sacerdotes con ocasión de la ordenación[185].

En 1679, el decreto *Cum ad aures* de la Congregación del Concilio, bajo el pontificado de Inocencio XI, señaló lo siguiente: «No permitan que la confesión de los veniales se haga al simple sacerdote no aprobado por el Obispo o por el Ordinario»[186]. A partir de entonces, teólogos y canonistas discutirán si tal prohibición será para la validez o sólo la licitud de la absolución. El Código de 1917 dirimirá definitivamente la discusión al afirmar el c. 872 la necesidad de la jurisdicción para la validez de la absolución de todos los pecados.

5. Del Código de 1917 al Código de 1983

5.1 *El Código de 1917*

El Código de 1917, más que crear un derecho nuevo, ordenó bajo la forma de la codificación, nueva en la Iglesia, el derecho vigente hasta entonces, lo que no significa que no aporte oportunas modificaciones en las respectivas materias. Esta orientación general vale para nuestro tema; el nuevo Código recoge la disciplina vigente hasta entonces, dispersa en diversas colecciones y leyes, la ordena y sintetiza en los cánones, aportando, sí, oportunos cambios.

El sacramento de la penitencia corresponde al título cuarto de la primera parte (*De Sacramentis*) del libro tercero (*De Rebus*) del Código. A su vez, está dividido en cinco capítulos, el primero de los cuales corresponde directamente a nuestro tema: Del ministro del sacramento de la

---

[185] Cf. E. FISCHER, «Necessità della potestà», 81-84.
[186] SAGRADA CONGREGACIÓN DEL CONCILIO, Decr. *Cum ad aures*, 12 febrero 1679, in *CICF* V, n. 2848, 380: «Non permittant ut venialum confessio fiat simplici sacerdoti non approbato ab episcopo, aut ordinario».

penitencia (e indirectamente también el segundo: De la reservación de los pecados).

El c. 872 recoge casi a la letra la enseñanza de Trento, la cual, como hemos visto, es a su vez tributaria del desarrollo doctrinal medieval: «Para absolver válidamente de los pecados se requiere en el ministro, además de la potestad de orden, potestad de jurisdicción, ordinaria o delegada, sobre el penitente».

La potestad de jurisdicción necesaria para impartir una válida absolución sigue la normativa general de toda jurisdicción, al dividirse en ordinaria y delegada[187]. Los cánones sucesivos, por tanto, explicarán quiénes tienen jurisdicción ordinaria y quiénes la pueden tener delegada, quiénes pueden delegar, cómo cesan ambas formas de jurisdicción, el modo de conceder la jurisdicción y las restricciones a que puede estar sujeta, el régimen de los religiosos, la jurisdicción necesaria para confesar a religiosas y la jurisdicción en algunos casos peculiares (cf. cc. 873-884)[188].

Del mismo modo, el Código al tratar de la jurisdicción, distingue entre una jurisdicción de fuero externo y otra de fuero interno (cf. c. 196). Esta última a su vez se divide en sacramental y extrasacramental. La jurisdicción necesaria para absolver es obviamente una jurisdicción de fuero interno sacramental[189]. Wernz-Vidal, comentando los cánones, advierte que esta jurisdicción en muchos aspectos se diferencia de la jurisdicción de fuero externo:

> en efecto, el ejercicio de la jurisdicción de fuero interno no está sujeto al juicio del Superior y la sentencia de todo sacerdote es inapelable en el fuero humano, ya que es una acción sacramental, en el ejercicio de la cual el sa-

---

[187] Ordinaria, si va anexa al oficio, y delegada, si es concedida a la persona (cf. c. 197 § 1). Puede ser delegada *a iure* o *ab homine*. Una excepción a esta normativa general se da en que mientras la jurisdicción ordinaria en general es delegable, la jurisdicción ordinaria para oír confesiones sólo es delegable, en principio, además de por el Romano Pontífice, por el Ordinario del lugar. Cf. F.X. WERNZ – P. VIDAL, *Ius Canonicum*, IV/1, 146.

[188] Para una exégesis detallada de los cánones, cf. F.M. CAPPELLO, *De Poenitentia*, 232-317 y F.X. WERNZ – P. VIDAL, *Ius Canonicum*, IV/1, 142-156. En el próximo capítulo del presente estudio, aludiremos a ellos, ya que al tratar de la disciplina actual sobre la facultad para confesar, la expondremos bajo una perspectiva comparativa con la disciplina del Código píobenedictino.

[189] La distinción entre fuero interno y externo se entendía sobre todo con respecto al ámbito donde se ejercía la potestad, identificándose el fuero interno con el *forum conscientiae* (Cf. V. DE PAOLIS, «Il Sacramento della penitenza», 198).

cerdote es inmediatamente ministro del Dios único, quien es siempre la causa principal en los sacramentos[190].

5.2 Doctrina de los comentadores del Código de 1917

La normativa del c. 872 es clara: para una válida absolución deben confluir en el ministro dos poderes, el orden y la jurisdicción. El orden es dado en la ordenación; la jurisdicción es dada por la Iglesia, por medio de un oficio o por medio de la delegación. El P. Cappello explica, y en esto no difiere de la mayoría de los comentadores del Código, que la necesidad de ambas potestades en el confesor es de derecho divino. La de orden, ya que por institución divina sólo el sacerdote puede administrar el sacramento de la penitencia, sólo él puede ser instrumento de la gracia remisiva de los pecados. La de jurisdicción, ya que tal sacramento también por institución divina es a modo de juicio, por lo que se requiere un juez del cual el penitente sea súbdito por algún título[191].

Ahora bien, los comentadores del Código de 1917 profundizarán principalmente dos aspectos. Uno, respecto a cómo confluyen ambos poderes en el ministro. Otro, acerca de la naturaleza de la jurisdicción para absolver.

5.2.1 Confluencia del orden y de la jurisdicción en el ministro

Partiendo de la base de la clara distinción del c. 872 a que recién aludíamos, los autores posteriores al Código pueden ser divididos en dos grupos, según afirmen que la absolución es esencialmente un acto de la potestad de orden o de la potestad de jurisdicción[192].

Para unos, la absolución es esencialmente ejercicio de la potestad de orden, ya que insisten en que sólo esta potestad puede conferir la gracia que borra el pecado. Para estos autores, todos ellos de inspiración tomis-

---

[190] F.X. WERNZ – P. VIDAL, *Ius Canonicum*, IV/1, 143: «nam exercitium iurisdictionis fori interni non subest iudicio Superioris et cuiusvis sacerdotis sententia est inappellabilis in foro humano, quia est actio sacramentalis, in qua exercenda sacerdos est immediate minister unius Dei, qui est semper causa principalis in sacramentis».

[191] Cf. F.M. CAPPELLO, *De Poenitentia*, 232-233. Con respecto al *iure divino*, remitimos a lo ya señalado respecto a la calificación teológica de la enseñanza tridentina (cf. *supra*, 4.2.1).

[192] Tomamos esta división de R. A COSIO, «De natura potestatis remittendi peccata», 3. Una división análoga puede verse en T.J. ROORDA, «De natura», 364-371.

ta, entre los que se puede citar a L.M. de Bernardis, F. Charrière[193], D. Nothomb[194] y T.J. Roorda, la jurisdicción, en cuanto a la absolución misma, opera *ab extrinseco*, en la medida en que la prepara y dispone a ella. Un buen resumen de esta postura la tenemos en Roorda:

> La función de esta jurisdicción que debe ser ejercida sobre los pecados es: juzgando, preceptuando, imponiendo penitencias y decidiendo con autoridad si haya que absolver o no, preparar y disponer próximamente al acto de absolver. La función de la potestad de orden es: después de la sentencia afirmativa y mediante una fórmula jurisdiccional ejercer el acto de absolver, que destruye efectivamente el pecado por medio de la infusión de la gracia. La relación entre ambas es: esta potestad de jurisdicción prepara el acto de la potestad de orden y esencialmente está a ella ordenada; la potestad de orden da la capacidad para recibir esta jurisdicción sobre los pecados[195].

Para otros, en cambio, los pecados son absueltos por la potestad de jurisdicción *ab intrinseco*. Si la tesis anterior era prevalente entre los teólogos (aunque no exclusivamente), ésta es prevalente entre los canonistas. En esta tesis, la potestad de orden se reduce a dar la capacidad al ministro para recibir la debida jurisdicción. Algunos, como Cosio, llegan a esta conclusión aplicando el siguiente silogismo: el poder de perdonar los pecados pertenece a la *potestas clavium*; ésta se identifica con la jurisdicción; el perdonar los pecados es por tanto un acto de la potestad de jurisdicción[196]. En otros autores, el razonamiento es el siguiente: la sentencia de un juicio es un acto jurisdiccional; la absolución es la sentencia en el juicio de la confesión; la absolución es por

---

[193] Cf. F. CHARRIERE, «Le pouvoir».
[194] Cf. D. NOTHOMB, «La nature».
[195] T.J. ROORDA, «De natura», 521: «Functio autem huius iurisdictionis exercendae circa peccata est: iudicando, praecipiendo, imponendo poenitentias, et decidendo auctorative an sit absolvendum vel minus, praeparare seu proxime disponere actum absolvendi. Functio potestatis ordinis est: post sententiam affirmativam ac per formulam iurisdictionalem exercere actum absolvendi, effective deletivum peccati per gratiam infusionem. Relatio inter utramque haec est: potestas haec iurisdictionis praeparat actum potestatis ordinis, et essentialiter ad eam est ordinata; potestas ordinis dat capacitatem ad recipiendam hanc iurisdictionem circa peccata».
[196] Cf. R. A COSIO, «De natura potestatis remittendi peccata». Ya hemos estudiado de donde viene esta identificación entre *potestas clavium* y jurisdicción (cf. *supra*, 3.3.1, d). Si se desarrolla en cambio la distinción tomista entre las llaves en sentido propio y en sentido impropio, identificando sólo ésta última con la jurisdicción, no se llegaría a la conclusión de Cosio, que hoy aparece como totalmente inadecuada.

tanto un acto de la potestad de jurisdicción. Esta parece ser la tesis de Conte a Coronata y de Wernz-Vidal[197].

Finalmente, autores como F.M. Cappello tratan la necesidad de ambas potestades de un modo tal que es difícil afirmar que se incline por la preponderancia de una o de otra[198]. Este autor expresa de este modo la relación entre ambas potestades:

> La potestad de *orden* da una próxima aptitud y disposición a que alguien reciba la jurisdicción sobre unos súbditos para impartirles la absolución de los pecados. La potestad de *jurisdicción* es la facultad de ejercer la potestad de orden en algunos fieles *determinados* como súbditos legitimamente designados[199]. La primera da la capacidad, la segunda la facultad de ejercer esa capacidad; de donde por la potestad de jurisdicción el juicio es válido, por la potestad de orden es eficaz[200].

5.2.2 Naturaleza de la jurisdicción

Todos los comentadores, siguiendo la normativa codicial, dirán que la jurisdicción para absolver es una jurisdicción de fuero interno sacramental. Ahora bien, ¿puede esta jurisdicción ser encuadrada dentro de la noción genérica de jurisdicción como *potestas publica regendi subditos*[201]? Por otra parte, en el ejercicio de esta jurisdicción, ¿cuál es la causalidad que corresponde al ministro? Es decir, siguiendo la terminología de estos autores, ¿se trata de una jurisdicción *vicaria Dei* o *propria*[202]?

---

[197] Cf. T.J. ROORDA, «De natura», 366-371.

[198] Aunque basándose en una u otra afirmación suya, Roorda lo coloca en el primer grupo, mientras que Charrières lo coloca en el segundo.

[199] Esta afirmación de Cappello y que se encuentra también de modo similar en otros canonistas que comentan el Código píobenedictino no debe llevar a pensar como si consideraran la jurisdicción una mera aplicación de materia a la potestad de orden, sin que signifique en sí misma un poder, un *imperium*. Todos estos autores insistirán en que la jurisdicción es un *imperium*, una *potestas regendi*.

[200] Traducción nuestra de F.M. CAPPELLO, *De Poenitentia*, 233: «Potestas *ordinis* dat proximam aptitudinem et dispositionem ad hoc quod quis recipiat iurisdictionem in subditos pro danda iisdem absolutione a peccatis. Potestas *iurisdictionis* est facultas exercendi potestatem ordinis in quosdam *determinatos* tamquam in subditos legitime designatos. Prior dat capacitatem, altera est facultas istam capacitatem exercendi; unde ex potestate iurisditionis iudicium est validum, ex potestate ordinis est efficax».

[201] F.M. CAPPELLO, *De Poenitentia*, 239.

[202] Aclaremos los términos. Se denominaba potestad *propria* la que correspondía a la Iglesia como sociedad perfecta y que era ejercida por ella *nomine proprio* como *in foro*

En cuanto a la primera interrogante, tenemos diversas respuestas[203]. Autores como F. Roberti, Vermeersch-Creusen y A. Van Hove niegan que la potestad de fuero interno pueda ser llamada jurisdicción, al carecer del carácter público, que es propio sólo del fuero externo. Por el contrario, la llamada jurisdicción de fuero interno, afirman, busca primariamente el bien privado. A lo más puede seguir llamándose jurisdicción en un sentido equívoco, en cuanto es concedida y regulada por la jurisdicción de fuero externo[204]. Otros autores, en cambio, consideran que en la Iglesia hay sólo un aspecto jurídico-social; esto es, todo converge a la *salus animarum* que constituye siempre el bien común social, incluso el bien privado es social. La jurisdicción acerca de los pecados, por tanto, tiene también un carácter público-social, por lo que no hay problema en denominarla jurisdicción. Tal es la postura de P. Fedele y, en un modo más matizado, de G. Michiels[205]. Finalmente, tenemos una postura que podríamos llamar intermedia, que califica a esta jurisdicción como tal de un modo sólo análogo. Es la postura de Wernz-Vidal y de Roorda. Este último autor defiende este sentido análogo de la denominación de jurisdicción del siguiente modo: «no en sentido unívoco, al faltar la esencial característica de sociabilidad, pero en sentido verdadero, ya que se encuentra la otra característica de la jurisdicción que es la potestad de gobernar»[206]. Propone incluso emplear un nombre específico para esta jurisdicción: jurisdicción sacramental o jurisdicción penitencial.

---

suo. La potestad *vicaria*, en cambio, llamada también ministerial o instrumental respecto a Cristo, es ejercida por la Iglesia *in foro Dei* (Cf. F.X. WERNZ – P. VIDAL, *Ius Canonicum*, II, 359).

[203] Como se podrá apreciar en los autores citados a continuación, muchos de ellos tratan de la naturaleza de esta jurisdicción, no directamente a propósito de la penitencia, sino más bien de modo indirecto, tratando en general de la potestad en la Iglesia y de la naturaleza de los fueros externo e interno.

[204] Una síntesis del pensamiento de estos autores puede verse en T.J. ROORDA, «De natura», 374-377.

[205] Una síntesis del pensamiento de estos autores puede verse en T.J. ROORDA, «De natura», 377-381.

[206] T.J. ROORDA, «De natura», 538: «non in sensu univoco, deficiente essentiali nota socialitatis, sed in sensu vero, quia adest altera iurisdictionis nota, est potestas regendi». En el acápite anterior, ya aludimos a la función *imperativa* que el autor atribuye a la jurisdicción. En las páginas 527-540 del artículo citado se puede ver toda la argumentación del autor.

La respuesta a la segunda interrogante está relacionada con la anterior. Los que defienden el carácter peculiar de la jurisdicción del confesor afirmarán en general su carácter ministerial o vicario. Roorda señala que esta jurisdicción está tan íntima y esencialmente ordenada a la potestad de orden, la cual con toda evidencia es *vicaria Dei*, que comparte esta su misma característica. Una prueba de ello la ve en el sigilo sacramental que sella los actos que el sacerdote realiza en virtud de esta jurisdicción[207]. A la misma conclusión llegan Wernz-Vidal[208], Cappello[209] y Cosio[210]. Otros, en cambio, como Journet[211] y Nothomb[212], niegan el carácter vicario a la jurisdicción de fuero interno[213].

5.3 Inicios de una evolución doctrinal

Hasta ahora hemos tratado de aquellos autores que se encuadran dentro del esquema de una clara distinción de las dos potestades que convergen en el confesor, según el Código de 1917.

Sin embargo, algunas décadas después de la promulgación del Código, hacia mediados del siglo, encontramos, sobre todo en los teólogos, un intento de reinterpretar el concepto de la jurisdicción necesaria en el confesor. ¿Qué factores influirán en estas tendencias? Por una parte, la abundancia de estudios históricos acerca del sacramento de la penitencia, que iluminarán aspectos muchas veces olvidados del mismo. Por otra parte, hemos visto recién como muchos canonistas tenían una gran dificultad en encuadrar la jurisdicción del confesor dentro del concepto genérico de jurisdicción, no faltando quienes le negaban su carácter jurisdiccional o propiciaban una nueva denominación.

---

[207] Cf. T.J. ROORDA, «De natura», 522-527.
[208] Cf. F.X. WERNZ – P. VIDAL, *Ius Canonicum*, II, 359.
[209] Cf. F.M. CAPPELLO, *De Poenitentia*, 240-241.
[210] Cf. R. A COSIO, «De natura potestatis remittendi peccata», 16.
[211] Cf. CH. JOURNET, *L'Eglise du Verbe Incarné*, I, 215-218.
[212] D. NOTHOMB, «La nature», 480.
[213] Hoy nos puede ser difícil entender esta discusión acerca del carácter vicario de la jurisdicción del confesor. Era parte de una discusión más amplia, que surgió a raíz de la obra eclesiológica de Billot, a inicios del s. XX, acerca de la legitimidad de hablar de una jurisdicción instrumental. El que muchos autores hayan llegado a afirmar que la jurisdicción del confesor (y no sólo su poder sacramental) sea *vicaria Dei* debe comprenderse dentro de la dificultad que veían en encuadrar esta jurisdicción dentro del concepto genérico de la misma.

Dentro de estas tendencias que buscan interpretar de otro modo la jurisdicción para confesar, encontramos a su vez dos grandes líneas.

En una de ellas, pareciera que vuelven a revivir aquellas teorías a las que aludía Suárez en su tratado sobre la penitencia. Los teólogos de esta corriente seguirán hablando de jurisdicción, por fidelidad a Trento y al Código entonces vigente, pero paulatinamente van vaciando el concepto de contenido, por lo que van prepando el camino para el cambio de jurisdicción a facultad que efectuará el Código de 1983.

La otra línea, en cambio, afirmará con fuerza la necesidad de la jurisdicción en el confesor, pero ya no tanto por el carácter judicial del sacramento, sino por el efecto primariamente eclesial que atribuyen a la absolución.

Debemos relacionar todo este desarrollo doctrinal con el renovado interés que encontramos ya en los años anteriores al Concilio Vaticano II, tanto en la teología como en la canonística, por estudiar la relación entre la potestad de orden y de jurisdicción, y cómo ambas potestades se conjugan en el ámbito sacramental.

Bástenos el haber enunciado aquí con rasgos muy generales las grandes líneas de esta evolución doctrinal iniciada a mediados del siglo recién pasado. No nos detenemos más en ella, ya que ello será el objeto de nuestro estudio en el tercer capítulo del presente trabajo, cuando tratemos de la naturaleza de la facultad para confesar.

5.4 *El Concilio Vaticano II y la legislación posterior*

El Concilio Vaticano II trató en diversas ocasiones del sacramento de la penitencia[214] y propugnó una reforma del rito del sacramento (cf. SC 72). Con todo, a pesar de las intervenciones aisladas de tres padres conciliares[215], apenas tratará directamente acerca de la jurisdicción o facultad necesaria del sacerdote para confesar. La única norma expresa la encontramos en el decreto *Orientalium Ecclesiarum*, donde se dispone que en un territorio oriental donde conviven fieles de diversos

---

[214] Se pueden ver las citas de los principales textos conciliares que tratan del sacramento en M. GARRIDO, «El sacramento», 709-710.

[215] Cf. M. GARRIDO, «El sacramento», 715-716. Estas intervenciones pedían que fuera concedido a los Obispos la facultad de confesar en todas partes. Como señalamos muy luego, el MP *Pastorale munus* recogerá esta petición. Un Obispo pidió además la misma facultad a los presbíteros, al menos en su propia nación. Esta petición será acogida (y ampliada) por el Código de 1983.

ritos, la facultad para confesar de los sacerdotes de un rito se extiende a todos los fieles de cualquier otro rito, a no ser que alguno de los jerarcas se oponga expresamente (cf. OE 16).

Sin embargo, no obstante la ausencia del tema de la jurisdicción para confesar en los textos conciliares, el Concilio formulará algunos principios que tendrán gran relevancia en la nueva legislación canónica sobre nuestro tema. Ante todo, la *Lumen Gentium* y la *Presbiterorum Ordinis* insistirán en la comunión jerárquica que debe unir a los presbíteros con los Obispos en el ejercicio de su ministerio. Tratando de la misión del Obispo como santificador, el Concilio afirma que ellos son «los moderadores de la disciplina penitencial» (cf. LG 26). El carácter eclesial del sacramento es varias veces subrayado (cf. LG 11 y PO 5). Por otra parte, tendrá bastante importancia para comprender nuestro tema la nueva conceptualización de los términos *munus* y *potestas* que se deduce de los textos conciliares. Retomaremos y explicaremos más adelante todos estos temas conciliares[216].

Durante el curso de los trabajos conciliares, el Papa Paulo VI promulgó el MP *Pastorale munus*, el 30 de noviembre de 1963, en virtud del cual se conceden a los Obispos ciertas facultades y privilegios para facilitarles el ministerio pastoral. Entre estas facultades está la de poder confesar a los fieles en cualquier lugar del mundo y, bajo ciertas condiciones, la de poder también absolverlos de los pecados reservados y, en el acto de la confesión sacramental, de ciertas censuras[217].

Más tarde, el decreto *Dum canonicarum legum* de la Sagrada Congregación de Religiosos, del 8 de diciembre de 1970, simplificó notablemente la disciplina referente a los confesores de religiosas, especialmente al establecer que cualquier religiosa puede confesarse, lícita y válidamente, con cualquier confesor, sin que éste requiera de especial jurisdicción[218].

En 1973 fue promulgado el nuevo Ritual de la penitencia, acogiendo el deseo expresado por la *Sacrosanctum Concilium*. Los *praenotanda*

---

[216] Todos estos temas serán desarrollados con más detención en el capítulo tercero, sobre la naturaleza de la facultad y en el cuarto, sobre el sentido de la misma. Aquí nos contentamos con presentar sólo una muy breve visión de conjunto para completar nuestro recorrido histórico.

[217] En el próximo capítulo aludiremos a estas normas, en cuanto fuentes de la legislación vigente.

[218] Cf. S. CONGREGACIÓN DE RELIGIOSOS, Decr. *Dum canonicarum legum*, n. 4, 8 diciembre 1970, *AAS* 63 (1971) 318-319.

del nuevo ritual, confirmando la doctrina tradicional acerca del sacramento, subrayan la dimensión eclesial del mismo. En cuanto a nuestro tema, luego de recordar que en el ejercicio del ministerio de la penitencia los presbíteros deben obrar en comunión con el Obispo, el n. 9 establece que «el ministro competente del sacramento de la penitencia es el sacerdote con facultad para absolver, según las leyes canónicas». No se menciona la necesidad de jurisdicción; se habla de la facultad para absolver, con lo que se adelanta ya la innovación que aportará el nuevo Código[219].

5.5 El Código de 1983

La renovación aportada por el Concilio Vaticano II estaba llamada a plasmarse en los distintos ámbitos de la vida de la Iglesia, también en su legislación. El Código de Derecho Canónico de 1983 es el resultado de traducir en términos jurídicos la renovación conciliar.

En cuanto a la potestad requerida en el ministro del sacramento de la penitencia, la doctrina codicial se encuentra en el c. 966 §1, que transcribimos por su importancia una vez más: «Para absolver válidamente de los pecados se requiere que el ministro, además de la potestad de orden, tenga facultad de ejercerla sobre los fieles a quienes da la absolución». Los cánones que siguen desarrollan la disciplina conexa a esta disposición. Comparando con el Código anterior, la gran innovación se dará, como nota Rincón-Pérez, más que en la práctica, en el ámbito doctrinal y terminológico:

> Desde una vertiente práctica, esta disciplina concuerda en lo sustancial con la del Código antiguo. Técnicamente, en cambio, el legislador ha preferido usar el término *facultad* en lugar de *jurisdicción*, por considerar que este término no era el más adecuado para expresar la naturaleza de la facultad con que debe estar revestido el sacerdote-confesor [...] De acuerdo con esta nueva orientación, cabe decir que para la administración válida del sacramento de la penitencia no es necesario que concurran dos potestades, la de orden y la de jurisdicción, sino únicamente la potestad de orden, respecto a

---

[219] Con todo, no debe pensarse que la expresión facultad para absolver sea del todo nueva. Como tendremos ocasión de ver en el capítulo tercero, cuando estudiemos el significado de facultad, el término era ya empleado en actos legislativos del período post-tridentino. Entonces, tenía un significado similar a jurisdicción.

la cual la Iglesia regula y exige, incluso para la validez del sacramento, la facultad de ejercerla sobre unos fieles[220].

Por otra parte, el año 1990 fue promulgado el Código de los Cánones de las Iglesias Orientales. El c. 722 §3 del mismo establece, en consonancia con el c. 966 §1 del Código latino, que «los presbíteros, en cambio, para obrar válidamente deben además tener la facultad de administrar el sacramento de la penitencia, facultad que viene conferida o por el derecho mismo, o por una especial concesión hecha por la autoridad competente». Es interesante señalar lo que indican las actas de la elaboración de este canon:

> No hay duda, de hecho, que la praxis de la Iglesia, en oriente y en occidente, quiere que el presbítero, además de la ordenación sacerdotal, sea constituido "padre espiritual", es decir "confesor" por el propio Obispo. La disciplina, por tanto con estricto rigor ha sido ésta y ha sido considerada necesaria para la validez[221].

6. Conclusión

No desarrollamos más en este apartado la disciplina canónica respecto de esta facultad para confesar ni nos adentramos en intentar explicar su naturaleza y significado. Ello será el objeto de los capítulos que siguen. Nos basta aquí haber concluido este breve itinerario a lo largo del desarrollo histórico de la materia. Queda establecido que el origen remoto de la disposición del c. 966 §1 está en el hecho de que en los primeros siglos de la Iglesia, el Obispo era normalmente el ministro del sacramento de la penitencia. Queda también claro que, más allá de los distintos nombres y modos de entenderlo, la Iglesia siempre ha exigido en el confesor, tanto en oriente como en occidente, además de la potestad de orden, una referencia a la autoridad de la Iglesia particular.

---

[220] T. RINCÓN-PÉREZ, «Disciplina canónica del culto divino», 529.
[221] G. FERRARI, «I canoni», 58: «Non c'è dubbio, infatti, che la prassi della Chiesa, in oriente e in occidente, vuole che il presbitero, oltre all'ordinazione sacerdotale, sia costituito "padre spirituale" cioè "confessore" dal proprio vescovo. La disciplina, quindi, a stretto rigore è stata questa e considerata necessaria per la validità».

CAPÍTULO II

La disciplina vigente acerca de la facultad para confesar

Habiendo estudiado en el capítulo recién concluido el origen y el desarrollo histórico de la facultad para confesar, podemos adentrarnos a conocer y analizar el modo concreto como la actual disciplina de la Iglesia regula dicha facultad. A lo largo de este capítulo, estudiaremos con cierta detención los cánones que explicitan y desarrollan lo expuesto en el c. 966 §1. Intentaremos hacer una exégesis sistemática de los mismos, teniendo a la vez como trasfondo la disciplina del Código de 1917[1] para marcar los puntos de encuentro y de diferenciación entre ambas normativas[2].

A lo largo del presente capítulo, analizaremos los modos de adquirir la facultad para confesar y su extensión, su cesación y algunos aspectos complementarios.

1. Adquisición de la facultad para confesar

El Código de 1917, en forma congruente con su concepción de la facultad como una potestad de jurisdicción, distinguía entre una jurisdicción ordinaria y otra delegada. La ordinaria era concedida por el

---

[1] Las alusiones al Código de 1917 a lo largo de este capítulo, a no ser que se señale otra cosa, estarán tomadas de F.M. CAPPELLO, *De Poenitentia*, 232-317 y de F.X. WERNZ – P. VIDAL, *Ius Canonicum*, IV/1, 142-156.

[2] No realizaremos un estudio sistemático de lo dispuesto en el Código de los cánones de las Iglesias orientales. Aludiremos a él sólo cuando se trate de una disposición distinta respecto a la del Código latino, con el cual, por lo demás, en esta materia las diferencias son mínimas. Para un estudio más detallado, remitimos a D. SALACHAS, *Teologia*, 233-247.

derecho mismo e iba anexa a un oficio eclesiástico. La delegada, en cambio, era concedida por el Superior al súbdito (*ab homine*), y en determinados casos, por el derecho común (*a iure*).

No siendo posible ahora encuadrar la facultad de absolver los pecados dentro de la potestad de jurisdicción, fue necesario encontrar una nueva terminología[3]. Tenemos así el c. 966 §2: «El sacerdote puede recibir esa facultad tanto *ipso iure* como por concesión de la autoridad competente, a tenor del can. 969». Será ésta la división que seguiremos en los párrafos que siguen[4]. A grandes rasgos, con las excepciones que señalaremos oportunamente, quienes reciben la facultad *ipso iure* son los que en la antigua legislación tenían jurisdicción ordinaria, y quienes la reciben por especial concesión de la autoridad son los que tenían jurisdicción delegada.

---

[3] Esta nueva terminología surgirá ya en la primera fase de redacción de los cánones sobre el ministro de la penitencia. En un primer momento el *Coetus «De sacramentis»* distinguió entre facultad ordinaria y delegada, siguiendo la terminología del Código anterior, pero muy luego los consultores advirtieron, por una parte, que si la facultad fuera *ordinaria*, podría ser delegada por su titular, cualquiera éste sea, y por otra, que la delegación es siempre un acto de fuero externo, mientras la facultad se ejerce en el fuero interno (Cf. *Communicationes* 31 (1999) 259-264).

[4] Pensamos, como indicaremos más abajo, que todos los modos de adquisición de la facultad pueden reducirse a estos dos señalados en el c. 966 §2. Algunos manuales no son tan claros en esta distinción. Esta falta de claridad proviene de los mismos cánones, ya que el c. 967 pareciera indicar una división tripartita: *ipso iure, vi officii* y por concesión de la autoridad. El c. 968 determina los titulares de la facultad *vi officii*. El Código de 1917 era indudablemente mucho más claro al distinguir simple-mente entre jurisdicción ordinaria y delegada. Sin duda tal terminología no se podía mantener en el Código actual, al no hablarse ya de una potestad de jurisdicción para confesar. La distinción del c. 966 § 2 supone que la facultad *vi officii* a que alude el c. 968 es en último término *ipso iure*, en cuanto es la ley la que confiere al titular de determinados oficios la facultad de confesar. Otra posibilidad habría sido, quizás más clara y más conforme con la verdad del origen de la facultad, el haber distinguido solamente entre una facultad *vi officii* y una facultad por concesión de la autoridad. Incluso en el caso del Romano Pontífice, los Cardenales y los Obispos, que según el c. 967 §1 tienen la facultad *ipso iure* podría ser más adecuado decir que la tienen *vi officii*. Y en las situaciones particulares del peligro de muerte y del error común o la duda positiva y probable bien podría considerarse que se da una concesión de facultad *a iure*. Todo esto se entenderá mejor en la medida que analicemos los cánones respectivos. Con todo, en el presente trabajo hemos preferido mantener la división del c. 966 §2, pensando, como dijimos, que ella puede incluir todas las situaciones señaladas por los cánones. En seguir este criterio, nos hemos basado principalmente en V. DE PAOLIS, «Il Sacramento della penitenza», 199 y en T. RINCÓN-PÉREZ «Disciplina canónica del culto divino», 529-530.

1.1 *Adquisición de la facultad* ipso iure

Que la facultad sea dada *ipso iure* significa que es dada en virtud del mismo derecho, sea divino o canónico. El c. 967 §1 elenca quienes la reciben *ipso iure* de modo inmediato. Pero en el Código se encuentran otros tres supuestos en los que la facultad es también concedida en virtud del derecho: la provisión canónica de un oficio que por ley comporta la facultad de dar la absolución (*vi officii*), las situaciones que dan lugar a la suplencia de la facultad y el peligro de muerte. Estudiaremos en detalle todas estas situaciones. En este apartado analizaremos las dos primeras situaciones: la facultad concedida *ipso iure* de modo inmediato y la concedida *vi officii*. Las otras dos, al referirse a situaciones del todo extraordinarias y particulares, las analizaremos más adelante.

1.1.1 Inmediatamente en virtud de la misma ley

Estamos ante los casos señalados en el c. 967 §1: «Además del Romano Pontífice, los Cardenales tienen *ipso iure* la facultad de oír confesiones de los fieles en todo el mundo; y asimismo los Obispos, que la ejercitan también lícitamente en cualquier sitio, a no ser que el Obispo diocesano se oponga en un caso concreto».

El Romano Pontífice tiene la facultad *ipso iure divino*, en virtud de su oficio primacial (cf. c. 331). Puede por tanto ejercitarla libremente en todo el mundo, sin ninguna limitación.

En el caso de los Cardenales, la facultad es *ex iure ecclesiastico*, como un privilegio personal en razón de la eminente dignidad de que gozan en la Iglesia. También pueden ejercitar la facultad en toda la Iglesia, sin ninguna limitación, salvo, por cierto, que el Papa o alguna pena canónica limitaran eventualmente su ejercicio. Esto no siempre ha sido así; fue el Papa san Pío X quien extendió universalmente la jurisdicción para confesar de los Cardenales, lo que fue recogido en el Código de 1917[5].

Los Obispos reciben la facultad para absolver con la misma consagración episcopal. Al referirse este canon a los Obispos sin otra determinación, la norma alcanza a todo Obispo consagrado, cualquiera sea el oficio concreto que desempeñe, y excluye, por otra parte, a los asimilados al Obispo diocesano de acuerdo al c. 381 § 2 que carecieran del

---

[5] Cf. F.X. WERNZ – P. VIDAL, *Ius Canonicum*, IV/1, 145.

orden episcopal[6]. Los Obispos pueden confesar a todos los fieles en cualquier lugar del mundo, con la única limitación prevista en el mismo canon 967 § 1: «a no ser que el Obispo diocesano se oponga en un caso concreto». En este caso, al Obispo diocesano se equiparan los señalados en el c. 381 § 2 (cf. c. 134 § 3), los cuales, aun careciendo del carácter episcopal, podrían prohibir dentro del ámbito de su jurisdicción a un Obispo, por una causa grave, el ejercer la facultad para confesar[7]. Tal limitación sólo puede darse en un caso particular; nunca podría ser general, por ejemplo, a todos los Obispos. Y al parecer de la doctrina, tal limitación es sólo para la licitud[8].

En el caso del Obispo diocesano en estricto sentido, éste tiene por derecho divino la facultad para confesar dentro de su diócesis y, a sus fieles, en cualquier lugar del mundo. El Concilio Vaticano II enseña que el Obispo tiene plena potestad dentro de su diócesis (cf. LG 27), doctrina recogida en el c. 381 §1: «Al Obispo diocesano compete en la diócesis que se le ha confiado toda la potestad ordinaria, propia e inmediata que se requiere para el ejercicio de su función pastoral...»[9].

El Código de 1917 trataba en un mismo canon, el 873, a todos los que gozaban de jurisdicción ordinaria para confesar, es decir, aquellos que la tenían anexa al oficio que desempeñaban. El Código actual ha preferido distinguir entre aquellos que *ipso iure* gozan de la facultad para confesar en todo el mundo y aquellos que *vi officii* la tienen dentro de su jurisdicción[10]. Al primer grupo pertenecen los elencados en el c. 967 §1 que estamos estudiando, y al segundo los que señala el c. 968, como analizaremos en el apartado que sigue. Sin duda, el mayor cambio de este canon 967 §1 respecto al Código de 1917 consiste en que en éste sólo el

---

[6] Cf. B. DUFOUR, *Le sacrement*, 66. Con todo, como veremos, ellos entran dentro de la categoría del c. 968, en cuanto son Ordinarios del lugar.

[7] El MP *Pastorale Munus*, establecía que esta limitación podía venir del Ordinario del lugar. Lo mismo señalaban los primeros esquemas del Código, hasta que la comisión de Cardenales que revisó el esquema de los cánones en 1980 decide cambiar Ordinario del lugar por Obispo diocesano, excluyendo así a los Vicarios generales y episcopales, para que no fuera un simple sacerdote el que impida a un Obispo el confesar. Cf. *Communicationes* 15 (1983) 208.

[8] Cf. A. MOLINA, «Comentario al c. 967», 438; V. DE PAOLIS, «Il Sacramento della penitenza», 200. El c. 722 del CCEO lo dice expresamente: «a no ser que, en lo relativo a la licitud, el Obispo eparquial se oponga expresamente en casos especiales».

[9] Cf. W. WOESTMAN, *Sacraments*, 246.

[10] Aunque, como veremos, la facultad de éstos tiene también un alcance tendencialmente universal en virtud del c. 967 §§2 y 3.

Romano Pontífice y los Cardenales podían confesar en todo el mundo. El antiguo c. 873 §1 no se refería explícitamente a los Obispos; sólo hablaba en general del Ordinario del lugar, el cual gozaba de jurisdicción sólo dentro de su territorio. Por tanto, en el resto del mundo, los Obispos sólo podían confesar a sus súbditos (cf. c. 881 §2 CIC 17). El cambio introducido en la legislación actual, que recoge, como vimos en la parte histórica[11], la disposición del MP *Pastorale Munus*, es sin duda congruente con la dimensión universal del ministerio episcopal enseñada por el Concilio Vaticano II (cf. LG 23).

1.1.2 Mediante un oficio (*vi officii*)

La particular configuración de ciertos oficios en la Iglesia implica que el titular de los mismos deba gozar de la facultad de oír confesiones. Se trata de oficios que comportan una cierta cura pastoral sobre determinados fieles. Al implicar por ello el ejercicio de la potestad de orden, sólo pueden ser conferidos a sacerdotes.

¿Cuáles son estos oficios cuya colación concede la facultad para confesar? El c. 968 nos lo responde. En el primer párrafo, dentro del ámbito de comunidades jerárquicas (es decir, al interior de una Iglesia particular o de una entidad asimilada a ella); en el segundo dentro del ámbito de un instituto religioso o de una sociedad de vida apostólica[12]. Hagamos entonces la exégesis del c. 968 y veamos cuál es el alcance de la facultad allí concedida.

a) *Dentro del ámbito de las comunidades jerárquicas: c. 968 §1*

El c. 968 §1 nos dice: «Dentro del ámbito de su jurisdicción, por razón del oficio gozan de la facultad de confesar el Ordinario del lugar, el canónigo penitenciario y también el párroco y aquellos que ocupan su lugar». Todos ellos gozaban de jurisdicción ordinaria en el antiguo Código, junto al Romano Pontífice y a los Cardenales (cf. c. 873 §1 y 2 CIC 17).

---

[11] Cf. *supra*, cap. I, 5.4.
[12] Nos parece más adecuada esta distinción entre los dos párrafos del c. 968 que el distinguir entre una facultad *vi officii* con carácter territorial y otra con carácter personal, como se indica en T. RINCÓN-PÉREZ, «Disciplina canónica del culto divino», 530. En efecto, como veremos a continuación, algunos de los incluidos en el c. 968 §1 tienen un vínculo personal, no territorial, con los fieles respecto de los cuales gozan de la facultad para confesar.

Por otra parte, la enumeración del c. 968 §1 no debe considerarse taxativa. El mismo Código se refiere al oficio del capellán cuyo titular goza de la facultad para confesar (cf. c. 566). Algunos autores discuten además la situación al respecto del rector de una iglesia y del rector del seminario. Finalmente, debemos considerar también la figura del Ordinario castrense y de los capellanes militares.

Analicemos con detención las distintas situaciones.

+ El Ordinario del lugar

El Ordinario del lugar debe entenderse a tenor del c. 134 §§1 y 2:

> además del Romano Pontífice, los Obispos diocesanos y todos aquellos que, aun interinamente, han sido nombrados para regir una Iglesia particular o una comunidad a ella equiparada según el c. 368, y también quienes en ella tienen potestad ejecutiva ordinaria, es decir, los Vicarios generales y episcopales.

Aunque no se diga expresamente, deben también entenderse aquí comprendidos quienes rigen una Iglesia particular en razón del rito o de otra razón semejante (cf. c. 372 §2). Con la mención «aun interinamente» se alude a quienes rigen la Iglesia particular en caso de sede impedida (cf. cc. 412-415) o vacante (cf. cc. 416-430).

+ El canónigo penitenciario

El canónigo penitenciario, es un sacerdote designado por el Obispo entre los miembros del cabildo de la iglesia catedral o colegial, que goza de especiales facultades para el ministerio del sacramento de la penitencia dentro del ámbito de la Iglesia particular (cf. c. 508). En virtud del oficio, además de la facultad para confesar, tiene «la facultad ordinaria, no delegable, de absolver en el fuero sacramental de las censuras *latae sententiae* no declaradas, ni reservadas a la Santa Sede» (§1). «Donde no exista cabildo, el Obispo diocesano pondrá un sacerdote para que cumpla la misma función» (§2).

+ El párroco

El párroco es el sacerdote al cual se confía, bajo la autoridad del Obispo diocesano, la cura pastoral de una parroquia (cf. c. 519); es decir, una comunidad de fieles establemente constituida en la Iglesia particular (cf. c. 515 §1). Ocupan el lugar del párroco el sacerdote al que se le confía una cuasiparroquia (cf. c. 516 §1), aquellos sacerdotes a quienes se ha confiado *in solidum* la cura pastoral de una o más parroquias (cf. c. 517 §1), el párroco personal a que alude el c. 518, el administrador parroquial (cf. c. 540 §1) y el sacerdote que a tenor del c. 541 §1 asume el gobierno de la parroquia que se haya vacante o cuyo párroco está impedido. También se equipararía al párroco, y gozaría por tanto *vi officii* de la facultad para confesar, el sacerdote al que se le confía una misión con cura de almas, erigida por la competente autoridad, y que por algún motivo no puede ser erigida en parroquia[13].

+ El capellán

El Código define el capellán como «un sacerdote a quien se encomienda establemente, al menos en parte, la atención pastoral de alguna comunidad o grupo de fieles» (c. 564). El c. 566 §1 establece el principio general respecto de las facultades del capellán: «debe estar provisto de todas las facultades que requiere el buen cuidado pastoral». Y a continuación, dentro del elenco del mínimo de facultades común a todos los capellanes *vi officii*, la misma norma señala «la facultad de oír las confesiones de los fieles encomendados a su atención»[14]. Es ésta una novedad de la normativa vigente, ya que el Código píobenedictino no contemplaba esta facultad del capellán[15].

Para que el capellán pueda gozar de esta facultad, debe ser legítimamente nombrado, a tenor del c. 565. Aquí nos parece ver una dificultad. Por una parte, la definición de capellán que da el c. 564 es lo bastante amplia como para englobar situaciones muy diversas[16]. Por otra parte, el c. 565 presenta una extraordinaria flexibilidad en los modos de

---

[13] Cf. V. DE PAOLIS, «Il Sacramento della penitenza», 205.

[14] El §2 del mismo canon añade que «en hospitales, cárceles y viajes marinos el capellán tiene además la facultad, que sólo puede ejercer en esos lugares, para absolver de censuras *latae sententiae* no reservadas ni declaradas».

[15] Esto se explica ya que la figura del capellán en el Código anterior, tratada en unas pocas normas dispersas, estaba más relacionada con la *cura alicuius ecclesiae* que con la *cura pastoralis* de un grupo de fieles (Cf. E. TEJERO, «Can. 564», 1360-1361).

[16] Con todo, a pesar de esta amplia configuración, el c. 564 requiere que al capellán se le confíe una cierta *cura pastoralis*, por lo que no están comprendidos, como bien nota A. Leite, «aquellos sacerdotes, a veces también llamados capellanes, que sólo van a celebrar Misa, incluso diariamente, a una determinada iglesia o capilla, sin tener una cura pastoral de los fieles» («Faculdade de confessar», 12: «aqueles sacerdotes, por vezes também chiamados capelães, que só vão celebrar missa, mesmo diariamente, a determinada igreja ou capela, sem terem cura pastoral dos fiéis»).

nombrar el capellán[17]. Pensemos, por ejemplo, en los capellanes de centros educativos o instituciones de caridad confiados a un instituto religioso. Normalmente, tales capellanes son nombrados por el Superior correspondiente del instituto, sin intervención del Ordinario del lugar. Estos capellanes gozarían de la facultad para confesar en virtud del c. 566 §1, facultad que, como veremos poco más adelante, en razón del c. 967 §2, pueden ejercer en todo el mundo. De este modo, ¿no se desvirtúa la disposición del c. 969 de que sólo el Ordinario del lugar otorga la facultad para confesar a los fieles (§1) y de que el Superior de un instituto o sociedad sólo puede otorgar a un presbítero la facultad de confesar a sus súbditos propios (§2)? En la práctica, en aquellos institutos cuyos sacerdotes son principalmente destinados a obras educativas o asistenciales, una aplicación amplia del c. 566 §1 llevaría a establecer una exención en materia de facultades para confesar con respecto al Obispo, lo que es contrario a la tradición canónica[18] y al espíritu de la disciplina establecida en los cc. 966 y siguientes. Nos parece que el espíritu de la norma, armonizando los cc. 566 §1 y 969, debería llevar a decir que sólo goza *vi officii* de la facultad para confesar el capellán en cuyo nombramiento ha intervenido el Ordinario del lugar. Por otra parte, tampoco nos parece que entre dentro de la categoría del capellán a que aluden los cc. 564 y siguientes la figura del asistente eclesiástico de una asociación de fieles. Dependiendo de la configuración específica de la asociación, se podrá establecer si dicho asistente ejerce en ella realmente una atención pastoral (*cura pastoralis*), a tenor del c. 564. Por lo demás, si bien el c. 317 §1 habla de un «capellán o asistente eclesiástico» para las asociaciones públicas, el c. 324 §2 habla, para las privadas, sólo de un «consejero espiritual», sin llamarlo capellán[19].

---

[17] Respecto a las amplias posibilidades que ofrece este canon, cf. E. TEJERO, «Can. 565», 1365-1366.

[18] Recordemos la insistencia de Trento y de las congregaciones romanas en los siglos posteriores respecto de la necesidad de la aprobación episcopal (Cf. *supra, cap.* I, 4.3 y 4.4.1).

[19] No hemos visto tratada la problemática expuesta en este párrafo en ningún autor. Del comentario a los cc. 565 y 566 de E. Tejero, podría implícitamente deducirse la interpretación amplia de los mismos, aunque él tampoco toca el problema. Las dificultades a que hemos aludido obedecen, nos parece, al hecho de que los cánones que tratan la figura del capellán aparecieron sólo en el último esquema de redacción del Código, por lo que, en palabras de D. Andrés, no quedaron «perfectamente ensamblados en el sistema, defecto del que suelen adolecer las normas insertadas a última hora» («Comentario al c. 566», 277).

+ El rector de una iglesia

De los autores estudiados, sólo F. Loza afirma que la figura del rector de una iglesia definida en el c. 556 goce de la facultad para confesar *vi officii*[20]. B. Dufour, por su parte, lo niega expresamente, dando como motivo el que el rector no tiene comunidad propia[21]. Los demás autores no lo mencionan en los comentarios al c. 968, por lo que deducimos que no lo consideran en él incluido. En realidad, no nos parece que deba ser incluido, dada la configuración del oficio del rector de una iglesia. Mientras al capellán se le confiaba la atención pastoral de un grupo de fieles, al rector se le confía ante todo el cuidado de una iglesia. Su función, comenta R. Pagé, está «orientada sobre todo al cuidado de un lugar de culto, con un matiz administrativo»[22]. Por lo demás, el Código trata en un mismo capítulo al rector y al capellán, y es significativo que a uno le conceda expresamente la facultad para confesar y al otro no. El Código de 1917 tampoco otorgaba al rector la jurisdicción ordinaria para confesar.

Una figura particular de *rector ecclesiae* es el rector de un santuario. Dado que «en los santuarios se debe proporcionar abundantemente a los fieles los medios de salvación [...] principalmente mediante la celebración de la Eucaristía y de la penitencia» (c. 1234), hubiera sido atendible que el rector de un santuario gozara *vi officii* de la facultad para confesar. Sin embargo, el Código nada dice, por lo que debe solicitar la facultad a la autoridad competente.

+ El rector del seminario

La posibilidad de que el rector del seminario goce *vi officii* de la facultad para confesar proviene de lo establecido en el c. 262: «es el rector o un delegado suyo quien realiza la función de párroco (*parochi officium*) para todos los que están en el seminario».

La doctrina precodicial discutía si el rector del seminario gozaba de jurisdicción ordinaria para oír las confesiones de los alumnos. El P. Cappello se oponía con fuerza, mientras otros autores lo admitían[23].

---

[20] Cf. F. LOZA, «Can. 968», 785.
[21] Cf. B. DUFOUR, *Le sacrement*, 72.
[22] R. PAGÉ, «Can. 556», 1346.
[23] Entre los autores que lo admitían, el P. Cappello cita a Vermeersch y Augustine. La argumentación contraria se puede ver en F.M. CAPPELLO, *De Poenitentia*, 250.

Entre los autores posteriores al Código de 1983, sólo A. Molina[24] y F. Loza incluyen al rector del seminario dentro del c. 968 §1. Los demás nada dicen. A nosotros nos parece que si el c. 262 dice que el rector «realiza la función de párroco [...] sin perjuicio de lo que prescribe el can. 985» y el c. 985 admite que el rector pueda eventualmente oír confesiones, aunque de hecho no lo recomiende, el rector es uno de los *aliique qui loco parochi sunt* a que alude el c. 968 §1. Esta facultad *vi officii* del rector, nos explica R. Sánchez,

> se extiende a las personas que *residen* en el seminario, bien habitualmente (Superiores, alumnos, personal de servicio, etcétera), bien accidentalmente o de paso. Pero no están comprendidas aquellas que residen fuera del edificio del seminario, como pueden ser los profesores, los que van de visita circunstancial, o los mismos seminaristas cuando están de vacaciones[25].

+ El Ordinario castrense y los capellanes militares

De acuerdo con la Constitución Apostólica *Spirituali militum curae* del año 1986, también podemos incluir dentro de los que gozan de la facultad de confesar *vi officii* al Ordinario militar y a los capellanes del Ordinariato militar. El Ordinario militar está equiparado *in iure* al Obispo diocesano (cf. SMC II). Los capellanes castrenses, por su parte, también están equiparados *in iure* a los párrocos (cf. SMC VII).

+ Ámbito de ejercicio de la facultad *vi officii*

El canon 968 §1 dice que esta facultad *vi officii* se tiene «dentro del ámbito de su jurisdicción». Ello significa que la facultad abarca a los súbditos (definidos éstos de acuerdo al domicilio o cuasidomicilio, en el caso de la jurisdicción territorial, y de alguna característica del fiel, en el caso de la jurisdicción personal) y a todos los que *in territorio* se acercan de hecho al sacramento de la penitencia, que para tal efecto se

---

[24] A. MOLINA, «Comentario al c. 262», 145: «En virtud de su officio, el rector puede administrar todos los sacramentos, menos el matrimonio [...] tiene *licencia para confesar*, si bien la debe ejercer respecto de los seminaristas en forma excepcional».

[25] J. SÁNCHEZ, «Comentario al c. 262», 160-161. Sin embargo, no estamos de acuerdo con la última parte de la cita, esto es, en excluir del ámbito de ejercicio de la facultad a los seminaristas cuando están de vacaciones en razón de los que diremos poco después, al tratar del ámbito de la facultad *vi officii*.

asimilan a los súbditos[26]. Esto, aunque pertenezcan a algún rito oriental[27].

¿Qué sucede en el caso de que los súbditos se encuentren fuera de ese ámbito de jurisdicción? En el Código anterior, la disciplina era clara: «Los que tienen potestad ordinaria de absolver, pueden absolver a sus súbditos en todo el mundo» (c. 881 §2 CIC 17). La cuestión tiene poca importancia práctica hoy día, ya que como veremos luego, todos ellos tienen *ipso iure* la facultad de absolver en todo el mundo. Pero incluso así, ¿qué sucedería, por ejemplo, si un ordinario de algún lugar negara a uno de éstos la facultad de absolver, en virtud del c. 967 §2? Aunque el Código nada diga, pensamos con W. Woestman que «aún tienen la facultad *vi officii* para sus propios súbditos en cualquier lugar del mundo, en razón de la íntima unión del sacerdote con cura de almas y su pueblo, y su responsabilidad por su bienestar espiritual, incluso si se encuentran fuera de su territorio»[28].

---

[26] Esto estaba expresamente establecido en el c. 881 §1 del Código de 1917: «Todos los sacerdotes de uno y otro clero aprobados para oír confesiones en algún lugar determinado, tengan jurisdicción ordinaria o delegada, pueden válida y lícitamente absolver aun a los vagos y a los peregrinos que acudan a ellos desde otra diócesis o parroquia, y lo mismo a los católicos de cualquier rito oriental» (Cf. también F.M. CAPPELLO, *De Poenitentia*, 246). Estas precisiones, con todo, casi no tienen importancia práctica, dada la extensión universal de la facultad operada por el c. 967 §2. Sólo la tendrían en el caso muy excepcional de que el Ordinario del lugar, por un motivo grave, limitara la facultad o prohibiera al sacerdote el confesar fuera del ámbito de su oficio. Ya estudiaremos las limitaciones eventuales que puede sufrir la facultad para confesar.

[27] Ésta ha sido la práctica muy antigua de la Iglesia, basada en el principio que no se puede vincular la libertad de los fieles en un punto tan delicado. Lo mismo vale para el caso contrario, vale decir, si un fiel del rito latino acude a un sacerdote de rito oriental debidamente aprobado (Cf. F.M. CAPPELLO, *De Poenitentia*, 263-264). Como vimos en el capítulo anterior (cf. *supra*, 5.4), el Concilio Vaticano II recoge este principio en el decreto *Orientalium Ecclesiarum* (n. 16).

[28] W. WOESTMAN, *Sacraments*, 250: «they still have the faculty *vi officii* for their own subjects anywhere in the world, because of the intimate union of a priest with care of souls and his people, and his responsibility for their spiritual welfare, even when they are outside their territory».

b) *Dentro del ámbito de un instituto religioso o de una sociedad de vida apostólica: c. 968 §2*

El c. 968 §2 nos dice:

En virtud del oficio tienen la facultad de oír confesiones de sus súbditos o de aquellos que moran día y noche en la casa, aquellos Superiores de un instituto religioso o de una sociedad de vida apostólica clericales de derecho pontificio que, según las constituciones, están dotados de potestad ejecutiva de régimen, permaneciendo lo establecido en el c. 630 §4.

En el Código de 1917 existía una norma análoga: «y los Superiores religiosos exentos con relación a los súbditos, conforme a las constituciones» (c. 873 §2). Para determinar en concreto quiénes eran tales Superiores, se remitía a las constituciones.

+ Titulares de la facultad según el c. 698 §2

El canon se refiere ante todo a los Superiores de un instituto religioso o de una sociedad de vida apostólica clericales de derecho pontificio. Quedan por tanto excluidos los Superiores de un instituto secular y los Superiores de un instituto religioso o sociedad de vida apostólica ya sea laicales (cf. c. 588) o de derecho diocesano (cf. c. 589).

Ahora bien, los Superiores a que alude el canon en estudio deben estar «dotados de potestad ejecutiva de régimen», entendida ésta a tenor de los cc. 135 y siguientes. De modo general, los Superiores de un instituto religioso y de una sociedad de vida apostólica tienen «potestad eclesiástica de régimen tanto para el fuero externo como para el interno» (c. 596 §2 y cf. c. 732). ¿A qué Superiores en concreto alcanza esta normativa? Desde luego, abarca a los Superiores mayores, los cuales son llamados ordinarios, al tener, al menos, potestad ejecutiva ordinaria (cf. c. 134 §1). A tenor del c. 620, éstos son ante todo «aquellos que gobiernan todo el instituto, una provincia de éste u otra parte equiparada a la misma, o una casa independiente, así como sus vicarios». Éstos últimos, consta De Paolis, gozan de la potestad ejecutiva, y por tanto de la facultad *vi officii* para confesar, «siempre, si las constituciones le atribuyen la potestad ejecutiva *de modo permanente*; en el período de la ausencia o del impedimento [del respectivo Superior], en cambio, si tienen la potestad ejecutiva sólo en tales momentos»[29]. ¿Qué acontece, en cambio, con los Superiores locales? Ellos están dotados de potestad ejecutiva sólo si las constituciones se la reconocen. Sólo en tal caso tendrán, por tanto, la facultad *vi officii* para escuchar confesiones.

Por su parte, en virtud del mismo c. 620, se asimilan a los superiores mayores el Abad Primado y el Superior de una congregación monástica. Si bien no tengan toda la potestad que el derecho universal atribuye a los Superiores mayores, tienen ya una cierta potestad ejecutiva, por lo que entran dentro del c. 968 §2[30].

Hemos dicho que los Superiores de un instituto secular no gozan *vi officii* de la facultad para confesar. Con todo, en el caso de un instituto clerical de derecho pontificio, las constituciones podrían concederle tal facultad por vía de privilegio. Sería la situación de aquellos institutos seculares que, como indica el c. 266 §3, pueden incardinar por concesión de la Sede Apostólica. En estos institutos, caso del todo excepcional, los Superiores poseerían una cierta potestad eclesiástica de régimen[31]. Por tanto, gozarían también de la facultad *vi officii* para confesar, en cuanto el c. 968 §2 vincula tal facultad a que las constituciones otorguen al Superior potestad ejecutiva de régimen.

+ Ámbito de ejercicio de esta facultad[32]

Habiendo visto quienes son los sujetos posibles de la facultad elencados en este segundo párrafo del c. 968, veamos sobre quienes la pueden ejercer.

Ante todo, sobre los «súbditos». ¿Quiénes son ellos? Los miembros del instituto o sociedad que están sujetos al régimen del Superior. Se consideran miembros, en el caso del instituto religioso, por la profesión religiosa (cf. c 654), y en el caso de la sociedad de vida apostólica, por

---

[29] V. DE PAOLIS, «Il Sacramento della penitenza», 206: «sempre se le costituzioni attribuiscono loro la potestà esecutiva *in modo permanente*; nel periodo dell'assenza o dell'impedimento invece se hanno la potestà esecutiva solo in quei momenti».

[30] Cf. V. DE PAOLIS, «Il Sacramento della penitenza», 206.

[31] Así parece que lo entendían los redactores del c. 596 que trata de la potestad de los institutos. Cf. *Communicationes* 11 (1979) 305-308 y 13 (1981) 405.

[32] El conocer el ámbito de ejercicio de la facultad de los Superiores tiene una cierta importancia, ya que, como veremos, la extensión universal de esta facultad en virtud del c. 967 §3 es limitada; se extiende sólo dentro de los confines del instituto o sociedad. Con todo, habitualmente estos Superiores también tendrán la facultad por concesión del Ordinario del lugar, en cuyo caso la extensión universal opera ampliamente.

el modo determinado en el derecho propio de cada sociedad (cf. c. 735 §1).

Y también sobre «aquellos que moran día y noche en la casa». Éstos, aclara Woestman, se entienden en general todos aquellos que «llegan a la casa con la intención de permanecer allí un día y una noche, y también si *de facto* han permanecido allí un día y una noche»[33]. Son los que en el antiguo derecho se llamaban familiares o domésticos.

En la disciplina anterior, el c. 873 §2 sólo hacía alusión a los súbditos. Pero la doctrina consideraba que cabían dentro de tal expresión, para los efectos que aquí se trata, no sólo los profesos, sino también los novicios, postulantes y familiares[34]. Y estos últimos comprendían sirvientes, postulantes, alumnos internos, huéspedes y enfermos (cf. can. 514 §1 CIC 17). El canon actual, por tanto, al recoger la normativa anterior, ha de interpretarse en el mismo sentido (cf. c. 6 §2).

No indicando el canon en este segundo párrafo ninguna limitación espacial, se entiende que los Superiores que gozan de la facultad de confesar a los súbditos y aquellos que moran día y noche en la casa, lo pueden hacer no sólo dentro de los muros de la dicha casa, sino también fuera de ella, pero sólo respecto de aquéllos. El Código de 1917 lo decía expresamente, aplicando los principios generales de la potestad ordinaria (cf. c. 881 §2 CIC 17). Y el actual canon 967 §3 parece indicar lo mismo[35].

Finalmente, el canon termina con la expresión: «permaneciendo lo establecido en el c. 630 §4». Éste dice: «Los Superiores no deben oír las confesiones de sus súbditos, a no ser que éstos lo pidan espontáneamente». Aparentemente ambas normas podrían parecer contradictorias, pero no lo son. En realidad, como afirma F. Loza, se refieren a cosas distintas; «una cosa es determinar el origen de la facultad penitencial[36], *vi officii*, de los Superiores, y otra establecer que éstos no deben —normalmente y de modo habitual- oír las confesiones de sus súbditos»[37]. El

---

[33] W. WOESTMAN, *Sacraments*, 251: «arrive in the house with the intention of staying there a day and a night, and also if they have *de facto* stayed there a day and a night».

[34] Cf. F.M. CAPPELLO, *De Poenitentia*, 250.

[35] A nuestro parecer, la redacción del canon no es muy clara. Más adelante intentaremos hacer la exégesis del mismo.

[36] No nos parece adecuado el llamar «facultad penitencial» a la facultad para oír confesiones, ya que consta que la propuesta de darle tal nombre fue rechazada en el proceso de codificación (Cf. *Communicationes* 10 (1978) 56).

[37] F. LOZA, «Can. 968», 786.

legislador quiere salvaguardar así la libertad de conciencia del súbdito y la debida distinción de fueros[38].

c) *El Prelado de una prelatura personal*[39]

El Prelado de una prelatura personal la gobierna como Ordinario propio (cf. c. 295 §1), por lo que está dotado de potestad de régimen ordinaria, es decir, anexa a su oficio. Puede también incardinar a sus propios clérigos. Por tanto, en analogía a lo que hemos explicado en la exégesis del c. 968, no hay duda que el Prelado de una prelatura personal deba gozar *vi officii* de la facultad para confesar a sus súbditos. Así lo señalan autores como F. Loza[40] y M. Falcão. Este último señala también que todos los vicarios de la prelatura que tengan la cualidad de Ordinarios en la misma poseen en razón de su oficio la facultad para

---

[38] Para salvaguardar estos principios el segundo párrafo del mismo c. 630 dispone que los «Superiores han de mostrarse solícitos para que los miembros dispongan de confesores idóneos, con los que puedan confesarse frecuentemente». Los mismos principios del c. 630 inspiraban el c. 518 del Código anterior, el cual, a su vez, recogía una preocupación muy antigua en la Iglesia. Ya poco después de Trento, el año 1593, el decreto *Sanctissimus* de Clemente VIII establecía la misma normativa (Cf. CLEMENTE VIII, Decr. *Sanctissimus*, 26 mayo 1593, in *CICF* I, n. 177, 338-339).

[39] Mucho se ha discutido acerca de la naturaleza teológico-canónica de las prelaturas personales. Para algunos, son sólo institutos clericales de carácter asociativo (Cf. G. GHIRLANDA, «Prelatura personale», 818-819). Para otros, en cambio, son entes jerárquicos, que si bien se diferencian de las Iglesias particulares, realizan al interior de ellas una tarea pastoral peculiar (Cf. J. HERVADA, «Can. 294-297», 403-404). No entramos en el mérito de la discusión, por rebasar los límites del presente trabajo. ¿Cómo encuadrar, entonces, dentro del marco del c. 968 la figura del Prelado de la prelatura personal? Es decir, ¿lo colocamos dentro del §1 o del §2 del c. 968? La decisión será importante ya que, como luego veremos, de ella dependerá, en confor-midad al c. 967 §§2 y 3, la extensión que tenga en cada caso la facultad para confesar. Preferimos dejar abierta la cuestión, ya que la respuesta dependerá de cómo se conciba la naturaleza de la prelatura personal. Ahora bien, en el caso de la facultad para confesar del Prelado de la prelatura del Opus Dei, la única prelatura hasta ahora existente, a efectos de dicha facultad, está tratada *ad instar* de los indicados en el c. 968 §2 (subrayamos que es a efectos de dicha facultad, ya que sin duda la prelatura personal no es un instituto religioso ni una sociedad de vida apostólica). Esto aparecerá con más claridad cuando tratemos de la facultad que puede conceder a otros presbíteros el Prelado de la prelatura personal del Opus Dei. Sin embargo, no creemos que necesariamente se deba extraer de esta regulación particular una normativa general para toda prelatura personal.

[40] Cf. F. LOZA, «Can. 968», 786. Este autor coloca el Prelado de la prelatura personal dentro del marco del c. 968 §1.

confesar a sus súbditos[41]. Estos súbditos son el clero incardinado y los laicos incorporados a la prelatura, en el caso de una prelatura compuesta también por fieles laicos[42].

1.2 *Adquisición de la facultad por especial concesión de la autoridad competente*

Hemos visto hasta aquí quienes tienen *ipso iure* la facultad para confesar en la Iglesia, ya sea inmediatamente en virtud del derecho (Papa, Cardenales y Obispos) o *vi officii* (todos los señalados en el c. 968). ¿Qué sucede con los demás sacerdotes que no caen en estas categorías? Tenemos el segundo modo de adquirir la facultad que nos indicaba el c. 966 §2: «por concesión de la autoridad competente, a tenor del c. 969»[43].

El c. 969 distingue dos autoridades competentes: el Ordinario del lugar para la confesión de todos los fieles que se encuentran dentro de su jurisdicción (§1) y el Superior de un instituto religioso o sociedad de vida apostólica para escuchar las confesiones de sus súbditos (§2). Notemos desde ya que la autoridad competente se mide aquí, más que en la relación del Ordinario o Superior respecto del sacerdote, en la relación del Ordinario o Superior respecto de los fieles a quienes se imparte la absolución[44]. Esto es un indicio de como la Iglesia, al reglamentar esta facultad, mira como fin último al bien de los fieles[45]. Los cánones que siguen al c. 969 precisan los requisitos y modalidades para que la autoridad competente conceda la facultad (cf. cc. 970-973).

---

[41] Cf. M. FALCÃO, «Faculdade», 42. En el caso de la prelatura personal del Opus Dei, son Ordinarios de la prelatura, además del Prelado, los que en ella gozan de potestad ejecutiva ordinaria, es decir, los vicarios generales y regionales (Cf. *Codex iuris particularis Operis Dei*, n. 125 §4).

[42] Como es de hecho el caso de la única prelatura personal hasta ahora existente. Los estatutos de la prelatura establecerán en concreto cómo un fiel pasa a ser miembro de ella.

[43] Es importante aclarar que los distintos modos de obtener la facultad para confesar no son excluyentes entre sí. El que alguien la adquiera *vi officii*, por ejemplo, no quita el que pueda haberla tenido antes por concesión de una autoridad competente. Y, a su vez, esta autoridad la puede conceder a quien ya la tiene en virtud de un oficio, para ampliar su ámbito de ejercicio (sería el caso, por ejemplo, del Ordinario del lugar que concediera las facultades a un Superior religioso).

[44] Cf. F. MCMANUS, «Comment to can. 969», 1156.

[45] Desarrollaremos esta reflexión en el capítulo cuarto de este trabajo.

1.2.1 Algo de historia

Hasta antes del Código de 1917, como estudiamos en el capítulo histórico[46], se distinguía claramente entre la jurisdicción para confesar a seculares y a religiosos exentos (los no exentos se regían por la disciplina de los seculares). En lo que respecta a los seculares (sean éstos laicos o clérigos), antes de Trento, debían confesarse con el párroco o con otro sacerdote que recibiera la jurisdicción del Obispo o del mismo párroco. Con todo, a partir de fines del s. XIII, el Papa concedió diversos privilegios a los religiosos exentos, en virtud de los cuales les otorgaba la jurisdicción, mediante la aprobación de sus Superiores, para confesar a seculares, en algunos casos incluso sin la aprobación del Obispo del lugar. A partir del Concilio de Trento, todo sacerdote necesitaba la aprobación del Obispo del lugar para escuchar la confesión de los seculares. Esta aprobación del Obispo era necesaria *ad validitatem*, aun cuando en virtud de algún privilegio los regulares exentos continuaran recibiendo la jurisdicción para confesar del Romano Pontífice. Para la confesión de los religiosos exentos, en cambio, tanto antes como después de Trento, sólo el Superior religioso podía conceder la jurisdicción a algún sacerdote.

Esta neta separación entre seculares y religiosos conoció un cambio cuando el Papa san Pío X, el año 1913, estableció que todo religioso, incluso exento, pudiera confesarse con cualquier sacerdote que estuviera aprobado por el Ordinario del lugar donde se escucha la confesión. Llegamos así al c. 874 §1 del Código de 1917, el cual decía: «Para oír confesiones de cualesquiera, sean seculares o religiosos, confiere jurisdicción delegada tanto a los sacerdotes seculares como religiosos, aunque sean exentos, el Ordinario del lugar en donde se oyen las confesiones». En lo que respecta a la confesión de los regulares, la potestad del Ordinario del lugar era cumulativa con la del Superior. En efecto, el c. 875 §1 establecía para la confesión de los regulares: «Si se trata de religión clerical exenta [...] confiere también jurisdicción delegada el Superior propio de ellos, conforme a sus constituciones; el cual puede

---

[46] A él remitimos para las referencias de lo que se dirá en este párrafo (en especial, *supra*, 3.4.1 y 4.3). Ofrecemos aquí sólo un breve resumen que nos permita entender bien lo dispuesto en el c. 969 y el espíritu de algunas normas que comentaremos más adelante, en especial respecto a las facultades de los religiosos. Para una visión de conjunto de la cuestión, cf. F.X. WERNZ – P. VIDAL, *Ius Canonicum*, IV/1, 153-154 y CH. DE CLERCQ, «Des sacrements», 144-146.

asimismo concederla a sacerdotes del clero secular o de otra religión». Con estas disposiciones, termina la distinción establecida por Trento entre aprobación y jurisdicción y se zanja definitivamente la secular discusión acerca del origen de la jurisdicción de los regulares. La obra de Wernz-Vidal sintetiza bien la doctrina píobenedictina al respecto: «en cuanto a [la confesión de] los seculares, la jurisdicción se tiene sólo del Ordinario del lugar; en cuanto a los religiosos exentos, en cambio, se puede tener la jurisdicción por una doble fuente, por el Ordinario del lugar y por el Superior regular»[47].

El Código actual, con un lenguaje distinto, recoge en el c. 969 los mismos principios que consagró el Código anterior. El primer párrafo del canon corresponde al c. 874 §1 anterior, mientras el segundo párrafo corresponde al antiguo c. 875 §1. Estudiemos en los apartados que siguen con detención lo dispuesto por el c. 969.

1.2.2 Facultad concedida por el Ordinario del lugar

«Sólo el Ordinario del lugar es competente para otorgar la facultad de oír confesiones de cualesquiera fieles a cualquier presbítero; pero los presbíteros que son miembros de un instituto religioso no deben usarla sin licencia, al menos presunta, de su Superior» (c. 969 §1).

a) *Sólo el Ordinario del lugar*

El Ordinario del lugar se debe entender a tenor del c. 134 §2. Como ya explicamos con ocasión de la exégesis del c. 968 §1, comprende, además del Romano Pontífice, los Obispos diocesanos y aquellos que rigen, aun interinamente, una Iglesia particular o comunidad a ella equiparada a tenor del c. 368, y los Vicarios generales y episcopales y quienes rigen una Iglesia particular en razón del rito o de otro motivo semejante (cf. c. 372 §2). También incluye al Ordinario militar.

El canon resalta que «sólo (*solus*) el Ordinario del lugar...». Con ello se elimina definitivamente cierta ambigüedad a que daba lugar el Código de 1917. En efecto, a pesar de lo establecido en el antiguo c. 874 §1 ya citado, surgía una duda a partir del c. 199 §1, el cual afirmaba que quien tenía jurisdicción ordinaria la podía delegar al menos que la ley explícitamente restringiera su poder de delegar. ¿Podía, por ejemplo, un

---

[47] F.X. WERNZ – P. VIDAL, *Ius Canonicum*, IV/1, 154: «quoad saeculares iurisdictio non haberetur nisi ab Ordinario loci; quoad religiosos vero exemptos iurisdictio ex duplici fonte haberi posset, ab Ordinario loci et a Superiore regulari».

párroco delegar a otro sacerdote la jurisdicción para confesar? La Pontificia Comisión interpretativa del Código tuvo que declarar el año 1919 que los párrocos y quienes hacían sus veces no podían delegar la jurisdicción para confesar sin un especial mandato del Ordinario del lugar[48].

¿Podría el Ordinario del lugar delegar a otro sacerdote la potestad de conceder la facultad para oír confesiones? Bajo el Código anterior, la respuesta era claramente afirmativa. En la actual legislación, siguiendo la opinión de Woestman, pensamos que también, ya que aun cuando la facultad para confesar no es un acto de jurisdicción, sí lo es el acto que concede la misma. Se trata de un acto de potestad ejecutiva, por lo que se aplica aquí el c. 137 §1: «La potestad ejecutiva ordinaria puede delegarse tanto para un acto como para la generalidad de los casos, a no ser que en el derecho se disponga expresamente otra cosa»[49].

b) *Ámbito de la concesión*

Ahora bien, el canon dice que el Ordinario concede la facultad de oír confesiones «de cualesquiera fieles». Como ya indicamos, la autoridad competente se entiende en relación a los fieles a quienes se imparte la absolución; es sobre ellos que debe tener potestad ejecutiva. Es decir, el Ordinario del lugar es competente para otorgar la facultad de confesar a todos los fieles que caen dentro del ámbito de su jurisdicción. Vale aquí lo mismo que dijimos respecto del ámbito en que se podía ejercer la facultad *vi officii*: sobre los súbditos y los que de hecho acudan *in loco* al tribunal de la penitencia, todos los cuales se consideran súbditos para los efectos de la confesión. A este respecto, no existen fieles exentos del Ordinario del lugar. El antiguo Código era ciertamente más claro a este respecto; el c. 874 §1 resaltaba que se trataba del Ordinario del lugar «en donde se oyen las confesiones» y el c. 881 §1, ya citado, explicitaba sobre quienes se podía ejercer la jurisdicción[50].

---

[48] Cf. PONTIFICIA COMISIÓN PARA INTERPRETAR AUTÉNTICAMENTE LOS CÁNONES DEL CÓDIGO, 16 octubre 1919, *AAS* 11 (1919) 477. La doctrina entendía que la misma prohibición de delegar se extendía a todos los que tenían la jurisdicción ordinaria para confesar. Respecto del canónigo penitenciario, el antiguo c. 401 §1 lo decía expresamente (Cf. F.M. CAPPELLO, *De Poenitentia*, 251).

[49] Para toda la discusión a que alude este párrafo, cf. W. WOESTMAN, *Sacraments*, 252-253.

[50] La expresión «de cualesquiera fieles», sin mayor determinación, usada por nuestro c. 969 §1, puede dar lugar a equívocos. Hubiera sido deseable que el legislador hubiera agregado «dentro del ámbito de su jurisdicción», que, como explicamos, es el sentido en

Éste es por tanto el ámbito en que se puede ejercer la facultad *vi concessionis*, independientemente de que, en la mayoría de los casos, *vi legis*, de acuerdo al c. 967 §2, la pueda ejercer en todo lugar, como muy pronto veremos.

c) *Destinatarios de la concesión*

¿A quiénes puede conceder el Ordinario del lugar la facultad? A cualquier presbítero, incardinado o no, secular o religioso, residencial o transeúnte. En todo caso, el sacerdote debe estar inmune de cualquier irregularidad, censura o pena expiatoria que le impidiera administrar el sacramento de la penitencia.

Además, se debe tener en cuenta la indicación del c. 971: «El Ordinario del lugar no debe conceder a un presbítero la facultad de oír habitualmente confesiones, aunque tenga el domicilio o cuasidomicilio dentro del ámbito de su jurisdicción, sin haber oído antes al Ordinario del presbítero, en la medida en que sea posible». Tratándose de un religioso, y lo mismo vale para el miembro de una sociedad de vida apostólica, éste no debe usarla «sin la licencia, al menos presunta, de su Superior» (c. 969 §1). Faltaría en la práctica tal licencia al menos presunta si constara por un acto positivo previo del Superior o por una positiva disposición contraria[51]. Y esta licencia es sólo para la licitud. Como indica De Paolis,

> no se trata de facultad en este caso, sino de licencia. La facultad, de hecho, no puede ser concedida por los Superiores religiosos, porque éstos no tienen los necesarios poderes sobre los fieles. La licencia es requerida por el

---

que debe entenderse. Al decir «de cualesquiera fieles», se alude a que se trata sea de seculares como de religiosos. Por otra parte, respecto de estos fieles, ¿vale la facultad concedida por el Ordinario del lugar fuera del territorio del mismo? La pregunta no deja de tener un alcance práctico, en el caso de un sacerdote que tuviera sólo el cuasidomicilio en tal lugar y no gozara de las facultades por otro título, en cuyo caso no opera la extensión universal del c. 967 §2. ¿Qué sucede, por ejemplo, si ese sacerdote fuera de retiro o peregrinación con un grupo de fieles fuera de la diócesis? Del contexto de los cánones pareciera que no gozaría de la facultad fuera del territorio. Por lo demás, en el Código anterior, la jurisdicción delegada, a diferencia de la ordinaria, era siempre territorial (cf. cc. 201 §2 y 881 §2 CIC 17). Para toda esta problemática, cf. J.L. SÁNCHEZ-GIRÓN, «Las facultades», 804-806.

[51] Cf. F.M. CAPPELLO, *De Poenitentia*, 257.

hecho que el religioso está siempre bajo obediencia y entra por tanto dentro del ámbito de ella[52].

Todas estas disposiciones son una aplicación, al ámbito de la facultad para confesar, de lo dispuesto en el c. 678 acerca de la doble dependencia de los religiosos y de la fluida comunicación que debe darse entre Obispos y Superiores. En el Código anterior existían análogas disposiciones. El c. 874 §1 señalaba también la necesidad de los sacerdotes religiosos de contar con «la licencia, al menos presunta, de su Superior» para poder usar la jurisdicción concedida por el Ordinario del lugar. Existía, además, la norma siguiente, ahora suprimida: «Los Ordinarios locales no deben conceder habitualmente jurisdicción para oír confesiones a los religiosos que no le sean presentados por su Superior propio; y a los que por él le sean presentados no deben negársela sin causa grave, quedando a salvo lo que prescribe el canon 877» (c. 874 §2 CIC 17). Nos parece que se trata de una norma acorde al espíritu de la disciplina actual, respetando por cierto, como ella misma lo indicaba, la necesidad de verificar la idoneidad del sacerdote.

1.2.3 Facultad concedida por el Superior de un instituto religioso o de una sociedad de vida apostólica

«El Superior de un instituto religioso o de una sociedad de vida apostólica al que se refiere el c. 968 §2 es competente para otorgar a cualesquiera presbíteros la facultad de oír confesiones de sus súbditos y de aquellos que moran día y noche en la casa» (c. 969 §2).

Este párrafo se refiere a la autoridad competente para conceder la facultad dentro del ámbito del instituto religioso o de la sociedad de vida apostólica sólo respecto de los súbditos del respectivo Superior y de aquellos que moran día y noche en la casa. Para determinar quiénes sean éstos en concreto, y quiénes los Superiores que puedan conceder la facultad de confesar, vale lo señalado con ocasión de la exégesis del c. 968 §2[53]. El que estos Superiores puedan conceder esta facultad es consecuencia del hecho de que ellos gocen de potestad ejecutiva. La

---

[52] V. DE PAOLIS, «Il Sacramento della penitenza», 208: «Non si tratta di facoltà in questo caso, ma di licenza. La facoltà infatti non può essere concessa dai superiori religiosi, perché questi non hanno i necessari poteri sui fedeli. La licenza è richiesta per il fatto che il religioso è sempre sotto obbedienza e rientra dunque nell'ambito di essa».

[53] Cf. *supra*, 1.1.2, b.

concesión de la facultad para confesar es, en efecto, un acto de la potestad ejecutiva. Basados en los mismos argumentos que desarrollamos al tratar el c. 968 §2, pensamos que el Superior de un instituto secular clerical que goce de potestad ejecutiva, por privilegio pontificio, podría también conceder la facultad en los mismos términos indicados en el c. 969 §2 que estamos examinando.

Dichos Superiores pueden conceder la facultad a cualquiera presbíteros, sea que pertenezcan o no al instituto. Vemos nuevamente como el vínculo de autoridad requerido al Superior no es respecto de los confesores, sino respecto de los fieles cuyas confesiones se han de escuchar.

Es de notar que, respecto de los súbditos de estos institutos, entendidos en el sentido amplio que ya hemos señalado (profesos, novicios y familiares), la potestad del respectivo Superior para conceder a algún sacerdote la facultad de confesarlos es cumulativa con la del Ordinario del lugar. En efecto, tales súbditos no dejan de ser también súbditos del Ordinario del lugar[54]. En cambio, respecto de los demás fieles, sean éstos seculares o religiosos de un instituto o sociedad laical o de derecho diocesano, el Ordinario del lugar tiene potestad exclusiva para conceder a algún sacerdote la facultad de confesarlos (con todo, respecto de los seculares, en algunos casos, podría darse un cúmulo de potestad entre el Ordinario del lugar en razón del territorio y algún ordinario en razón de un vínculo personal, por ejemplo, el Ordinario militar).

La normativa del c. 875 §1 del Código de 1917 era similar a la actual del c. 969 §2, agregando, sí, un segundo párrafo que decía: «Si se trata de religión laical exenta, el Superior propone el confesor, el cual necesita recibir la jurisdicción del Ordinario del lugar en donde radica la casa religiosa». En general, tanto las normas como la doctrina respecto a la confesión de religiosos era muy minuciosa (naturaleza de la jurisdicción, casos reservados, confesores que debían ser deputados para cada casa, confesión de los novicios, etc.)[55].

---

[54] Ya dijimos que esto fue una novedad introducida por san Pío X y recogida por el Código píobenedictino (cf. *supra*, 1.2.1).

[55] En lo que respecta a este tema, que rebasa los límites de nuestro estudio, remitimos a F.M. Cappello, *De Poenitentia*, 271-282.

1.2.4 Facultad concedida por el Prelado de una prelatura personal[56]

Siendo el Prelado de una prelatura personal un Ordinario que goza de potestad ejecutiva, puede también, al igual que los demás Ordinarios, otorgar la facultad para confesar a sus súbditos, a otros sacerdotes, pertenezcan o no a la prelatura. El mismo poder tienen sus vicarios. Así lo enseñan M. Falcão[57] y B. Dufour. Para este último, esta concesión se rige por el c. 969 §2[58]. Sin embargo, otros autores asimilan la concesión que realiza el Prelado a la que realiza el Ordinario del lugar, en conformidad al c. 969 §1[59]. Del modo como se entienda esta concesión dependerá el ámbito de la extensión de la facultad recibida, de acuerdo a los §§2 y 3 del c. 967. En el caso de la concesión que realiza el Prelado de la prelatura del Opus Dei, ella se entiende *ad instar* del c. 969 §2[60]. Sin

---

[56] Al deber encuadrar la facultad concedida por el Prelado de una prelatura personal dentro del marco del c. 969, nos encontramos con la misma dificultad que teníamos para encuadrar la facultad del Prelado dentro del c. 968. Nos remitimos a las observaciones que realizábamos en la nota 39, las que *mutatis mutandis*, valen también para la cuestión que ahora nos ocupa, como se verá en las líneas que siguen.

[57] Cf. M. FALCÃO, «Faculdade», 42.

[58] Cf. B. DUFOUR, *Le sacrement de pénitence*, 70.

[59] Lo afirman en base a una visión de la prelatura personal como ente jerárquico, en virtud de la cual la facultad otorgada por el Prelado se asimilaría a la otorgada por el Ordinario del lugar, y se regiría, por tanto, por el c. 969 §1. Según esta lógica, todos estos sacerdotes que han recibido del Prelado la facultad para confesar, la podrían ejercer *ubique*, en todo el mundo, en razón de la extensión operada por el c. 967 §2. A. Miralles fundamenta esta tesis en el hecho que el oficio de capitalidad de una prelatura personal creada para peculiares obras pastorales es de naturaleza episcopal, y la extensión universal se entiende en la lógica del vínculo jerárquico del presbítero con los Obispos. Se pueden ver estas opiniones en F. LOZA, «Can. 967 y 969», 783 y 788, y sobre todo en A. MIRALLES, *«Pascete il gregge di Dio»*, 206-207.

[60] Reiteramos que la asimilación al Superior religioso es sólo a efectos de la facultad. Por otra parte, no se puede dudar de esta asimilación a tenor de la disciplina vigente. En efecto, la declaración *Praelaturae personales*, emanada por la Congregación para los Obispos el 23.8.1982, señala lo siguiente: «Los sacerdotes de la prelatura deben pedir las facultades ministeriales, las que deben ser concedidas por la competente autoridad territorial, para que puedan ejercer su ministerio respecto a las personas no pertenecientes al Opus Dei» (*Praelaturae personales*, IV b: «Praelaturae sacerdotes facultates ministeriales petere debent, a competenti auctoritate territoriali concedendas, ut suum ministerium erga personas ad *Opus Dei* non pertinentes exercere possint»). La declaración se refiere en concreto a la prelatura del Opus Dei. De hecho, lo señalado en ella está refrendado en los estatutos de dicha prelatura. Cf. *Codex iuris particularis Operis Dei*, nn. 39 y 50 §§2 y 3. Este último número especifica que la facultad concedida por el Ordinario de

embargo, como ya tuvimos ocasión de señalar, ello no constituye necesariamente una regla general para toda prelatura personal que en el futuro pueda erigirse[61].

1.2.5 Requisitos y modalidades para la concesión de la facultad

a) *Idoneidad del sacerdote*

La norma fundamental la encontramos en el c. 970: «La facultad de oír confesiones sólo debe concederse a los presbíteros que hayan sido considerados aptos mediante un examen, o cuya idoneidad conste de otro modo».

En ningún otro sacramento es tan relevante y decisiva la persona, preparación y cualidades del sacerdote como en el sacramento de la penitencia, en el cual está particularmente en juego la *salus animarum*, que es la ley suprema de la Iglesia (cf. c. 1752). Al derecho de los fieles de recibir los sacramentos (cf. c. 213) corresponde el deber de los pastores de administrarlos según la voluntad de Cristo y de la Iglesia. Volveremos sobre ésto en el último capítulo.

A primera vista podría parecer que la idoneidad requerida por el canon sea ante todo de orden doctrinal. En realidad, comporta cualidades no sólo intelectuales, sino también humanas, morales y ascéticas[62]. Así lo expresa el Papa Juan Pablo II:

> Para un cumplimiento eficaz de tal ministerio, el confesor debe tener necesariamente *cualidades humanas* de prudencia, discreción, firmeza moderada por la mansedumbre y la bondad. Él debe tener, también, una preparación seria y cuidada, no fragmentaria sino integral y armónica, en las diversas ramas de la teología, en la pedagogía, en la psicología, en la metodología del diálogo y, sobre todo, en el conocimiento vivo y comunicativo de la Palabra de Dios. Pero aún más necesario es que él viva una vida espiritual intensa y genuina. Para guiar a los demás por el camino de la perfección cristiana, el ministro de la penitencia debe recorrer en primer lugar él mismo este camino...[63].

---

la prelatura se extiende a la confesión de los fieles de la misma y a todos los que *diu nocteque degunt* en los centros de la Obra.

[61] Cf. *supra*, nota 39.

[62] Para un desarrollo de las cualidades que conforman la idoneidad del confesor, cf. M. FALCÃO, «Faculdade», 43-49.

[63] JUAN PABLO II, Ex. Ap. *Reconciliatio et poenitenita*, 2 diciembre 1984, n. 29.

No faltan en el Código disposiciones cuya observancia incide directamente en la idoneidad del confesor: los clérigos están por una razón peculiar obligados a la santidad de vida (cf. c. 276 §1), santidad que se alcanza ante todo en el fiel cumplimiento del ministerio pastoral (cf. §2); deben profundizar continuamente su formación doctrinal en fidelidad al Magisterio de la Iglesia (cf. c. 279); al oír confesiones, el sacerdote debe recordar «que ha sido constituido por Dios ministro de justicia y a la vez de misericordia divina» (c. 978 §1).

Volviendo al c. 970, F. Loza señala que

> llama la atención que determine el canon expresamente que esa facultad "sólo debe concederse a los presbíteros que...". De donde se deduce que la mente del legislador no es que se otorgue esa facultad a *todos* los presbíteros por el *mero hecho* de serlo, sino solamente a los que "hayan sido considerados aptos"[64].

Una concesión generalizada de la facultad concebida como un mero trámite burocrático iría sin duda contra el espíritu de la norma. En este sentido debe ser entendida también la posibilidad de la revocación de la facultad (cf. cc. 974-975).

El canon se refiere directamente a la verificación de la idoneidad del presbítero cuando la autoridad competente le confiere la facultad. Evidentemente, la autoridad eclesiástica, al conferir alguno de los oficios que llevan consigo la facultad para confesar[65], deberá considerar la idoneidad del presbítero al que piensa conferirle tal oficio.

¿Cómo se verifica la idoneidad del presbítero? El medio normal y ordinario es el examen[66]. Al menos en el caso de la facultad que con-

---

[64] F. LOZA, «Can. 970», 789.

[65] Cf. *supra*, 1.1.2, a.

[66] Algunos consideran que las investigaciones previas a la ordenación que deben hacerse según los cc. 1050-1052 bastan para satisfacer la exigencia del c. 970 (Cf. F. MCMANUS, «Comment to can. 970», 1157). A nosotros nos parece que el c. 970 se refiere a un examen específico. Tal ha sido la práctica de la Iglesia por mucho tiempo. Baste recordar la figura del examinador sinodal en la disciplina antigua (cf. can. 389 CIC 17) y las numerosas resoluciones de la Sagrada Congregación del Concilio para reglamentar este examen en el período post-tridentino (Cf. SAGRADA CONGRE-GACIÓN DEL CONCILIO, Resp. *Panormitana*, septiembre 1585, in *CICF* V, n. 2142, 118: un mismo Obispo no debe reexaminar a un sacerdote sin nueva causa sobreviniente; Resp. *Anconitana*, 11 septiembre 1610, in *CICF* V, n. 2386, 211: puede volver a reexaminar a un sacerdote secular, no a un religioso; Resp. *Pampilonensis*, 15 enero 1667, in *CICF* V, n.

cede el Ordinario del lugar, los presbíteros que reciben por primera vez la facultad deberían ser siempre sometidos a un examen, el cual debería distinguirse del examen que sigue al curso *ad audiendas* en el respectivo seminario o centro teológico. Tal examen debería ser común para sacerdotes seculares y regulares. Es de justicia que no haya privilegios al respecto y de este modo se ayuda a unificar criterios morales y pastorales. En muchas diócesis existe una comisión diocesana nombrada por el Obispo para examinar y otorgar la facultad. Corresponderá al derecho particular el determinar en concreto la modalidad del examen y su frecuencia (por ejemplo, trienal o quinquenal)[67]. El canon prevé la posibilidad que la idoneidad conste «de otro modo». El Código anterior, privilegiando quizás demasiado el aspecto intelectual, decía: «a no ser que se trate de un sacerdote cuya doctrina teológica les sea conocida por otro medio» (c. 877 §1 CIC 17). Será sobre todo el caso de la ulterior renovación de la facultad, en la que, por ejemplo, la autoridad competente podrá dar fe a algún título académico del sacerdote o a la autoridad precedente que ha estimado el sacerdote idóneo.

Ahora bien, la aprobación del examen no da de por sí ningún derecho a la facultad. Como enseña Rincón-Pérez, «la concesión de la facultad es un acto discrecional del Superior puesto que a él le corresponde juzgar sobre la idoneidad para ser confesor. Con todo, esa discrecionalidad tiene como límite el derecho del sacerdote a ejercer el sagrado ministerio del perdón, siempre que esté capacitado para el mismo»[68]. Por tanto, «ante una denegación de la facultad, que el presbítero estime arbitraria e injusta, puede éste plantear recurso –con efecto devolutivo– en vía administrativa (cc. 1732-1739)»[69].

2800, 358: el Obispo puede volver a examinar a los párrocos o rectores con cura de almas si duda razonablemente de su idoneidad).

[67] Pensamos que es conveniente que un joven sacerdote, luego de algunos años de ministerio, repita este examen. Es una ocasión propicia para reestudiar la doctrina a la luz de la experiencia adquirida. Con todo, sería gravoso el exigir el examen cada vez que haya de renovar las facultades, -pensemos en el caso de un religioso que lo debe hacer frecuentemente-, si no hay motivos graves.

[68] T. RINCÓN-PÉREZ, «Disciplina canónica del culto divino», 531.

[69] F. LOZA, «Can. 970», 791. El recurso administrativo a que aquí se alude es la facultad, reconocida por los cánones citados, que tiene quien se considere perjudicado por un decreto de acudir al Superior jerárquico de quien lo emanó. El que dicho recurso sea con efecto devolutivo significa que los efectos del acto impugnado no se suspenden en la espera de la resolución del recurso.

Finalmente, la norma ya citada del c. 971 debe entenderse también bajo este deber de verificar la idoneidad del sacerdote. Se trata de una norma prudencial, más aún considerando la movilidad actual, en virtud de la cual el Ordinario del lugar que pretende otorgar a un determinado sacerdote la facultad de oír habitualmente confesiones se informe con el Ordinario propio del presbítero. Nótese que el canon dice «habitualmente»; la norma no se refiere a la concesión *ad modum actus*. Y, no obstante el c. 127 §2, la obligación no afecta la validez de la concesión[70]. Del mismo modo, aun en el caso de un informe negativo, el Ordinario del lugar conserva la libertad de conceder la facultad, observando por cierto lo dispuesto en el c. 970[71].

b) *Limitaciones a la facultad*

La legislación anterior establecía que: «La jurisdicción delegada o la licencia para oír confesiones puede darse con ciertas y determinadas limitaciones» (c. 878 §1 CIC 17). En doctrina[72], se distinguía entre una limitación en cuanto al tiempo (p. ej., un año), a un determinado lugar (p. ej., sólo en tal iglesia o parroquia), a un peculiar grupo de penitentes (era común que sacerdotes recién ordenados pudieran confesar sólo niños, o sólo varones) o a la materia (entra aquí todo lo referido a los pecados reservados *ratione sui*, que daba lugar a una detallada normativa y a abundante desarrollo doctrinal[73]). Con todo, el legislador exhortaba a no restringir demasiado la jurisdicción sin causa razonable (cf. c. 878 §2 CIC 17). Otra limitación general estaba dada por el canon 876 que prescribía que todo sacerdote para poder confesar válidamente a cualquier religiosa o novicia, requería de una jurisdicción especial que era conferida sólo por el Ordinario del lugar donde radicaba la casa religiosa. También aquí la normativa (cf. cc. 520-527 CIC 17) y las distinciones doctrinales eran en extremo minuciosas[74].

Hoy día la normativa está enormemente simplificada. Por ley universal sólo existe la limitación del c. 972: «La autoridad competente, indicada en el c. 969, puede conceder la facultad de oír confesiones

---

[70] Cf. V. DE PAOLIS, «Il Sacramento della penitenza», 209.

[71] Cf. F. MCMANUS, «Comment to can. 971», 1157-1158.

[72] Cf. F.M. CAPPELLO, *De Poenitentia*, 256-257.

[73] Las normas respecto a la reserva de los pecados constituían el segundo capítulo del título IV respecto de la penitencia y se encontraban en los cc. 893-900 (Cf. F.M. CAPPELLO, *De Poenitentia*, 318-398).

[74] Cf. F.M. CAPPELLO, *De Poenitentia*, 283-304.

tanto por un tiempo indeterminado como determinado». Lo normal es que a un sacerdote recién ordenado se le conceda la facultad por un determinado tiempo (p. ej., un trienio). La autoridad puede usar en la concesión expresiones como: «mientras permanezcas en la diócesis», «*durante munere*» (tratándose de un oficio que no implica la facultad), etc. Si nada se dice, se entiende que es *ad nutum*; es decir, por tiempo indefinido, hasta que no se disponga de otro modo.

Han desaparecido en el Código latino los pecados reservados *ratione sui*[75]. Ha desaparecido también la necesidad de una jurisdicción especial para la confesión de religiosas. Ahora bien, siempre queda la posibilidad de que el legislador por ley particular pueda establecer algún límite especial o, lo que puede ser más común, que la autoridad competente, en el acto mismo de la concesión de la facultad, la limite en un caso particular. En todo caso, el principio general es la no limitación; por tanto, si nada se dice, se entiende que la facultad es general dentro del ámbito de jurisdicción de la autoridad que la concede.

Toda limitación expresa de la facultad afecta la validez de la administración del sacramento.

c) *Otras características de la concesión*

El acto por medio del cual la autoridad competente concede la facultad para confesar es un acto administrativo singular (cf. c. 35). Le son aplicables, por ende, en la medida que corresponda, las normas

---

[75] Subsisten, sí, los pecados reservados *ratione censurae*, tema al que aludiremos más adelante. Los pecados reservados *ratione sui* fueron eliminados del Código, a instancias de la Penitenciaría Apostólica, al no apreciarse su utilidad y estimarse que el mismo efecto se puede alcanzar por medio de las censuras (Cf. *Communicationes* 15 (1983) 209). No obstante, pareciera que la ley particular podría establecerlos (Cf. P. ERDÖ, «Problemi», 439-440). En el Código oriental, en cambio, no existiendo las penas *latae sententiae*, subsisten algunos pecados reservados *ratione sui* (cf. cc. 727-729). Esta diferencia entre las disciplinas latinas y orientales puede dar lugar a numerosos problemas prácticos, como bien ha hecho notar P. Erdö. ¿Qué sucede si un fiel latino se confiesa con un confesor oriental en un territorio oriental donde un determinado pecado está reservado *ratione sui*? ¿Y si el mismo penitente se confiesa con un oriental de un pecado que según la disciplina latina comporta una censura *latae sententiae* que le impide recibir los sacramentos? Y al contrario, ¿si es el fiel oriental el que se confiesa con un confesor latino de un pecado reservado en el derecho oriental? Para todas estas interrogantes y sus posibles soluciones, cf. *Ibid.*, 445-453. Conviene notar que mientras un pecado reservado *ratione sui* implica una limitación en la facultad del confesor, el pecado reservado *ratione censurae* implica un impedimento que afecta al penitente, y de modo sólo indirecto al confesor.

comunes a todos los actos administrativos singulares (cf. cc. 35-47). Además, siendo la facultad una forma peculiar de licencia, se pueden aplicar a la concesión de la misma las normas sobre los rescriptos (cf. c. 59 §2). Entre estas normas (cf. cc. 59-75), puede tener particular importancia el c. 65, que habrá que aplicar en el caso de que un Ordinario niegue las facultades a un sacerdote y éste las solicite a otro Ordinario.

La autoridad competente puede conceder la facultad de modo habitual o *per modum actus* (es decir, para una particular ocasión o para circunstancias claramente delimitadas o para beneficio de un grupo particular). No debe confundirse esta distinción con la del c. 972, el cual distinguía entre facultad dada por tiempo indeterminado o determinado. La facultad es habitual si se concede por un período extenso de tiempo, aunque limitado (no indefinido)[76]. Por lo demás, lo normal será que la facultad se conceda de modo habitual.

El c. 973 dice: «La facultad de oír habitualmente confesiones debe concederse por escrito». El canon es una aplicación de lo establecido en el c. 37: «el acto administrativo que afecta al fuero externo debe consignarse por escrito». El carácter escrito de la concesión está preceptuado sólo cuando se concede la facultad habitualmente. No es un requisito que afecte a la validez de la concesión. La importancia de este requisito está en que permite demostrar la facultad en el fuero externo a quien lo requiera legítimamente. A este respecto es conveniente que en cada curia haya un libro especial donde se anoten las facultades concedidas.

El Código anterior decía que «para oír válidamente confesiones es necesaria la jurisdicción concedida expresamente por escrito o de palabra» (c. 879 §1 CIC 17). Aunque hoy el canon 973 no lo diga, parece siempre necesario que la concesión sea expresa[77], lo que excluye una concesión presunta o tácita. Con todo, una concesión expresa puede ser explícita o implícita (p. ej., si el Ordinario del lugar invita a un sacerdote a predicar misiones en un determinado lugar, se entiende que le con-

---

[76] Es esta la opinión de F. MCMANUS, «Comment to can. 972», 1158, de la cual discrepa A. MOLINA, «Comentario al c. 973», 439-440. Pensamos que si la facultad concedida de modo habitual fuera sólo la que se concede por un tiempo indeterminado, como dice este último autor, quedaría demasiado limitada la extensión universal del c. 967 §§2 y 3, la cual opera sólo tratándose de la «facultad habitual de oír confesiones».

[77] Cf. W. WOESTMAN, *Sacraments*, 260.

cede implícitamente la facultad para confesar, ya que las misiones no se conciben sin confesiones). Del mismo modo, siempre nos parece razonable lo que indicaba el §2 del canon anterior de no exigir nada por la concesión de la facultad. El hacerlo constituiría un acto de simonía.

1.3 *Extensión universal de la facultad para confesar*

1.3.1 Consideraciones generales

Hemos estudiado en los apartados anteriores los dos grandes modos de adquirir la facultad para confesar: *ipso iure* (que incluye la facultad *vi officii*) y por especial concesión de la autoridad competente. En la medida que hemos hecho la exégesis de los cánones, hemos advertido la extensión que tiene la facultad en cada una de las situaciones. A grandes rasgos (no repetimos aquí todos los matices ya analizados), el Santo Padre, los Cardenales y los Obispos pueden ejercer la facultad universalmente; los que tienen la facultad *vi officii* en virtud del c. 968 la pueden ejercer sólo dentro del ámbito del respectivo oficio y quienes la tienen por especial concesión de la autoridad competente, en virtud del c. 969, sólo la ejercen dentro del ámbito de la jurisdicción de quien concede la facultad.

Hasta aquí, la disciplina no difiere mayormente de la del Código de 1917. Conocemos todos los problemas pastorales y administrativos a que daba lugar la normativa anterior, enormemente agravados por la creciente movilidad de la sociedad moderna. Pensemos solamente lo engorroso que era para un sacerdote el tener que acudir cada vez que se ausentara de la diócesis, por el motivo que fuera, al Ordinario del lugar para pedir las licencias. Es cierto que la misma ley o la costumbre (los cc. 25 y ss. del Código anterior establecían los criterios para que una costumbre pudiera tener fuerza de ley) habían introducido alguna extensión a la jurisdicción. Así por ejemplo, el c. 883 otorgaba a los sacerdotes que viajaban por mar la jurisdicción dentro de la nave durante todo el tiempo que duraba el viaje e incluso, si bajaban a tierra, podían oír confesiones hasta por 3 días sin tener que acudir al Ordinario local[78]. Del mismo modo, hacía tiempo que se había introducido en las diócesis la costumbre de que los párrocos tuvieran jurisdicción para confesar dentro de toda la diócesis, incluso a los no parroquianos. Se entendía

---

[78] La doctrina tendía a aplicar el mismo principio a otros tipos de viajes, como en tren o por avión. Cf. F.M. CAPPELLO, *De Poenitentia*, 268-270.

que por el mismo acto de ser nombrado y tomar posesión del oficio parroquial les era conferida tal jurisdicción. En algunos casos tal uso estaba refrendado por la legislación particular, en otros, era de carácter consuetudinario[79].

Con todo, se hacía necesaria una extensión mayor. En los años previos a la nueva codificación, tenemos diversos ejemplos de legislación particular que establece una ampliación de la jurisdicción para confesar. El primer concilio plenario chileno, por ejemplo, celebrado en 1946, contiene numerosas normas al respecto. Una de ellas otorga a todos los Obispos la facultad de «oír confesiones aun de religiosas, absolver de todos los pecados y censuras, aun reservados al Ordinario»[80] dentro de todo el territorio de dicha nación. Otra, extiende por una semana la facultad para confesar a todo sacerdote que llega a otra diócesis, en los mismos términos que la tuviera en su propia diócesis, a la vez que concede a los titulares de ciertos oficios el poder gozar, *durante munere*, de las facultades en todo el país[81]. Es particularmente significativo el caso de Alemania, donde a partir de 1920, las diócesis empezaron a realizar acuerdos cada vez más amplios de intercambio de jurisdicción. En un comienzo, se trataba de acuerdos entre diócesis particulares; paulatinamente se fueron ampliando hasta abarcar toda la Conferencia Episcopal e incluso países vecinos. Al inicio, también, sólo alcanzaban al clero secular; más adelante también a los religiosos. Ya a partir de 1966 todo sacerdote aprobado en una diócesis para confesar, podía confesar en los mismos términos en las demás diócesis alemanas. Y a partir de 1978, el intercambio de jurisdicción alcanzaba incluso a los países colindantes con Alemania, por el lapso de un mes[82].

---

[79] Cf. F.M. CAPPELLO, *De Poenitentia*, 248-249.

[80] CONCILIUM PLENARIUM CHILIENSE PRIMUM, año 1946, decr. 82.

[81] Cf. CONCILIUM PLENARIUM CHILIENSE PRIMUM, año 1946, decr. 133. En 1965 la Conferencia Episcopal amplió dicha facultad conferida a los sacerdotes hasta por un mes. Otras disposiciones del concilio plenario respecto de la jurisdicción para confesar se pueden ver en los decr. 102 b, 402, 403 y 404.

[82] Se puede ver el detalle de la evolución de la legislación particular alemana en los años que van desde la promulgación del Código de 1917 hasta la víspera del nuevo Código en M. KAISER, «Befugnis zur entgegennahme der beichten», 168-175.

Todos estos antecedentes propiciaban un cambio en la legislación universal[83]. En efecto, como indica De Paolis,

> en la Iglesia no hay ningún oficio que comporte automáticamente la facultad de perdonar los pecados en el sacramento de la penitencia en todo el mundo, excluido obviamente el Romano Pontífice. Del mismo modo, no hay ninguna autoridad, excluido siempre el Romano Pontífice, que tenga la competencia de conferir *vi officii* o por concesión, la facultad de celebrar el sacramento de la penitencia en todo el mundo[84].

El nuevo Código recogerá toda esta evolución en los párrafos segundo y tercero del c. 967, los cuales extienden *ubique* la facultad *vi legis*. Aquí se encuentra la mayor novedad, en la materia que estamos estudiando, de la nueva legislación con respecto a la antigua. Ya habíamos visto en el primer párrafo de este canon el ámbito universal en el que, además del Romano Pontífice, los Cardenales y Obispos pueden ejercer la facultad para confesar. Ahora bien, los párrafos que siguen extienden universalmente, *ubique*, dicha facultad, para poder ejercerla, ya sea en toda la Iglesia (§2), ya sea sólo dentro del ámbito del instituto religioso o de la sociedad de vida apostólica (§3), a todos los que gozan de ella *vi officii* o por concesión de la autoridad competente, con las precisiones que estudiaremos luego. Se trata por tanto de una extensión *ipso iure*, que no se encontraba en el Código píobenedictino, de grandes repercusiones en la práctica administrativa y pastoral de la Iglesia.

Si nos fijamos bien, estos dos últimos párrafos del c. 967 están redactados en paralelo a los dos párrafos de los cc. 968 y 969[85], de modo tal que el segundo del c. 967 se refiere a los mencionados en el primero

---

[83] Diversas publicaciones en los años anteriores al Código propiciaban este cambio. A modo de ejemplo, cf. A. ALONSO LOBO, «Sugerencias», 573 y F. MCMANUS, «The internal forum», 256.

[84] V. DE PAOLIS, «Il Sacramento della penitenza», 200: «nella chiesa non vi è nessun ufficio che comporti automaticamente la facoltà di rimettere i peccati nel sacramento della penitenza in tutto il mondo, escluso ovviamente il romano pontefice. Così non v'è alcuna autorità, escluso sempre il romano pontefice, che abbia la competenza di conferire *vi officii* o per concessione, la facoltà di celebrare il sacramento della penitenza in tutto il mondo».

[85] No nos convence la ubicación de los §§ 2 y 3 del c. 967. Pareciera más lógico indicar primero quiénes son los titulares de una facultad, y luego referirse a la extensión de la misma. Seguramente se ha querido resaltar la novedad introducida por ellos, pero ha sido en desmedro de la comprensión de los mismos.

de los cc. 968 y 969, y el tercero del c. 967 se refiere a los mencionados en el segundo de los cc. 968 y 969. Analicemos las normas respectivas.

1.3.2 Extensión a todos los fieles de la Iglesia: c. 967 §2

> Quienes tienen facultad habitual de oír confesiones, tanto por razón del oficio como por concesión del Ordinario del lugar de incardinación o del lugar en que tienen su domicilio, pueden ejercer la misma facultad en cualquier parte, a no ser que el Ordinario de algún lugar se oponga en un caso concreto, quedando en pie lo que prescribe el c. 974 §§2 y 3 (c. 967 §2).

a) *Itinerario de redacción*

Es interesante seguir el *iter* redaccional del c. 967 §2[86]. Desde un inicio, los consultores del *coetus "De sacramentis"* manifestaron un orientamento general favorable a extender la facultad. Se basaban en los numerosos ejemplos de legislación particular y en el deseo de facilitar al máximo posible al penitente el acudir al sacramento. Es más, un primer esbozo de redacción, en noviembre de 1971, es de una gran amplitud: «Los presbíteros aprobados para escuchar confesiones por algún Ordinario, gozan de esta facultad en cualquier lugar, observando, donde se dispongan, las prescripciones dadas por el Ordinario del lugar»[87]. Estas prescripciones se entendían sólo *ad liceitatem*[88]. En adelante, en las sucesivas etapas de redacción, el principio general de la extensión será mantenido, pero será matizado con oportunas correcciones, hasta llegar al texto actual. En la sesión de marzo de 1972 se puntualiza que el sacerdote, para gozar de esta extensión, debe tener la facultad sea *vi officii*, sea por concesión del Ordinario del lugar en el cual tiene domicilio o cuasidomicilio[89]. En la segunda fase de redacción, las respuestas a la consulta general enviada en febrero de 1975 fueron favorables a la extensión universal; con todo, en la sesión de junio de 1977

---

[86] Se puede ver con detalle en A. MIRALLES, *«Pascete il gregge di Dio»*, 194-198. Nosotros aludiremos sólo a los puntos más significativos.

[87] *Communicationes* 31 (1999) 264 : «Presbyteri ad Confessiones excipiendas ab aliquo Ordinario probati, hac facultate ubique gaudent, servatis, ubi statuantur, praescriptis a loci Ordinario editis».

[88] Cf. *Communicationes* 31 (1999) 265.

[89] Cf. *Communicationes* 31 (1999) 304.

se escuchan algunas voces partidarias de una cierta limitación[90]. En esta sesión se agregan dos elementos importantes: la mención de que también se incluye dentro de la extensión la facultad concedida por el Ordinario de incardinación[91] y la cláusula «a no ser que el Ordinario de algún lugar se oponga en un caso concreto»[92]. Más adelante, en la tercera fase, en la que se recogen las observaciones del grupo de Cardenales y Obispos pertinentes, se escuchan nuevamente voces en favor de limitar la extensión operada en los esquemas anteriores. Es aquí que se suprime la mención al cuasidomicilio, «ya que se trata de una residencia insuficiente para que alguien pueda ejercer en todas partes la facultad recibida»[93]. Finalmente, en el *Schema novissimum* de 1982, sólo se agrega, además de algún detalle de redacción, la necesidad que la facultad sea habitual para que pueda ser extendida *ubique*[94].

En suma, si bien el principio de la extensión se mantuvo, el excesivo optimismo inicial fue paulatinamente moderado hasta llegar a lo que A. Miralles denomina «una facultad tendencialmente de extensión universal»[95].

Afrontemos ahora la exégesis del canon.

b) *Sujetos de la extensión universal*

¿A quiénes se extiende universalmente (*ubique*) la facultad de confesar? En primer lugar a quienes la tienen en razón del oficio: todos los comprendidos dentro del c. 968 §1. Y luego, a quienes la tienen «por concesión del Ordinario del lugar de incardinación o del lugar en que tienen su domicilio». La disposición es un poco más restrictiva que el c. 969 §1, en virtud del cual el Ordinario del lugar donde se han de escuchar las confesiones puede otorgar la facultad a cualquier presbítero para confesar a sus súbditos. De estos presbíteros, sólo tendrán la facultad *ubique* aquellos que estén incardinados en tal lugar (será normalmente el

---

[90] Algunos miembros pedían introducir el deber del sacerdote de presentarse ante el Ordinario local pasado un cierto tiempo, so pena de perder la facultad (Cf. *Communicationes* 10 (1978) 57-58).

[91] Cf. *Communicationes* 10 (1978) 58.

[92] Cf. *Communicationes* 10 (1978) 58.

[93] *Communicationes* 15 (1983) 208: «quia agitur de commoratione insufficienti ut quis facultatem receptam ubique exercere possit».

[94] Cf. A. MIRALLES, «*Pascete il gregge di Dio*», 197.

[95] A. MIRALLES, «*Pascete il gregge di Dio*», 197: «una facoltà tendenzialmente di estensione universale».

caso de los sacerdotes seculares) o tengan allí su domicilio[96] (será el caso de los seculares que hayan adquirido domicilio en una diócesis distinta a la de su incardinación y de los regulares que están adscritos a una casa dentro del territorio de tal ordinario). Todos ellos pueden confesar en cualquier lugar del mundo. La razón de esta norma está en que es de suponer que el Ordinario del lugar conoce bien a un sacerdote con el cual está ligado por un vínculo de incardinación o de domicilio, por lo que si le ha otorgado de modo habitual la facultad para confesar, la ley puede hacer fe de su idoneidad.

Se debe tratar, además, de aquellos presbíteros que han recibido habitualmente la facultad para confesar. Se excluyen, por tanto, de la extensión universal quienes la hayan recibido *ad modum actus*. Quien tiene la facultad *vi officii* la tiene siempre de modo habitual, mientras tenga el oficio. ¿Cómo se aplicaría la extensión en el caso de un presbítero que tuviera la facultad habitual para confesar, pero sujeta a alguna limitación? Los cánones nada dicen. Pensamos que si la limitación fuera de lugar (p. ej. sólo puede confesar en tal iglesia) no puede aplicarse la extensión universal (a no ser que la limitación fuera de carácter excepcional; p. ej., puede confesar en todas partes, salvo en tal lugar). Si la limitación fuera de carácter personal, en cambio (p. ej., sólo a varones), el sacerdote podría ejercer *ubique* la facultad, pero sujeta a la misma limitación. Lo mismo, si la restricción se refiriera a la materia de la confesión[97].

c) *Problema del cuasidomicilio*

Es importante tener en cuenta que no gozan de esta extensión universal quienes hayan recibido la facultad del Ordinario del lugar del cuasidomicilio, siendo esto una excepción al principio general de que del cuasidomicilio surgen los mismos efectos jurídicos que del domicilio. Ya señalamos como en los primeros esquemas de redacción de este canon se hacía también mención del Ordinario del cuasidomicilio, pero luego fue suprimido[98].

---

[96] Para la noción de domicilio y los modos de adquirirlo, cf. cc. 102-107.

[97] Es decir, en el caso de los pecados reservados *ratione sui*, situación que puede limitar la facultad de un sacerdote de rito oriental, y podría también afectar a uno de rito latino por ley particular.

[98] En el CCEO la disciplina al respecto es la misma que la del Código latino (cf. c. 722 §2).

Sin embargo, en la práctica pastoral se puede plantear más de una dificultad, sobre todo respecto a los sacerdotes miembros de un instituto religioso o sociedad de vida apostólica. El c. 103 establece que éstos «adquieren domicilio allí donde está la casa a la que pertenecen; y cuasidomicilio, en el lugar de la casa donde residen a tenor del can. 102 §2». Puede suceder que algunos de estos sacerdotes sean destinados a una diócesis en la cual el instituto no tiene casa[99], por lo que no adquieren en ella el domicilio, aunque trabajen o residan en tal lugar durante muchos años. Siguen teniendo el domicilio de la casa donde están adscritos, aunque de hecho no residen en ella. En tal caso, aunque normalmente pidan la facultad para confesar al Ordinario del lugar donde residen, no pueden gozar de ella fuera del ámbito de jurisdicción de tal Ordinario[100]. Se aplica para ellos sólo el c. 969 §1, y no el c. 967 §2. Para poder gozar de la facultad *ubique* la deben solicitar al Ordinario del lugar de la casa donde tienen domicilio, es decir, donde están adscritos[101]. Análogamente, los mismos problemas pueden afectar a un sacerdote diocesano que por algún motivo resida fuera de su diócesis, sin adquirir aún domicilio en el lugar de residencia. Con todo, a pesar de estas dificultades prácticas, nos parece que los motivos que llevaron al legislador son válidos: «se trata de una residencia insuficiente [y por ende, insuficiente conocimiento de parte del Ordinario del lugar] para que alguien pueda ejercer en todas partes la facultad recibida».

d) *Poder del Ordinario del lugar de limitar*

Finalmente, el canon reconoce al Ordinario del lugar la potestad de negar el ejercicio de la facultad a un determinado presbítero: «a no ser que el Ordinario del lugar se oponga en un caso concreto, quedando en pie lo que prescribe [*firmis praescriptis*] el can. 974 §§2 y 3»[102]. La

---

[99] Los motivos pueden ser múltiples: de estudio, un particular ministerio (p. ej., profesor o capellán en un centro de estudios), una experiencia temporánea en una diócesis, etc.

[100] A no ser que reciban de tal Ordinario un oficio que implique la facultad para confesar.

[101] La problemática expuesta es tratada por R. A. HILL, «The universal faculty». Del mismo modo, J.L. SÁNCHEZ-GIRÓN, «Las facultades», 806-807, expone diversos casos prácticos que pueden plantearse al respecto.

[102] Esta última parte del c. 967 §2 fue introducida en la sesión de junio de 1977. Cf. *Communicationes* 10 (1978) 58-59. Ella establece la posibilidad que un Ordinario del lugar se oponga al ejercicio de la facultad que no ha sido concedida por él. Ahora bien, ¿esta posibilidad reconocida al Ordinario del lugar se identifica con el poder de revocar la

razón de este poder del Ordinario del lugar está en que él, como responsable del bien espiritual de quienes están bajo su cura pastoral, debe vigilar para que no se introduzcan abusos en la administración de los sacramentos (cf. c. 392 §2). Tendrán que darse por cierto motivos graves y deberá cumplir con lo señalado en el c. 974 §3: «comunicarlo al Ordinario propio del presbítero por razón de la incardinación o, si se trata de un miembro de un instituto religioso, a su Superior competente»[103]. En estos casos, la revocación afecta la validez de la absolución[104].

Además, esta posibilidad que la ley reconoce al Ordinario del lugar se refiere siempre a casos particulares (*in casu particulari*). Pensamos que por muy grave que sea una situación, tal Ordinario no podría negar, por ejemplo, a todos los sacerdotes que no sean de su diócesis la facultad de confesar, mientras él no la conceda[105]. La extensión universal es quizás

---

facultad que le concede el c. 974? Pensamos que sí. En efecto, la expresión *firmis praescriptis can. 974, §§2 et 3* sólo significa que lo dicho en el c. 967 §2 no altera lo que establecerá el c. 974, §§2 y 3; es más, podemos decir que lo resalta. El problema se plantea principalmente respecto del párrafo segundo del c. 974. ¿Cuál es el objetivo de este párrafo? Sólo fijar el ámbito de eficacia de la revocación de la facultad, ámbito que, como veremos al hacer la exégesis del c. 974 §2, dependerá de quien sea el Ordinario del lugar que la revoca. El c. 967 §2, por su parte, se coloca en el supuesto que un Ordinario del lugar se oponga al ejercicio de la facultad de un sacerdote que la tiene *ubique*, en razón de tenerla *vi officii* o por concesión del Ordinario de lugar de incardinación o domicilio. ¿Qué ámbito de eficacia tendrá esta oposición? El *firmis praescriptis can. 974, §§2 et 3* resalta que será eficaz sólo dentro del ámbito de jurisdicción de este Ordinario que se opone. Es cierto que el hecho que el c. 967 §2 hable de oposición y no de revocación, como lo hará el c. 974, podría hacer pensar que estamos ante dos situaciones distintas, como si la primera sólo afectara la licitud y la segunda la validez de la absolución. Sin embargo, no fue ésta la mente del legislador, como se puede ver poco más abajo en la nota 103. Quizás hubiera sido más correcto que los cc. 967 y 974 reservaran la expresión revocación para el acto de la autoridad que concedió aquello que se revoca, dejando el término oposición para el acto de otro Ordinario del lugar (la confusión terminológica aparece en el c. 974). Quizás, también, el *firmis praescriptis can. 974, §§2 et 3* podría ser eliminado y se evitarían así malentendidos.

[103] Más adelante, al tratar de la revocación de la facultad, trataremos con más detención el tema.

[104] Así quedó expresamente consignado en las actas de la comisión redactora del canon (Cf. *Communicationes* 10 (1978) 59). Además, ello se deduce de la redacción misma del c. 967, ya que en los §§1 y 3 del canon, a diferencia de este §2, se hace mención de la licitud.

[105] Cf. D. SALACHAS, *Teologia*, 237. McManus, por su parte, señala que la oposición del Ordinario podría ser sólo a un sacerdote determinado o en una ocasión determinada

la mayor novedad del Código de 1983 en la disciplina sobre la facultad para confesar, por lo que admitir lo contrario equivaldría a establecer un territorio exento de la vigencia de la ley universal. Lo más que podría admitirse es un proveimiento similar a lo establecido en la diócesis de Roma, donde todo sacerdote no incardinado en el Vicariato que adquiera por cualquier motivo domicilio o cuasidomicilio en la Urbe, debe presentarse a la curia diocesana dentro del plazo de tres meses y probar estar en posesión de las respectivas facultades ministeriales, para obtener así un documento del Vicariato[106].

1.3.3 Extensión dentro de todo el ámbito del instituto religioso o de la sociedad de vida apostólica: c. 967 §3

Quienes tienen facultad habitual de oír confesiones, en virtud de su oficio o por concesión del Superior competente a tenor de los cc. 968 §2 y 969 §2, tienen *ipso iure* esa facultad en cualquier lugar para confesar a los miembros y a cuantos viven día y noche en la casa de un instituto o sociedad; y usan dicha facultad también lícitamente, a no ser que un Superior mayor se oponga en un caso concreto, respecto a sus propios súbditos (c. 967 §3).

A diferencia del párrafo anterior, estamos aquí ante una extensión universal relativa; es decir, el c. 967 §3 permite confesar en cualquier parte (*ubique*) sólo a los miembros y familiares de los institutos ahí señalados. Se trata de una limitación personal a la extensión universal.

Para individuar los destinatarios de esta norma, remitimos a la exégesis de los cc. 968 §2 y 969 §2[107]. Lo mismo para determinar quiénes son «los miembros y cuantos viven día y noche en la casa».

(Cf. «Comment to can. 967», 1154). Cualquiera sea el alcance que se le dé al *in casu particolari*, queda claro que no puede tratarse de una disposición permanente de una diócesis.

[106] Este documento no otorga las facultades, sino que da fe que el Ordinario de Roma ha verificado la situación del sacerdote respecto de las facultades ministeriales. Es una especie de *nihil obstat*, sólo para la licitud, que se funda en la peculiar situación del clero presente en la ciudad de Roma y en la vigilancia que compete al Ordinario de la Urbe sobre el ejercicio de las facultades. En ningún caso se trata de una oposición a tenor del c. 967 §2 (Cf. decretos de la diócesis de Roma prot. 1544/99 del 30.12.1999 y prot. 120/00 del 20.2.2000 in *RDR* 2/7 (2000) 231-235).

[107] Cf. *supra*, 1.1.2, b y 1.2.3. Además, como señalamos, entran aquí, sólo *ad efectum de quo agitur*, los que gocen del carácter de Ordinario en la prelatura personal del Opus Dei y los sacerdotes que hubieran recibido de éstos la facultad para confesar (cf. *supra*, 1.1.2, c y 1.2.4).

Al tratar de los cc. 968 §2 y 969 §2 vimos que el ámbito de la facultad allí otorgada alcanzaba a los miembros y familiares donde quiera se encontrasen. La extensión a que nos referimos ahora tiene un alcance distinto; otorga la facultad para confesar a aquellos miembros y familiares que pertenecen a casas del instituto, que exceden el ámbito del Superior. Por ejemplo, la facultad otorgada por un Superior provincial permite al sacerdote que la detenta, en vista de la extensión de este c. 967 §3, confesar a miembros de otra provincia del mismo instituto.

¿Por qué la ley canónica no extiende la facultad de confesar universalmente (en el sentido de a todos los fieles de la Iglesia) a los Superiores aquí aludidos y a aquellos sacerdotes a quienes ellos pueden otorgar la facultad? La respuesta, siguiendo a Woestman, es que «los Obispos diocesanos y demás Ordinarios del lugar son responsables de la cura de almas dentro de una Iglesia particular o su equivalente; no así los Superiores religiosos»[108]. En efecto, los Superiores sólo tienen responsabilidad directa sobre el bien espiritual de sus súbditos.

Ahora bien, es muy común que un sacerdote miembro de algunos de estos institutos pueda ser titular de algunos de los oficios que caen dentro del c. 968 §2 (sea párroco o capellán, por ejemplo) o que haya obtenido las facultades del Ordinario del lugar de domicilio. En tales situaciones, opera la extensión universal del §2 del c. 967, que incluye también a los miembros y familiares de los institutos a que alude el párrafo que estamos analizando. Ya señalamos que respecto de éstos, la potestad del Superior es cumulativa con la del Ordinario del lugar. Por tanto, el supuesto de este párrafo se refiere sólo a sacerdotes que no tengan la facultad *vi officii* o por concesión del Ordinario del lugar de incardinación o del domicilio.

Finalmente, la única limitación es que «un Superior mayor se oponga en un caso concreto respecto a sus propios súbditos». El Superior local, por tanto, no tiene potestad para oponerse. Y la oposición del Superior mayor mira sólo a la licitud, no a la validez, del sacramento.

1.4 *Dos situaciones particulares de concesión de la facultad a iure*

Para completar el estudio acerca de los modos de adquirir la facultad para confesar, debemos referirnos a dos situaciones particulares en las

---

[108] W. WOESTMAN, *Sacraments*, 247: «diocesan bishops and other local ordinaries are responsible for the care of souls within a particular church or its equivalent; such is not so for religious superiors».

que el sacerdote recibe la facultad por concesión especial del derecho. Se trata del peligro de muerte y del error común o la duda positiva y probable. Ambas situaciones ya estaban contempladas en la legislación anterior; se las consideraba una delegación *a iure* de la jurisdicción. No eran por lo demás los únicos casos en que se daba tal delegación; también se consideraba que había una delegación *a iure communi* (ya que también la podía haber por derecho particular) en las siguientes situaciones[109]: los sacerdotes que viajaban por mar (cf. c. 883 CIC 17, ya citado); el sacerdote aprobado para confesar mujeres en general, pero no religiosas, con respecto a la confesión de religiosas gravemente enfermas (cf. c. 523 CIC 17) y la facultad dada a los Cardenales (cf. c. 239 §1, 2° CIC 17) y a los Obispos (cf. cc. 394 §1, 1° y 239 §1, 2° CIC 17) de elegir para sí y sus familiares un confesor, cuando éste carecía de jurisdicción[110]. Todas estas otras situaciones han desaparecido en el Código actual, al carecer de sentido con la nueva disciplina.

1.4.1 Facultad en peligro de muerte

a) *Algo de historia*

Desde muy antiguo la Iglesia ha considerado que en peligro de muerte todo el ordenamiento canónico, cuya suprema ley es la *salus animarum* (cf. c. 1752), debe quedar concentrado y dirigido a facilitar máximamente la salvación del penitente. La concreción de esta convicción se ha ido ampliando paulatinamente a lo largo de los siglos de modo de facilitar al máximo la confesión de aquél que se encuentra en peligro de muerte.

Ya con anterioridad al Concilio de Trento, era práctica común que en tales circunstancias, faltando un sacerdote aprobado, cualquier sacerdote podía absolver de cualquier pecado o censura. El Concilio de Trento no

---

[109] Cf. F.M. CAPPELLO, *De Poenitentia*, 259.

[110] En el caso de los Cardenales, esta facultad continúa vigente como privilegio. En efecto, si bien el nuevo Código nada dice, el elenco de privilegios y facultades de los Cardenales preparado por la Secretaría de Estado en 1999 establece el privilegio de los mismos de elegir confesor para sí y sus familiares, el cual obtiene *ipso iure* la facultad, si no la tuviera por otro título, para confesarlos y absolverlos de cualquier censura no declarada, incluso reservada a la Sede Apostólica, sólo en el fuero interno sacramental. Se consideran para estos efectos familiares a todos los que están permanentemente al servicio del Cardenal, sean clérigos o laicos (Cf. *Communicationes* 31 (1999) 11-13).

innovará en esta praxis y reafirmará en la sess. XIV, cap. 7, que en peligro de muerte cesa toda reserva de pecados: «Sin embargo, a fin de que nadie perezca por este motivo, siempre se conservó con suma piedad en la misma Iglesia de Dios que ninguna reserva exista *in articulo mortis*, y que por tanto todos los sacerdotes puedan absolver a cualquier penitente de cualquier pecado o censura»[111].

La interpretación de la enseñanza conciliar dará lugar a la discusión de si estando presente un confesor aprobado, o siendo fácil acudir a él, sería válida la absolución dada por un sacerdote no aprobado. La mayoría de los autores, entre los que se cuenta san Alfonso María de Ligorio, lo niegan, argumentando que el texto tridentino no quiso cambiar la práctica anterior y sólo se refiere a la cesación de toda reserva en el peligro de muerte. Otros autores, en cambio, afirmaban lo contrario, basándose en la amplitud de las palabras de Trento[112]. Esta última tesis terminará por imponerse después de una declaración del Santo Oficio en 1891[113]. Y será recogida por el c. 882 del Código píobenedictino.

Del mismo modo, se discutía si esta posibilidad alcanzaba también a los sacerdotes herejes, cismáticos o excomulgados *vitandi*. Basándose en una declaración del Santo Oficio del año 1864, se decía que sólo era lícito (salva siempre la validez) llamar a un sacerdote públicamente apóstata, hereje o cismático, mientras no se causara escándalo, no estuviera presente un sacerdote católico ni hubiera peligro para la fe del penitente[114].

Llegamos así al c. 882 del Código de 1917, el cual establecerá una normativa muy amplia:

---

[111] Concilio de Trento, Sess. 14, Decr. *De paenitentia et unctione extrema*, in DS 1688: «Verumtamen pie admodum, ne hac ipsa occasione aliquis pereat, in eadem Ecclesia Dei custoditum semper fuit, ut nulla sit reservatio in articulo mortis, atque ideo omnes sacerdotes quoslibet poenitentes a quibusvis peccatis et censuris absolvere possunt».

[112] Se pueden ver los argumentos a favor y en contra en A.M. de Ligorio, *Theologia Moralis*, III, 575-577. La tesis de san Alfonso parece más convincente y es la más común entre los autores de la época. Con todo, el santo doctor señala algunas situaciones en las que, a pesar de la presencia de un sacerdote aprobado, un no aprobado puede confesar: si el aprobado no quiere o no puede oír la confesión; si al moribundo le fuera muy duro confesarse con el aprobado de modo que haya que temer que la confesión sería sacrílega por faltar a la integridad; si tal confesor fuera cómplice en pecado torpe (Cf. 578-579).

[113] Cf. Sagrada Congregación del Santo Oficio, 29 julio 1891, in *CICF* IV, n. 1141, 467.

[114] Cf. Sagrada Congregación del Santo Oficio, Resp. *Smyrnensis*, 7 julio 1864, in *CICF* IV, n. 978, 250-251.

En peligro de muerte, todos los sacerdotes, aunque no estén aprobados para oír confesiones, absuelven válida y lícitamente a cualesquiera penitentes de toda clase de pecados y censuras, por muy reservados y notorios que sean, aunque se haye presente un sacerdote aprobado, quedando a salvo lo que se prescribe en los cánones 884 y 2252.

La salvedad establecida por el c. 884 se refería a la absolución del cómplice, la que en peligro de muerte era lícita sólo «en caso de necesidad», lo que se daba, por ejemplo, cuando no fuera posible llamar a otro sacerdote, o para evitar peligro de infamia. El c. 2252, por su parte, se refería a la necesidad de acudir al Superior respectivo, en caso de absolución de una censura, una vez pasado el peligro de muerte.

Finalmente, el Código de 1917 no recogía expresamente lo establecido por el Santo Oficio en 1864, aunque en doctrina se seguía admitiendo su validez[115].

b) *Disciplina del Código de 1983*

El c. 976 del Código vigente establece: «Todo sacerdote, aun desprovisto de facultad para confesar, absuelve válida y lícitamente a cualquier penitente que esté en peligro de muerte de cualesquiera censuras y pecados, aunque se encuentre presente un sacerdote aprobado».

La norma actual, con términos más simples, repite lo establecido en el Código anterior. Analicémosla brevemente.

Ante todo, el sujeto del canon es todo sacerdote; esto es, incluso desprovisto de la facultad para oír confesiones, aun cuando hubiera perdido el estado clerical, o estuviera incurso en alguna pena canónica, puede válida y lícitamente absolver al penitente. Basta que se trate de un sacerdote válidamente ordenado, no importando su situación canónica. Si el sacerdote no perteneciera a la Iglesia Católica, se aplica lo dispuesto en el c. 844 §2: al fiel le debe ser física o moralmente imposible acudir al ministro católico y se debe evitar el peligro de error o indiferentismo[116].

Ahora bien, «peligro de muerte» no es lo mismo que *articulo mortis*. Como bien enseña el P. Cappello, «hay *peligro* cada vez que se presenta un prudente temor de que la muerte se seguirá en breve; *articulus*, cuando la muerte es ya moralmente cierta, o amenaza próximamente [...] Cuando la muerte es verdaderamente probable, aunque no cierta ni

---

[115] Cf. F.M. CAPPELLO, *De Poenitentia*, 266-267.

[116] Con un lenguaje distinto, repite *grosso modo* los criterios establecidos por el Santo Oficio en 1864.

probabilísima, se da el *peligro* de muerte»¹¹⁷. El peligro puede provenir de cualquier causa intrínseca (p. ej., enfermedad, ancianidad, etc.) o extrínseca (p. ej., guerra, operación quirúrgica peligrosa, viaje peligroso, etc.).

En tales circunstancias, el sacerdote puede absolver *cualesquiera censuras y pecados*, sin ninguna limitación. Ni siquiera se excluye la absolución del pecado de complicidad (cf. c. 977), habiéndose eliminada la limitación establecida en el Código anterior. En el caso de la absolución de una censura, ella tiene validez sólo para el fuero interno. De ahí que si la censura fue impuesta o declarada, o era reservada a la Santa Sede, el penitente tiene el deber de recurrir a la autoridad competente, bajo pena de reincidencia, en caso de salir del peligro de muerte (cf. c. 1357 §3).

En cuanto a quién pueda ser absuelto en estas circunstancias, el canon alude a todo penitente. Si se tratara de un cristiano no católico, habría que cumplir con los requisitos del c. 844 §§3 y 4.

La cláusula final del canon señala: «aunque se encuentre presente un sacerdote aprobado». Con ello se garantiza al máximo la libertad del penitente de elegir al confesor, en vistas a su salvación. Sólo por derecho natural, podría quizás en alguna situación ser ilícito al penitente el acudir a un confesor carente de las facultades, en caso, por ejemplo, de grave peligro de escándalo.

1.4.2 Facultad por suplencia de la Iglesia

La Iglesia ha admitido de muy antiguo¹¹⁸ que, en determinadas circunstancias, por el bien de la comunidad, una persona que no goza de la potestad de régimen para realizar determinados actos, los pueda realizar válidamente en virtud de una suplencia de potestad o facultad *iure communi*. Como bien dice M. Calvi, «el objetivo propio de la norma es [...]

---

¹¹⁷ Traducción nuestra de F.M. CAPPELLO, *De Poenitentia*, 265: «Habetur *periculum* quoties adest prudens timor mortis brevi secuturae; *articulus*, quando mors iam moraliter certa est, seu proxime instat [...] Quando mors est vere probabilis, licet non certa aut probabilissima, habetur *periculum* mortis».

¹¹⁸ El principio de la suplencia de la potestad ya aparece en el Decreto de Graciano, el cual adapta a su vez un principio que provenía del derecho romano. Cf. F.M. CAPPELLO, *De Poenitentia*, 317.

el de tutelar el bien común, evitando que la comunidad padezca daños por la proliferación de actos jurídicamente nulos o inválidos»[119].

La suplencia de potestad está recogida en el Código del siguiente modo: «En el error común de hecho o de derecho, así como en la duda positiva y probable de derecho o de hecho, la Iglesia suple la potestad ejecutiva de régimen, tanto para el fuero externo como para el interno» (c. 144 §1). Y luego, el segundo párrafo del canon extiende la aplicación de la norma a otras facultades, entre las que se incluye expresamente la facultad para oír confesiones. El c. 209 del Código anterior era casi idéntico al c. 144 §1.

Antes de analizar cada uno de los términos del c. 144 en su aplicación a nuestro tema, conviene establecer algunas premisas generales. Desde luego, la Iglesia suple sólo aquello que puede suplir; en nuestro caso, sólo la facultad para confesar, nunca la potestad de orden, ya que ésta depende del sacramento del orden. Por otra parte, este principio de la suplencia de la Iglesia existe en razón del bien común de las almas, no en razón del bien del confesor. Y se trata siempre de una suplencia transitoria, no permanente; el derecho concede al confesor la facultad para poder absolver en cada caso concreto, *in ipso actu confessionis*. Por ello, tampoco se puede decir que se trate de la sanación posterior de un acto inválido. Estudiemos entonces la normativa vigente[120].

a) *Error común de hecho o de derecho*

Cappello define el error como «la falsa comprensión de la realidad o el falso juicio de la mente»[121]. Al ser un juicio falso, se distingue de la mera ignorancia.

El error común es el que tiene por sujeto a la comunidad; se opone a privado. ¿Cuál es la comunidad sujeto del error? El error se ha de medir en atención a la comprensión de los fieles en el lugar donde se escuchan

---

[119] M. CALVI, «La supplenza della potestà (c. 144)», 439: «L'obiettivo proprio della norma è [...] quello di tutelare il bene comune, evitando che la comunità subisca dei danni a motivo del proliferare di atti giuridicamente nulli o invalidi».

[120] Para la explicación de los términos que configuran la suplencia de la Iglesia, dado que en esta materia el c. 144 reproduce lo señalado en el Código anterior (cf. c. 6 §2), seguimos a F.M. CAPPELLO, *De Poenitentia*, 308-317 y a F.X. WERNZ – P. VIDAL, *Ius Canonicum*, II, 370-375, salvo que se señale otra cosa.

[121] F.M. CAPPELLO, *De Poenitentia*, 309: «Error est falsa apprehensio rei sive falsum mentis iudicium».

las confesiones; no en atención a los fieles que *de facto* acuden al confesionario.

El error común puede ser de hecho o de derecho. Es de hecho cuando efectivamente muchos caen en el error. Es de derecho (también llamado virtual) cuando dadas las circunstancias muchos inevitablemente pueden ser llevados al error. Ya el Código de 1917 había establecido que el error común podía ser de hecho o de derecho, con lo cual puso definitivamente término a la discusión antigua de si era o no necesario que de hecho muchos cayeran en el error. Hoy está claro: basta que se den circunstancias que *rationabiliter* puedan inducir a error para que la Iglesia supla la potestad (aunque de hecho ninguno caiga en él).

Quizás un ejemplo aclara la noción de error. El P. Ticio, por el motivo que sea, no goza de las facultades para confesar, y sin embargo se sienta en el confesionario de una iglesia parroquial. El error común se da por lo siguiente: el sacerdote está sentado en el confesionario, por tanto, a la espera de penitentes; el párroco, que tiene el deber de vigilar el recto desenvolvimiento en su parroquia de los actos de culto (cf. c. 528 §2) permite a tal sacerdote confesar; los fieles no están al tanto de ningún factor que los podría hacer dudar de la condición del sacerdote. Todos éstos son antecedentes suficientes para suponer que el P. Ticio es un verdadero confesor, independientemente del número de penitentes que de hecho acudan a él. Por tanto, en este caso la Iglesia suple la ausencia de facultad del P. Ticio.

Ya dijimos que error no es ignorancia. De hecho, la gran mayoría de los fieles ignora incluso la existencia de la necesidad de una facultad especial para confesar. Pero para que se dé el error común, no basta esta ignorancia (si bastara, la exigencia de la Iglesia de la facultad como requisito de validez de la absolución perdería todo sentido; a lo más mantendría un valor moral exhortativo para el sacerdote). Debe ser puesto un fundamento objetivo que haga pensar que se está frente a un verdadero confesor. Así, pensamos que la Iglesia no supliría si el sacerdote se encuentra fuera del ámbito propio donde se escuchan las confesiones; por ejemplo, en la calle o en una sala de la iglesia.

Ahora bien, dado que el principio de la suplencia ha sido establecido en bien de los fieles y no en bien del mismo sacerdote, la Iglesia suple aun cuando el sacerdote supiera que carece de la facultad.

Se plantea aquí un punto interesante: ¿puede el sacerdote, consciente de carecer de la facultad, provocar el error común? (sentándose en el confesionario, por ejemplo). Se trata de un problema más de índole moral que jurídica. Si se dan las condiciones ya vistas del error común, las confesiones son válidas. ¿Son, sin embargo, lícitas? Los autores señalan que a no ser que hubiera una verdadera necesidad de los penitentes, serían ilícitas (y por tanto el acto sería moralmente imputable al confesor) ¿Cómo juzgar de esa necesidad? El P. Cappello sostiene[122] que en días de precepto o en alguna ocasión extraordinaria, el sacerdote obraría lícitamente, si no hubiera otros sacerdotes a quienes acudir sin un grave incómodo. Pensamos que sería ilícito, en cambio, en un lugar donde habitualmente es fácil encontrar un confesor.

El Código de 1917 ya configuraba el error común con todas estas características. Pero antes de su promulgación, muchos autores sostenían que para que se diera el error común debía éste fundarse en un título colorado; es decir, un título (oficio o concesión) que teniendo la apariencia de verdadero, no era tal por un vicio oculto. El Código píobenedictino sancionó en cambio la opinión de aquellos autores que, como san Alfonso María de Ligorio[123], sostenían que bastaba un título estimativo o putativo. Éste era el que no existiendo en ningún modo, particulares circunstancias inducían *rationabiliter* a pensarlo.

b) *Duda positiva y probable de derecho o de hecho*

La duda es un estado de la mente en virtud del cual la persona no es capaz de decidir entre términos contradictorios. Si en el caso del error, el sujeto era la comunidad; en la duda, el sujeto es el sacerdote. Y la duda debe tener por objeto, en nuestro caso, la facultad para confesar. Nuevamente, el Código actual recoge la normativa píobenedictina. Antes del Código de 1917, en cambio, la doctrina sólo admitía la suplencia en la duda de derecho, no en la de hecho[124].

Ante todo, la duda debe ser positiva y probable. Es positiva cuando se funda en razones, no en la ignorancia. Y es probable, cuando hay sólidas razones para afirmar que la facultad existe, aunque no se excluye un prudente temor de errar.

La duda de derecho versa sobre la ley, ya sea sobre su existencia o sobre su sentido o alcance. Por ejemplo, habría sido el caso de un sacerdote que recién entrado en vigencia el actual Código, hubiera dudado si una determinada norma estaba vigente. O ahora, tuviera dudas sobre

---

[122] Cf. F.M. CAPPELLO, *De Poenitentia*, 312.
[123] Cf. A.M. DE LIGORIO, *Theologia Moralis*, III, 587-588.
[124] Cf. F.X. WERNZ – P. VIDAL, *Ius Canonicum*, II, 374.

algunos detalles de los cánones o de su alcance (p. ej., si el administrador parroquial tiene las facultades *vi officii,* si un religioso con facultades concedidas por su Superior puede confesar a los alumnos internos de la casa donde mora, etc.). La duda es de hecho, cuando versa sobre la existencia o sentido de un hecho que puede caber dentro del supuesto de la ley. Por ejemplo, el sacerdote que dudara si ha tomado posesión debidamente de un oficio o no, o dudara si la facultad que le fue conferida está todavía vigente. Al darse estos supuestos, si de hecho el sacerdote no tuviera la facultad para confesar, la Iglesia la supliría.

Ahora bien, en esta situación de duda positiva y probable, ¿puede el sacerdote lícitamente usar de la facultad dudosa?

Los autores a que hemos aludido son concordes en afirmar que sí, ya que, a diferencia del caso del error común, aquí no se da ninguna usurpación de facultad (en el error común, el sacerdote sabe que no tiene la facultad). Por supuesto, el sacerdote deberá buscar salir de la duda lo antes posible.

Si la duda, en cambio, fuera negativa e improbable (no fundada en sólidas razones), la Iglesia no suple la facultad. El sacerdote, por tanto, que se encontrara en tal estado, no dándose tampoco las condiciones para el error común, no puede dar la absolución. Sólo podría hacerlo *sub conditione*, en caso de grave necesidad (p. ej., el penitente que debe comulgar o celebrar, el que de lo contrario quedaría por largo tiempo sin la absolución, etc.). En tal caso, la absolución será válida *secundum rei veritatem*, y el confesor deberá advertir al penitente de la situación[125].

Finalmente, es de notar que no es necesario que la duda positiva y probable se dé conjuntamente con el error común. Es decir, en el caso de la duda positiva y probable, si de hecho el sacerdote carecía de la facultad, la Iglesia suple aun cuando no hubiera error común.

1.4.3 La *communicatio in sacris*, ¿otro caso de concesión *a iure*?

Una importante novedad del Código de 1983 atañe a la llamada *communicatio in sacris*. En efecto, el c. 844, recogiendo la enseñanza conciliar (cf. OE 27), regula aquellas ocasiones en que es lícito a los fieles de la Iglesia católica recibir los sacramentos de un ministro no católico y aquellas en que es lícito a los ministros católicos administrarlos a los no católicos. No obstante se trate de una materia que rebasa

---

[125] Cf. F.X. WERNZ – P. VIDAL, *Ius Canonicum*, II, 375.

nuestro estudio, aludiremos brevemente a dos aspectos que pueden tener alguna relación con el tema de la facultad para confesar[126]. En efecto, una lectura superficial del c. 844 podría hacer pensar que estamos ante otra situación de concesión de facultad *a iure*.

Por una parte, el c. 844 §2 establece que en determinadas circunstancias un fiel católico puede confesarse con un ministro no católico en cuya Iglesia sea válido el sacramento de la penitencia. Será el caso de un ministro de alguna Iglesia oriental que no está en plena comunión con la Iglesia católica, y también de un ministro de los «viejos católicos» o miembro de la Fraternidad san Pío X[127]. ¿Se trata acaso de una concesión *a iure* de facultad a estos ministros? La respuesta es negativa, por un doble motivo. Por un lado, ya que la norma mira directamente al penitente y no al ministro. Por otro lado, ya que en virtud del c. 11 las leyes meramente eclesiásticas, -y tales parecen ser las disposiciones sobre la facultad para confesar-, obligan sólo «a los bautizados en la Iglesia católica y a quienes han sido recibidos en ella»[128]. En estas situaciones, por tanto, estos ministros absuelven sólo en virtud del sacramento del orden que, aunque fuera de la plena comunión con la Iglesia católica, han recibido válidamente.

El c. 844 §§3 y 4, por su parte, reglamenta cuándo un ministro católico puede lícitamente administrar la penitencia a un fiel no católico. En estos casos, en lo que respecta a la facultad para confesar, se aplican los principios generales acerca del ámbito de ejercicio de la facultad. El ministro católico debe tener la facultad por alguno de los modos previstos por el c. 966 §2 (a no ser que se trate del peligro de muerte, en cuyo caso se aplica el c. 976). Esa facultad, como hemos visto, se puede ejercer siempre sobre los respectivos súbditos (propios, en el caso de la facultad *vi officii*, o del Ordinario del lugar que concede la facultad), a

---

[126] Esta relación ha sido notada por dos de los autores estudiados. Cf. M. FALCÃO, «Faculdade», 40 y A. MIRALLES, *«Pascete il gregge di Dio»*, 201-202.

[127] Cf. I. DUCASSE, «En la marcha», 273-275.

[128] Sería dudosa la situación, en virtud del principio «*semel catholicus, semper catholicus*» de aquellos ministros de alguna de estas Iglesias que hubieran sido bautizados en la Iglesia católica y luego se hubieran incorporado a alguna de estas comunidades. Nos parece que la duda se aplica de modo particular a los sacerdotes de la Fraternidad san Pío X, la cual puede con todo rigor ser calificada de comunidad cismática (cf. cc. 751 y 1364 §1). Estos sacerdotes, en su inmensa mayoría, han pertenecido a la Iglesia católica. ¿Es válido el sacramento de la penitencia por ellos administrado? En virtud del c. 11 les obligarían las disposiciones sobre la facultad para confesar.

cuyo efecto se consideran tales todos los que *in territorio* acudan de hecho al sacramento. Por tanto, los fieles no católicos que cumplan con los requisitos del c. 844 §§3 y 4 entran dentro de esta categoría amplia de *súbditos*. Y si el sacerdote pudiera confesar *ubique* en virtud del c. 967 §2, lo que será el caso más común, siempre podrá confesar a los fieles elencados en este c. 844 §§3 y 4.

2. Cesación de la facultad para confesar

El sacerdote puede perder la facultad para confesar por revocación, a tenor del c. 974, o por algunos de los motivos indicados en el c. 975: pérdida del oficio, excardinación o pérdida de domicilio. De igual modo, la disposición del c. 977 que hace inválida la absolución del cómplice es otro caso de pérdida *ad casum* de la facultad para confesar. Finalmente, el sacerdote puede perder la facultad, o serle prohibido su ejercicio, como consecuencia de una pena canónica. Estudiemos en particular todos estos casos.

2.1 *Revocación de la facultad: c. 974*

La revocación es un acto administrativo singular por el cual el Superior competente retira la concesión dada. El principio general es que quien es competente para conceder la facultad –la concesión es un acto administrativo singular–, lo es también para revocarla. Ya sabemos quiénes son los que pueden conceder la facultad (cf. c. 969); sólo ellos podrán revocarla. Es lo que dice el c. 974 §1: «El Ordinario del lugar y el Superior competente no deben revocar sin causa grave la facultad de oír habitualmente confesiones».

El Código anterior también establecía la posibilidad de la revocación: «El Ordinario local o el Superior religioso no deben revocar o suspender, a no ser por causa grave, la jurisdicción o la licencia para oír confesiones» (c. 880 §1 CIC 17)[129]. En el caso de la suspensión, sólo se prohibía el uso o ejercicio de la jurisdicción, por lo que una eventual absolución era sólo ilícita, pero no inválida (como en el caso de la revo-

---

[129] Y el §3 agregaba: «Mas, tratándose de una casa formada, no puede lícitamente el Obispo, sin consultar a la Sede Apostólica, quitar la jurisdicción juntamente y a la vez a todos los confesores de una casa religiosa». Para comentarios de esta norma, cf. F.M. CAPPELLO, *De Poenitentia*, 260.

cación)¹³⁰. Hoy nuestro canon no habla de la suspensión, pero pensamos que se puede aplicar el aforismo de que quien puede lo más, puede lo menos¹³¹.

2.1.1 Requisitos para la revocación

Como nos dice el c. 974 §1, debe darse ante todo una causa grave. La revocación, por tanto, no puede hacerse de modo injusto o arbitrario. Esto, ya que todo sacerdote tiene en principio el derecho a ejercer su ministerio, al menos con respecto a los fieles que se le han encomendado; tiene también un derecho a la buena fama (cf. c. 220), la que podría verse afectada por una medida injusta; y la misma comunidad tiene derecho al ministerio de los sacerdotes¹³². Ejemplos de causa grave podrían ser: vida escandalosa del sacerdote, avanzada senilidad, aplicación en el confesionario de principios contrarios a la doctrina católica, etc. Una revocación arbitraria o injusta es válida, pero el sacerdote tiene abierta la posibilidad del recurso contra los actos administrativos del Superior, de acuerdo con los cc. 1732 y ss.

Por otra parte, el canon se refiere a la revocación de la facultad de oír confesiones *habitualiter*. Es evidente que la facultad *ad modum actus* se agota en el acto mismo.

¿Puede la autoridad revocar la facultad de confesar *vi officii*, sin privar del oficio mismo al sacerdote? Los autores discuten. Algunos¹³³ afirman que sí, ya que la facultad *vi officii* es siempre habitual y el c. 974 §1 se refiere a la revocación de la facultad habitual, sin distinguir el modo en que fue adquirida. Otros¹³⁴ niegan tal posibilidad, ya que el canon se refiere sólo a la revocación de la facultad concedida. Sólo cabría, señalan, de acuerdo con lo que ya establecía la disciplina antigua, que el Superior prohibiera el ejercicio de la facultad. Nos parece esta

---

[130] Otra diferencia con la revocación, es que en el caso de la suspensión, no existiendo más la grave causa, la facultad se puede volver a ejercer sin necesidad de una nueva concesión.

[131] Otros sostienen que al suprimir el canon toda mención a la suspensión, ésta es equiparada a la revocación. Por lo tanto, cesando las causas de la misma, la autoridad debería conceder nuevamente la facultad. Cf. F. MCMANUS, «Comment to can. 974», 1159.

[132] Cf. F. LOZA, «Can. 974», 796.

[133] Cf. F. LOZA, «Can. 974», 796; G. DAMIZIA, «Commento al c. 974», 591.

[134] Cf. V. DE PAOLIS, «Il Sacramento della penitenza», 212-214; T. RINCÓN-PÉREZ, «Disciplina canónica del culto divino», 534; W. WOESTMAN, *Sacraments*, 262.

postura más adecuada. En efecto, nuestro canon 974 §1 reemplaza al antiguo c. 880 §1, el cual se refería a la cesación de la jurisdicción delegada (la cual, como hemos visto, corresponde a grandes rasgos a la facultad por concesión de la disciplina vigente). Además, se trata de oficios a los que el legislador ha querido positivamente vincular la facultad de confesar, por lo que una autoridad inferior no podría desvincular ambos términos. El anterior c. 880 §2 establecía: «Pero si hay causas graves, puede el Ordinario prohibir el ejercicio de confesar aun al párroco o al penitenciario, salvo el derecho de recurrir en devolutivo a la Sede Apostólica». Pensamos, siguiendo a los autores citados[135], que en determinadas circunstancias, la autoridad competente siempre podría prohibir ejercer la facultad *vi officii*, sin privar del oficio (p. ej., en caso de que el titular del oficio sufra temporalmente graves escrúpulos o depresión, u otra causa que no sea de gravedad tal como para privar del oficio).

Finalmente, «todo Ordinario del lugar que revoca a un presbítero la facultad de oír confesiones debe comunicarlo al Ordinario propio del presbítero por razón de la incardinación o, si se trata de un miembro de un instituto religioso, a su Superior competente» (c. 974 §3). Es claro que si detrás de la revocación de la facultad deben darse siempre motivos graves, el Ordinario propio del sacerdote o su Superior competente deben estar al tanto del hecho y de los motivos del mismo, para que puedan proveer oportunamente al bien del mismo sacerdote y de los demás fieles que están a su cuidado. Respecto del religioso, no se dice al Ordinario sino al Superior competente, ya que no siempre los Superiores son ordinarios (p. ej., en un instituto de derecho diocesano). Y la norma se refiere sólo al Superior del instituto religioso, pero debe aplicarse también al Superior de la sociedad de vida apostólica o de otra comunidad a la que pueda pertenecer el presbítero, en la medida que sea útil para proveer a su bien. Aun cuando el Código no lo diga, pensamos del mismo modo que es recomendable que cuando un Superior competente revoca la facultad proceda a una análoga notificación.

---

[135] Entre éstos, V. De Paolis contempla la posibilidad de la suspensión de la facultad sólo dentro del ámbito penal, es decir, como consecuencia de un delito. Creemos que, como ya dijimos, quien puede lo más puede lo menos. Es decir, si el legislador concede en el c. 974 a la autoridad competente la posibilidad de revocar la facultad, bien la puede suspender, sin que tenga que darse un delito, como en los ejemplos que luego exponemos.

Y por los mismos motivos que el Código prescribe que la facultad se conceda por escrito (cf. c. 973), pensamos que su revocación debería también ser dada por escrito al presbítero. En todo caso, para que la revocación surta efecto, le debe ser notificada de algún modo.

2.1.2 Efectos y alcance de la revocación

El efecto principal de la revocación de la facultad, como ya indicamos, es que afecta la validez de la absolución (la prohibición de ejercerla, en cambio, sólo la licitud).

En cuanto al ámbito en que rige la revocación dependerá de quién sea el revocante. Del mismo modo que el derecho extendía la facultad más allá del ámbito del concedente, los efectos de la revocación pueden extenderse más allá del ámbito del revocante.

La normativa es bastante clara en el caso de la revocación hecha por el Ordinario del lugar: «Si la facultad de oír confesiones es revocada por el Ordinario del lugar que la concedió, del que trata el c. 967 §2, el presbítero queda privado de la misma en todas partes; si es revocada por otro Ordinario del lugar, queda privado de ella sólo en el territorio del que la revoca» (c. 974 §2)[136].

Pero la ley no es tan clara respecto a la revocación hecha por el Superior[137]: «Si la facultad de oír confesiones es revocada por el Superior mayor propio, el presbítero queda privado de la misma en todas partes, respecto de los miembros del instituto; pero si es revocada por otro Superior competente, la pierde sólo para con los súbditos dentro del ámbito de la potestad de éste» (c. 974 §4). Supongamos que el sacerdote reciba la facultad del Superior general, y luego es revocada por su Superior mayor. ¿La pierde para todo el instituto? Al parecer sí. Y si un Superior local competente para otorgar la facultad la concede y luego la revoca, ¿qué sucede? En virtud del c. 967 §3, el sacerdote tenía la facultad en todo el instituto; en virtud del c. 974 §4, la pierde sólo en el ámbito local. Esto último no parece tan lógico. El párrafo quedaría quizás más claro si se redactara del modo siguiente: «Si la facultad de oír confesiones es revocada por el Superior que la concedió o por el Superior mayor propio, el presbítero queda privado de la misma en todas partes, respecto de los miembros del instituto;...[el resto sigue igual]». Por último, aunque el párrafo alude directamente sólo al sacerdote miembro

---

[136] Cf. lo dicho *supra* en 1.3.1, d (en particular la nota 101).
[137] Cf. W. WOESTMAN, *Sacraments*, 264.

del instituto, se aplican sus disposiciones a todos los sacerdotes que obtienen la facultad del Superior competente.

2.2 Cesación de la facultad para confesar por pérdida del oficio, excardinación o pérdida del domicilio: c. 975

Además de la revocación, el c. 975 contempla otras causas por las que cesa *ipso iure* la facultad para confesar: «La facultad de que trata el c. 967 §2, cesa no sólo por revocación, sino también por pérdida del oficio, excardinación o cambio de domicilio».

Ante todo, el canon se refiere a la cesación de la facultad de que trata el c. 967 §2: la facultad de confesar extendida *ubique*, en cualquier parte del mundo, cuando dicha facultad se tiene habitualmente *vi officii* o por concesión del Ordinario del lugar de incardinación o de domicilio. El principio que establece el c. 975 es claro: cesando la causa que originó la facultad, sea ella el oficio, la incardinación o el domicilio, cesa la facultad no sólo en dicho ámbito, sino en toda su extensión (es decir, en todas partes). La disposición del c. 975 es nueva; de estos casos, el Código anterior sólo aludía a la pérdida de jurisdicción por pérdida del oficio (cf. c. 873 §3 CIC 17)[138].

2.2.1 Por pérdida del oficio

La pérdida del oficio puede ser causada por distintos motivos: renuncia, traslado, remoción o privación (cf. cc. 184-196). Aquí no importa el motivo; el efecto es siempre el mismo: la pérdida de la facultad para oír confesiones.

En la práctica, puede darse alguna dificultad. Sucede con cierta frecuencia que un sacerdote que ha sido por muchos años párroco, por ejemplo, y luego es destinado a un oficio que no lleva consigo la facultad para confesar (p. ej., formador del seminario, profesor, etc.), pueda no tener conciencia de haber perdido la facultad. Podría darse que ese mismo sacerdote tuviera también la facultad por otro título, por ejemplo, por concesión del Ordinario del lugar. Así, cesando el oficio, subsiste siempre la facultad que había recibido por concesión. Con todo, para evitar tales dificultades, la ley particular podría establecer algo similar a

---

[138] En el Código anterior no se hacía necesaria la mención de la excardinación o de la pérdida del domicilio, ya que la jurisdicción sólo podía ejercerse dentro del ámbito del propio oficio o de la jurisdicción del concedente.

lo establecido por los Obispos del Portugal: «si el titular [del oficio] cesa en el cargo durante el año, el Obispo de la diócesis donde el presbítero tenía el oficio o de la diócesis donde va legítimamente a residir, le prorroga la facultad de confesar hasta la renovación del carné de identidad, salvo determinación expresa en contrario»[139].

2.2.2 Por excardinación y pérdida del domicilio

Del mismo modo, si un sacerdote recibió la facultad para confesar del Ordinario del lugar de su incardinación, cesa *ipso iure* dicha facultad con la excardinación del sacerdote (cf. cc. 267-268).

Y si un sacerdote recibió la facultad del Ordinario del lugar de su domicilio, ella cesa *ipso iure*, en todo lugar, por la pérdida[140] del domicilio.

a) *Dificultades relativas a la cesación de la facultad por pérdida del domicilio*

No faltan autores, a los que luego aludiremos, que han hecho notar que esta disposición es engorrosa y discriminatoria para los sacerdotes religiosos. En efecto, la pérdida del domicilio es bastante habitual en los miembros de un instituto religioso o sociedad de vida apostólica[141], y no tanto en los sacerdotes seculares. Los religiosos tienen domicilio en razón de la casa en que están adscritos (cf. c. 103), por lo que pierden el domicilio cada vez que son destinados a una casa que se encuentra en otra diócesis[142]. Sin embargo, una ausencia legítima de la casa religiosa

---

[139] A. LEITE, «Faculdade de confessar. Comentario», 11: «Se o seu titular cessar no cargo durante o ano, o Bispo da Diocese onde o presbítero tinha o oficio ou daquela Diocese para onde legitimamente vai residir prorroga-lhe a faculdade de confesar até à renovação do Bilhete de Identidade, salvo determinação expressa em contrário». La disposición, emanada en noviembre de 1983, alude a un carné de identidad sacerdotal que debe tener todo presbítero, el que atestigua que está en posesión de las facultades ministeriales, y que debe ser renovado en fecha fija todos los años.

[140] Como bien hace notar J.L. Sánchez-Girón, las ediciones españolas se refieren al cambio de domicilio, lo que es un error, ya que el texto latino dice *amissione domicilii*. El problema no se da en la traducción a otros idiomas (Cf. «Las facultades», 801).

[141] En adelante, para no repetir cada vez «miembro de un instituto religioso o sociedad de vida apostólica», diremos simplemente religioso, conscientes, sí, que la expresión no es del todo precisa.

[142] El domicilio de los religiosos corresponde al llamado domicilio legal y se rige por el c. 103. Algunos autores han pretendido que la pérdida del domicilio de los religiosos se

conforme al c. 665 §1 no significa una pérdida de domicilio. El sacerdote secular, en cambio, pierde el domicilio sólo «al ausentarse del lugar con intención de no volver» (c. 106).

Sin duda, la pérdida del domicilio se da con cierta frecuencia en los institutos centralizados. De acuerdo con la disciplina vigente, el religioso que es destinado a una casa situada en otra diócesis, debe solicitar nuevamente la facultad para confesar al Ordinario del lugar. Según B. Primetshofer[143] y M. Kaiser[144], la disposición manifiesta desconfianza hacia los religiosos, origina un conjunto de trámites engorrosos y no se justifica por ningún motivo. Estos autores proponen incluso un cambio en la legislación. B. Primetshofer propone simplemente suprimir al final del c. 975 la mención «*aut amissione domicilii*», de modo tal que la excardinación quede como único modo de pérdida de la facultad, tanto para seculares como para regulares (quedando siempre, por cierto, la posibilidad de la revocación a tenor del c. 974)[145]. M. Kaiser, por su parte, junto con plantear una posibilidad similar a la anterior, propone también otra solución. Dice que los religiosos podrían recibir la facultad, no del Ordinario del lugar del domicilio propio, sino del lugar donde el Superior mayor tiene domicilio. Y propone agregar al c. 967 §2 la mención que los religiosos están incardinados en el lugar donde dicho Superior mayor tiene su sede. Por tanto, salva la posibilidad de la revocación, los religiosos perderían la facultad sólo por la excardinación[146].

b) *Respuesta a las objeciones*

¿Qué pensar de todas estas opiniones? Por una parte, nos parece que si bien es cierto que el supuesto de la pérdida del domicilio es más habi-

---

regiría por la norma general del c. 106; es decir, lo perderían sólo «al ausentarse del lugar con intención de no volver». Pero no parece ser ésta una interpretación correcta, ya que es propio del domicilio legal el no depender de la voluntad del sujeto. Cf. J.L. SÁNCHEZ-GIRÓN, «Las facultades», 800-802.

[143] Cf. B. PRIMETSHOFER, «Problemi», 380-382.
[144] Cf. M. KAISER, «Befugnis zur entgegennahme der beichten», 177-178. Además de lo que diremos en el párrafo que sigue, nos parece que este autor introduce un extraño concepto de incardinación respecto de los religiosos.
[145] Cf. B. PRIMETSHOFER, «Problemi», 384-385.
[146] Cf. M. KAISER, «Befugnis zur entgegennahme der beichten», 180-182.

tual en el religioso, no es imposible que se dé en el diocesano[147]. Por otra parte, no creemos que haya en el legislador una intención discriminatoria o de desconfianza hacia los religiosos, sino más bien se trata de recoger toda la tradición canónica respecto de las facultades de los regulares. En efecto, en nuestro recorrido histórico del primer capítulo constatamos la constante voluntad, al menos a partir de Trento, de vincular a los regulares a los Obispos en el ejercicio del apostolado[148]. El Código, recogiendo la enseñanza conciliar, consagra en el c. 678 la doble dependencia del religioso, y también la compenetración que ha de existir entre el Obispo y los Superiores. En este sentido, el que el religioso deba recibir las facultades para confesar del Ordinario del lugar al igual que los demás miembros del presbiterio de la diócesis, no está en contraste con lo dispuesto en el c. 678 §1, es más, nos parece una aplicación del mismo: «Los religiosos están sujetos a la potestad de los Obispos, a quienes han de seguir con piadosa sumisión y respeto, en aquello que se refiere a la cura de almas, al ejercicio público del culto divino y a otras obras de apostolado». Ciertamente, en lo que se refiere a la concesión de las facultades, los Obispos no deberían exigir a los regulares más que lo que piden a los miembros del clero de la diócesis[149].

Nos parece, sí, razonable lo que postula Sánchez-Girón, en el sentido que el legislador podría haber establecido un plazo razonable en el que, aun después del cambio de domicilio, conservaran valor las facultades anteriores[150]. Siempre cabe la posibilidad que la ley particular lo establezca, como ha sido el caso de los Obispos del Portugal, los que en una norma análoga a la que ya aludimos, establecen que para el caso de la facultad concedida por el Ordinario del lugar, «si el titular pasa a residir legítimamente en otra diócesis durante el año, el Obispo de la diócesis donde va a residir le prorroga la facultad hasta la renovación del carné de identidad, salvo determinación expresa en contrario»[151].

---

[147] Por ejemplo, el sacerdote que ha recibido las facultades en el lugar donde reside, y no en el lugar de su incardinación, y luego cambia de residencia con intención de no volver.

[148] Cf. *supra*, cap. I, 4.3.

[149] Cf. *supra*, 1.2.5, a, donde analizamos los requisitos de la concesión de la facultad, la idoneidad requerida y los modos de verificarla.

[150] Cf. J.L. SÁNCHEZ-GIRÓN, «Las facultades», 803.

[151] A. LEITE, «Faculdade de confesar. Comentario», 11: «Se o titular passar a residir legitimamente em outra diocese durante o ano, o Bispo da Diocese onde vai residir

c) *Pérdida del cuasidomicilio*

Finalmente, la norma del c. 975 no alude al cuasidomicilio, ya que éste no obra la extensión de la facultad a tenor del c. 967 §2. Si un sacerdote recibe la facultad del Ordinario del lugar de su cuasidomicilio, ella está circunscrita sólo al ámbito de jurisdicción de dicho Ordinario. Ahora bien, ¿qué sucede si pierde el cuasidomicilio? Aunque los cánones nada digan, pensamos que pierde la facultad de confesar en el lugar donde tenía el cuasidomicilio.

2.3 *Otros casos de cesación de la facultad, y en particular, la absolución del cómplice*

Aunque el canon 975 no lo señale, es obvio que la facultad para confesar se pierde también por el transcurso del tiempo para el que fue conferida. En la disciplina anterior, tenía aplicación aquí una disposición general para la potestad delegada para el fuero interno, en virtud de la cual era «válido el acto ejecutado por inadvertencia, aun después de pasado el tiempo o de agotado el número de casos» (can. 207 §3). ¿Podría hoy operar el mismo principio? No obstante no ser hoy día la facultad un acto de jurisdicción, pensamos que podría aplicarse por analogía el mismo principio[152].

No se pierde, en cambio, al cesar la potestad de quien concedió la facultad, a no ser que expresamente se hubiera establecido una cláusula en tal sentido (cf. c. 46).

Del mismo modo, el supuesto del c. 977 respecto de la absolución del cómplice es otro caso en que cesa la facultad, «*ad casum ab ipso iure*»[153]. En efecto, el canon dice: «Fuera de peligro de muerte, es inválida la absolución del cómplice en un pecado contra el sexto mandamiento del Decálogo»[154]. El canon recoge el c. 884 del Código anterior,

---

prorroga-lhe a faculdade de confessar até à renovação do Bilhete de Iden-tidade, salvo determinação expressa em contrário».

[152] Nos remitimos a lo que se dirá más adelante en la nota 143 del capítulo III.

[153] F. LOZA, «Can. 975», 799.

[154] Al interior de la comisión redactora, mucho se discutió acerca de este canon. Algunos querían extender la disposición a la complicidad en otros pecados o incluso en todo pecado grave. Otros, en cambio, preferían que el canon fuera eliminado. Finalmente, se dejó sustancialmente invariado (Cf. *Communicationes* 31 (1999) 268-270). Por su parte, el c. 730 del CCEO es sustancialmente idéntico al canon 977 del CIC.

el cual, amparándose en la autoridad de Benedicto XIV[155], agregaba que «aun en peligro de muerte, fuera de un caso de necesidad, es ilícita por parte del confesor». El caso de necesidad se refería a la imposibilidad física o moral de acudir a otro confesor. El Código actual no repite esta salvedad, pero pensamos que aun hoy día, fuera del caso de necesidad, tal absolución podría ser ilícita por derecho natural, si diera lugar a escándalo.

Por otra parte, la doctrina enseña que «tiene relevancia jurídica el pecado donde la complicidad es externamente grave y cuando en ambas partes hubo un pecado formal grave, también externamente, contra el sexto mandamiento»[156]. En el caso que el cómplice acudiera al confesor y pidiera la absolución de dicho pecado, al confesor *ipso iure* le es revocada la facultad para dicha situación (*ad casum*). Si, con todo, el confesor atentara dar la absolución, ésta sería inválida y el confesor incurriría en excomunión *latae sententiae* reservada a la Sede Apostólica (cf. c. 1378 §1). Al contrario, si el cómplice acudiera al confesor para confesar otros pecados (porque aquél lo confesó anteriormente con otro sacerdote, por ejemplo), podría ser absuelto.

2.4 *Cesación de la facultad por una pena canónica*

Un sacerdote puede ser privado de la facultad para confesar o tener la prohibición de ejercerla, en razón de una pena canónica contraída a causa de algún delito que él hubiere cometido. La privación de la facultad afecta la validez de la misma; la prohibición de ejercerla sólo la licitud. ¿Cuáles son las penas que pueden comportar tales efectos[157]?

Ante todo, las penas medicinales. El excomulgado no puede celebrar los sacramentos (cf. c. 1331 §1, 2°) o desempeñar oficios eclesiásticos (cf. c. 1331 §1, 3°). El entredicho comporta iguales efectos (cf. c. 1332). En el caso de la suspensión, ésta puede implicar la prohibición de «todos

---

[155] Hasta antes de Benedicto XIV la absolución del cómplice, al menos por derecho común, era válida. El Papa Lambertini, mediante la Const. *Sacramentum Poenitentiae* de 1741, revocó toda jurisdicción al confesor para absolver al cómplice del pecado torpe, bajo pena de excomunión mayor reservada a la Sede Apostólica. Dicha Const. Ap. estaba colocada como apéndice en todas las ediciones del Código de 1917.

[156] V. DE PAOLIS, «Il Sacramento della penitenza», 213: «Ha rilievo giuridico il peccato dove la complicità sia esternamente grave e quando da tutte e due le parti vi sia stato un formale peccato grave, anche esternamente, contro il sesto comandamento».

[157] Para lo que se dirá en las líneas que siguen, cf. V. DE PAOLIS, «Il Sacramento della penitenza», 213-214.

o algunos de los actos de la potestad de orden» (c. 1333 §1, 1°) y del «ejercicio de todos o de algunos derechos o funciones inherentes a un oficio» (c. 1333 §1, 3°). Sin embargo, en todos estos casos se trata de prohibiciones que no tocan la validez de la facultad. Tanto la excomunión como el entredicho impuestos o declarados, como también la suspensión, afectan la validez sólo de los actos de régimen (cf. cc. 1331 §2, 2°; 1332 y 1333 §2). Pero esto no se aplica a la facultad para confesar, ya que en la actual disciplina no es un acto de jurisdicción. Aunque en teoría podría afectarla de modo indirecto, en el caso de la facultad que ha sido concedida por un Ordinario del lugar sujeto a alguna de estas penas. Al ser la concesión de la facultad un acto de la potestad de régimen, la concesión sería inválida.

En el antiguo Código, al ser la facultad un acto de jurisdicción, ésta cesaba «después de la sentencia condenatoria o declaratoria, por la excomunión, la suspensión del oficio y el entredicho» (c. 873 §3 CIC 17). El c. 2264 repetía lo mismo en el caso de la excomunión y el c. 2284 en el caso de la suspensión que prohibía un acto de jurisdicción en el fuero interno o externo. Antes de la sentencia condenatoria o declaratoria, en cambio, el sacerdote podía absolver válidamente, aunque ilícitamente, a no ser que fuera requerido por un fiel (cf. c. 2261 CIC 17)[158]. En el *iter* redaccional del nuevo Código, hasta la segunda fase, es decir, hasta la sesión de junio de 1977, los esquemas incluían una norma similar a la del antiguo c. 873 §3: «El sacerdote es privado *ipso iure* de la facultad para escuchar confesiones por la sentencia o el decreto que le irroga o declara excomulgado, suspenso del oficio o entredicho»[159]. En los esquemas sucesivos ya no aparece este inciso, sin que hayamos encontrado ninguna motivación para su eliminación. Nos parece discutible esta eliminación, ya que parece extraño que una facultad que puede perderse por motivos ajenos a la voluntad del sujeto (el mero trascurso del tiempo o el cambio de domicilio) no se pierda en el caso de un acto delictuoso particularmente grave, como es el que lleva a la irrogación o declaración de una censura. Además, desde un punto de vista histórico, la elaboración de la jurisdicción como un poder amisible surgió jus-

---

[158] Cf. F.M. CAPPELLO, *De Poenitentia*, 251-252.
[159] *Communicationes* 10 (1978) 62: «Ipso iure facultate ad confessiones excipiendas privatur sacerdos, sententia aut decreto irrogante vel declarante excommunicatus, suspensus ab officio aut interdictus».

tamente para hacer frente a la situación de los sacerdotes excomulgados o que se habían apartado de la comunión visible con la Iglesia[160].

Sin embargo, en la vigente disciplina, la pérdida de la facultad para confesar es posible como pena expiatoria. En efecto, entre éstas se prevé la posibilidad de la privación de un oficio (incidiría en nuestro tema en el caso de la facultad *vi officii*) o de una facultad (cf. c. 1336 §1, 2º) o de la prohibición de ejercerlos (cf. c. 1336 §1, 3º). Todas estas penas deben sobrevenir a un delito; las dos primeras afectan a la validez, la última sólo a la licitud.

Finalmente, en vistas de la ordenación a la *salus animarum* de todo el ordenamiento canónico, y por tanto también del derecho penal, el Código prevé la posibilidad de que en determinadas circunstancias la pena sea suspendida. Desde luego, cualquier censura o prohibición es suspendida cuando se trata de asistir a un fiel que se encuentra en peligro de muerte (cf. c. 1335 y 1338 §3), con lo que se reitera el principio establecido en el c. 976. Además, si la censura *latae sententiae* no ha sido declarada, se suspende también la prohibición de confesar cuantas veces un fiel pidiera el sacramento y es lícito pedirlo por cualquier causa justa (cf. c. 1335). Por los mismos motivos se suspende la pena expiatoria que prohibiera el ejercicio de un oficio o de la facultad para confesar; no así si ella hubiera privado de los mismos (cf. c. 1338 §3). Y vale también el principio general del c. 1352 §2: «Queda en suspenso total o parcialmente la obligación de observar una pena *latae sententiae*, que no haya sido declarada ni sea notoria en el lugar donde se encuentra el reo, en la medida en que éste no pueda observarla sin peligro de grave escándalo o infamia».

3. Algunos aspectos complementarios

Hasta aquí hemos analizado lo fundamental de la disciplina vigente acerca de la facultad para oír confesiones. Con el fin de tener una visión completa de la materia que nos ocupa, nos referiremos brevemente a dos temas que le están vinculados. Uno, es el de la sanción en la que incurre el sacerdote que atenta impartir la absolución o escucha la confesión sin tener la facultad para ello, conforme al c. 1378 §2, 2º. El otro, es el de la potestad que puede tener el sacerdote para absolver de alguna censura con ocasión de la celebración del sacramento de la penitencia. Se trata

---

[160] Cf. *supra*, cap. I, 3.2.2, donde tratamos de la distinción entre potestad de orden y de jurisdicción.

de un tema que difiere de la facultad para confesar, pero que históricamente ha sido tratado junto a ella, en cuanto hasta hace muy poco tiempo la facultad era llamada jurisdicción.

3.1 Sanción para el sacerdote que atenta impartir la absolución o escucha la confesión sin tener facultad para ello: c. 1378 §2, 2º

La Iglesia ha tenido siempre un especial cuidado de velar por la santidad de los sacramentos, y en particular por la santidad del sacramento de la penitencia. Numerosas normas penales son el reflejo de este cuidado[161]. En el canon que ahora estudiaremos, nos daremos cuenta que la absolución dada por un sacerdote que carece de las debidas facultades no sólo es inválida, sino que constituye también un delito. Es más, la misma escucha de la confesión en tales circunstancias es un delito.

En efecto, el c. 1378 §2, 2º señala lo siguiente: «Incurre en pena *latae sententiae* de entredicho o, si se trata de un clérigo, de suspensión: [...] 2º quien, fuera del caso de que se trata en el §1, no pudiendo administrar válidamente la absolución sacramental, trata de darla, u oye una confesión sacramental».

Se trata de dos supuestos de delitos íntimamente unidos entre sí, ya que ambos tienen un mismo fundamento: el no poder administrar válidamente la absolución sacramental. Sabemos que «para absolver válidamente de los pecados se requiere que el ministro, además de la potestad de orden, tenga facultad para ejercerla sobre los fieles a quienes da la absolución» (c. 966 §1). El delito contemplado en el c. 1378 §2, 2º puede, por ende, ser cometido sea por quien no es sacerdote, como por el sacerdote que carece de la facultad para confesar[162]. A nosotros nos interesa estudiar el segundo supuesto: el sacerdote que no puede absolver válidamente por carecer de la facultad para ello.

Antes de proseguir la exégesis de nuestro canon, conviene recordar que estos dos supuestos de invalidez de la absolución, hoy reunidos en un mismo canon, eran regulados por dos cánones diversos en el Código

---

[161] Un estudio detallado de esta tutela se puede encontrar en G. NÚÑEZ, *Tutela penal del sacramento de la penitencia*. Para una breve visión de conjunto, cf. V. DE PAOLIS, «De delictis», 177-179.

[162] Según De Paolis, el sujeto del delito es sólo el sacerdote (Cf. «De delictis», 183-185). La mayoría de los autores, en cambio, es de la opinión que también puede ser un laico. Se puede ver el elenco de los mismos y la argumentación en favor de esta última tesis, que nos parece convincente, en G.P. MONTINI., «La tutela», 231.

píobenedictino. En efecto, el c. 2322, 1º se refería a quien no siendo sacerdote oía la confesión sacramental y el c. 2366 declaraba: «el sacerdote que tuviere la osadía de oír confesiones sacramentales sin la jurisdicción necesaria, queda *ipso facto* suspenso *a divinis*; y el que se atreviere a absolver de pecados reservados, *ipso facto* queda suspenso de oír confesiones»[163].

Volvamos al c. 1378 §2, 2º. ¿Cuáles son los dos delitos en él configurados? El primero es el del que trata de dar la absolución sacramental (tentativo de absolución). Se da por el simple hecho de impartir la absolución sin tener facultad para ello, no importando el motivo por el que se carece de las facultades. El segundo es el del sacerdote que, no teniendo la facultad, se pone a escuchar la confesión sacramental, aunque luego no imparta la absolución. La confesión se dice sacramental, no por parte del sacerdote, sino por parte del penitente, el cual la realiza con el fin de obtener la absolución; no incurre en la censura el sacerdote que escucha una confesión al solo efecto de desahogo o de obtener un consejo[164].

En ambos casos, el delito dice relación a una carencia (de facultad) por parte del ministro[165].

Ahora bien, la pena contemplada es la suspensión *latae sententiae*. Con todo, para que el sacerdote incurra en la sanción aquí contemplada debe infringir deliberadamente la norma canónica, es decir, debe tratarse de un delito doloso (cf. c. 1321 §2). Esto significa que debe saber que carece de una facultad requerida para la validez del sacramento y, no obstante ello, tiene la voluntad de escuchar la confesión o de intentar impartir la absolución. Tratándose de un sacerdote, nos podemos preguntar si una ignorancia en esta materia podría ser calificada de inculpable (en cuyo caso no quedaría sujeto a ninguna pena: cf. c. 1323, 2º). Por otra parte, debemos considerar que si el sacerdote «sin culpa, ignoraba que la ley o el precepto llevaban aneja una pena» (c. 1324 §1, 10º) no incurre en la suspensión *latae sententiae* (cf. c. 1324 §3). Pensamos que es más plausible que se dé este último tipo de ignorancia. En tal caso, la pena debe ser mitigada. Al contrario, el §3 del c. 1378 señala

---

[163] Una buena presentación de cómo se interpretaban las disposiciones del Código anterior se puede ver en G. NÚÑEZ, *Tutela*, 87-92.

[164] Cf. G. NÚÑEZ, *Tutela*, 88.

[165] De ahí que no parezca que pueda entrar dentro de la configuración de este delito, como ha aventurado alguno, el caso del sacerdote que conscientemente absuelva a un penitente que sabe no bien dispuesto. Cf. G.P. MONTINI., «La tutela», 231-232.

que «pueden añadirse otras penas, según la gravedad del delito, sin excluir la excomunión»[166]. Finalmente, si la suspensión ha sido declarada o impuesta y el sacerdote persiste en realizar algunos de los actos indicados en el c. 1378 §2, 2°, incurre en una irregularidad para ejercer el orden sagrado (cf. cc. 1041, 6° y 1044 §1, 3°).

¿Se da el delito cuando la Iglesia suple la facultad a tenor del c. 144? Los comentaristas del Código de 1917 distinguían. En el caso de la duda positiva y probable, afirmaban que no se cometía delito al no existir en el sacerdote el dolo pleno que exigía el canon. En el caso del error común, en cambio, si el sacerdote era consciente de carecer de jurisdicción y no obstante ello, sin necesidad, provocaba el error común, la mayoría de los autores estimaba que quedaba sujeto a la censura. Se consideraba que el sacerdote actuaba con dolo para obviar la norma que le privaba de la jurisdicción[167]. La doctrina actual, en cambio, es mayoritaria para afirmar que en tales supuestos, el sacerdote actúa ilícitamente, pero no incurre en la censura[168]. En efecto, en tales situaciones el sacerdote administra válidamente la absolución, ya que el derecho le concede *ad actum* la facultad, en razón del bien del penitente. El supuesto, en cambio, del delito tipificado en el c. 1378 §2, 2° es la invalidez de la absolución. Además, las leyes penales deben interpretarse estrictamente (cf. c. 18).

Más allá de las posibles mitigaciones, la disposición del c. 1378 §2, 2° nos muestra el cuidado con que la Iglesia envuelve el sacramento de la penitencia y la importancia que la disciplina canónica sigue asignando a la necesidad de la facultad para confesar[169].

---

[166] Estas penas serán sempre *ferendae sententiae*. Cf. V. DE PAOLIS - D. CITO, *Le sanzioni nella Chiesa*, 331-332. En esta obra se hacen interesantes consideraciones acerca de las penas que podrían ser agregadas, su oportunidad y razón de ser.

[167] Se pueden ver las citas de los distintos autores en G. NÚÑEZ, *Tutela*, 90-91. De ellos discrepaba Cappello, el cual en su tratado sobre el sacramento de la penitencia corrige lo afirmado por él mismo en la obra *De censuris*. Según él, la censura supone un delito grave y, en cambio, el sacerdote que consciente de carecer de jurisdicción provoca el error común, sin necesidad, peca sólo venialmente, a no ser que lo haga por desprecio de la autoridad eclesiástica o con escándalo de los fieles. Cf. F.M. CAPPELLO, *De Poenitentia*, 311-312.

[168] Es la opinión de Calabrese, Chiappetta, Martin, citados por Núñez, de la cual él discrepa (Cf. G. NÚÑEZ, *Tutela*, 96-98).

[169] El CCEO sólo tipifica un delito genérico de simulación en la celebración de los sacramentos en el c. 1443.

3.2 *Potestad del confesor para absolver de censuras dentro del sacramento de la penitencia*[170]

La remisión de una pena canónica, regulada en el Código entre los cc. 1354 y 1363, constituye de por sí un acto administrativo que compete a una autoridad que goza de potestad de régimen o de jurisdicción[171]. En principio, la remisión debería operarse en el fuero externo. Sin embargo, los principios que guían a la Iglesia en el tratamiento de la remisión de una pena, principios que miran a la conversión del reo y a la expiación del mal cometido, han llevado al legislador canónico a una cierta largueza en esta materia, concediendo la facultad de remitir la pena incluso a sujetos que por oficio carecen de la potestad de régimen en el fuero externo. Esta largueza se da en particular cuando se trata de remitir una pena medicinal o censura. En efecto, compartimos la opinión de De Paolis, el cual dice:

> Estas penas deben cesar cuanto antes, puesto que ellas comportan la prohibición de la recepción de los sacramentos de la Iglesia, medios indispensables de gracia para la vida cristiana. Ahora bien, pueden darse situaciones de emergencia como el peligro de muerte o también el sufrimiento de no poder reconciliarse con Dios y con la Iglesia mediante el sacramento de la penitencia, por la presencia de una censura[172].

Justamente para tales situaciones de emergencia, la Iglesia prevé, además de la posibilidad fácil de delegación de la facultad de absolver dichas censuras, que los confesores puedan remitir la pena en el fuero interno sacramental. Se trata aquí de la potestad de régimen que es otorgada al confesor para que la ejerza en el ámbito privado y oculto, por el bien privado del penitente.

---

[170] Como señalamos más arriba, en estricto rigor estamos ante una materia que excede el tema de la facultad para confesar. Con todo, hacemos esta breve alusión, sin entrar en grandes detalles, ya que se trata de una potestad que la Iglesia concede en determinadas situaciones al confesor para que la ejercite con ocasión de la confesión.

[171] Dado que durante siglos la facultad para confesar fue también considerada un poder de jurisdicción, ello explica cómo ambas materias a menudo han sido tratadas conjuntamente.

[172] V. DE PAOLIS - D. CITO, *Le sanzioni nella Chiesa*, 259: «Queste pene devono cessare quanto prima, dal momento che esse comportano la proibizione della ricezione dei sacramenti della Chiesa, mezzi indispensabili di grazia per la vita cristiana. Ora possono esservi delle situazioni di emergenza come il pericolo di morte o anche la sofferenza di non potersi riconciliare con Dio e con la Chiesa, attraverso il sacramento della penitenza, per la presenza di una censura».

Son interesantes las observaciones que hace al respecto De Paolis:

A este propósito, pueden ser útiles algunas observaciones de orden general. La remisión de las penas medicinales, especialmente en el fuero interno, es llamada por el Código a veces "absolución", en cuanto sucede en el fuero sacramental, donde se imparte también la absolución de los pecados. Sin embargo, no debe ser confundida la remisión de la pena con la absolución de los pecados[173]. La primera es condición para poder proceder a la segunda [...]. La remisión de la censura es en virtud del poder de jurisdicción que es dado al confesor precisamente para la ocasión y que no está incluido en la facultad de confesar; la absolución de los pecados, en cambio, es en virtud de la facultad de confesar[174].

Habiendo establecido estas consideraciones generales, podemos señalar cuáles son las situaciones en las que al confesor le es conferida la facultad de absolver de una censura en el fuero interno sacramental. Podemos distinguir al respecto entre los casos ordinarios y los extraordinarios[175].

Los casos ordinarios, nos indica el mismo autor ya citado, «conciernen las facultades ordinarias atribuidas a determinados sujetos carentes de potestad ejecutiva en el fuero externo, de absolver en el fuero interno las penas *latae sententiae* no declaradas y no reservadas, sin que el reo se deba encontrar en particulares condiciones»[176]. Por ley

---

[173] La misma confusión a que induce el uso de absolución puede ser causada por el uso que los cánones hacen del término facultad para referirse al poder dado a los confesores de remitir determinadas penas en el fuero sacramental. En efecto, como se indica a continuación, esta facultad es de índole distinta a la facultad necesaria para confesar a que se refiere el c. 966 y que ha sido objeto de todo nuestro estudio.

[174] V. DE PAOLIS - D. CITO, *Le sanzioni nella Chiesa*, 259: «In proposito possono essere utili alcune altre osservazioni di ordine generale. La remissione delle pene medicinali, specialmente in foro interno, è chiamata dal codice talvolta "assoluzione", in quanto avviene nel foro sacramentale, dove viene impartita anche l'assoluzione dei peccati. Tuttavia non va confusa la remissione della pena con l'assoluzione dei peccati. La prima è condizione per poter procedere alla seconda [...] La remissione della censura è in forza del potere di giurisdizione che viene dato al confessore precisamente per l'occasione e che non è incluso nella facoltà di confessare, l'assoluzione dei peccati invece è forza della facoltà di confessare».

[175] Para una explicación detallada de los distintos casos, cf. V. DE PAOLIS - D. CITO, *Le sanzioni nella Chiesa*, 268-272. A continuación nos limitaremos a enunciarlos, tan sólo, ya que en estricto rigor, como ya hemos indicado, ellos exceden el tema de las facultades para confesar.

[176] V. DE PAOLIS - D. CITO, *Le sanzioni nella Chiesa*, 268: «Concernono le facoltà ordinarie attribuite a determinati soggetti carenti di potestà esecutiva in foro esterno di

universal, son titulares de esta facultad todos los Obispos (cf. c. 1355 §2), el canónigo penitenciario (cf. c. 508) y el capellán de una cárcel, hospital o viaje marítimo (cf. c. 566 §2). Por ley particular, otros sacerdotes podrían gozar de la facultad ordinaria de absolver determinadas censuras. Del mismo modo, en virtud de los principios generales de la delegación (cf. c. 137 §1) la autoridad que puede remitir la pena (cf. cc. 1354-1356) podría delegar a otros sacerdotes la facultad de remitir determinadas penas en el fuero interno sacramental[177].

Los casos extraordinarios, en cambio, nos dice nuestro autor, «conciernen las facultades atribuidas a determinados sujetos de poder remitir en el fuero interno sacramental las censuras en el caso que el penitente se encuentre en circunstancias particulares y propiamente en consideración de tales circunstancias»[178]. ¿Cuáles son estas circunstancias particulares? El peligro de muerte, en virtud del c. 976, que ya hemos estudiado y el llamado caso urgente, en virtud del c. 1357. Bástenos citar el primer párrafo del canon:

> Sin perjuicio de las prescripciones de los cann. 508 y 976, el confesor puede remitir en el fuero interno sacramental la censura *latae sententiae* de excomunión o de entredicho que no haya sido declarada, si resulta duro al penitente permanecer en estado de pecado grave durante el tiempo que sea necesario para que el Superior provea.

4. Conclusión

Hemos concluido nuestro estudio exegético de los cánones que regulan la facultad para confesar en el Código de 1983. Si comparamos la disciplina vigente con la del Código píobenedictino, sin duda ella se ha

---

assolvere in foro interno dalle pene *latae sententiae* non dichiarate e non riservate, senza che il reo si debba trovare in particolari condizioni».

[177] En algunas diócesis los párrocos gozan por ley particular la facultad de absolver la pena de excomunión *latae sententiae* para quienes hayan cometido los delitos contemplados en los cc. 1364 §1 (herejía, apostasía y cisma) y 1398 (aborto). Es el caso, por ejemplo, de la arquidiócesis de Santiago de Chile. También en algunas diócesis la autoridad diocesana concede por delegación dicha facultad a todos los sacerdotes con trabajo pastoral directo. Con todo, una atribución muy generosa de estas facultades puede llegar a desvirtuar el sentido de la pena canónica.

[178] V. DE PAOLIS - D. CITO, *Le sanzioni nella Chiesa*, 269: «Concernono le facoltà attribuite a determinati soggetti di poter rimettere in foro interno sacramentale le censure qualora il penitente si trovi in circostanze particolari e proprio in considerazione di tali circostanze».

simplificado bastante. Bástenos aquí aludir a la extensión universal establecida por el c. 967, que se aplica en la práctica a la mayoría de los confesores, y también a la eliminación de los pecados reservados *ratione sui* y de la jurisdicción especial para la confesión de religiosas. Todo ello ha simplificado sin duda la práctica administrativa y pastoral sobre la facultad. Sin embargo, no todo es tan simple. Hemos visto que no siempre la facultad tiene una extensión universal; hay algunos aspectos de la disciplina que no dejan de ser discutidos. Hemos buscado ser lo más riguroso posible en el análisis de los cánones, con el fin de iluminar al máximo la casuística que puede darse al respecto en la práctica administrativa de la Iglesia, como puede ser en una curia diocesana.

No obstante la simplificación de la disciplina vigente, no faltan quienes han planteado la conveniencia de una reforma más radical. En concreto, M. Kaiser postula el que la facultad para confesar sea regulada del mismo modo que la facultad para predicar; es decir, que todos los sacerdotes, en virtud del mismo derecho, tengan la facultad de confesar en cualquier lugar, mientras ella no sea restringida o privada por el Ordinario del lugar[179]. ¿Qué pensar de una propuesta tal? Antes de dar una respuesta, respuesta que implica una valoración de conjunto de la disciplina vigente, debemos profundizar en la naturaleza canónica de la facultad para confesar y en las razones de fondo que explican la exigencia por parte de la Iglesia de dicha facultad. Ello será el objeto de los próximos capítulos de nuestro estudio.

---

[179] Cf. M. KAISER, «Befugnis zur entgegennahme der beichten», 179-180.

Capítulo III

Naturaleza de la facultad para confesar

Hemos estudiado en los dos capítulos anteriores la historia de la facultad para confesar y su actual regulación en el Código de 1983. Señalamos que en el proceso último de codificación se decidió cambiar el término «jurisdicción» por «facultad» para confesar. ¿Qué significado tiene este cambio? ¿Qué es esta facultad para confesar? ¿Es lo mismo que jurisdicción? ¿Cuál es su naturaleza jurídica? Pensamos que con el material acumulado en los capítulos anteriores nos podemos adentrar a intentar dar una respuesta a estas interrogantes. Lo haremos, en primer lugar, retomando el desarrollo doctrinal que preparó el cambio obrado por el Código vigente. Luego, nos preguntaremos acerca de la naturaleza jurídica del concepto de facultad en general, y específicamente, de la facultad para confesar. Finalmente, estudiaremos por qué dicha facultad es requerida para la validez de la confesión.

1. Desarrollo doctrinal previo a la codificación de 1983

Recordemos que el Código de 1917 recogió una doctrina que se remontaba al menos al siglo XII en virtud de la cual para absolver válidamente debían confluir conjuntamente dos potestades en el ministro: la de orden y la de jurisdicción. La primera era dada en la ordenación, mientras que la segunda se recibía por medio de la Iglesia. La necesidad de la jurisdicción, en particular, se explicaba por el carácter judicial del sacramento[1]. Sin embargo, en pocas décadas la doctrina al respecto habría de conocer una evolución que conduciría finalmente al concepto

---

[1] Para mayores detalles, remitimos al primer capítulo de este trabajo (cf. *supra*, 5.1).

de facultad para confesar introducido por el actual c. 966 §1. ¿Qué factores llevaron a este cambio? ¿Qué etapas podemos distinguir en este proceso? A lo largo de este apartado buscaremos responder a estas preguntas.

1.1 *Factores que llevan a replantear la naturaleza de la jurisdicción para confesar*

Hacia finales del primer capítulo de nuestro trabajo, hacíamos notar como algunas décadas después de la promulgación del Código pío-benedictino, sobre todo entre los teólogos, pero también en algunos canonistas, empezó a surgir una tendencia a reelaborar el concepto de la jurisdicción necesaria para confesar.

Diversos factores influyeron en este proceso[2]. Por una parte, los estudios históricos iluminaron aspectos hasta entonces desconocidos de la historia del sacramento de la penitencia. En este aspecto, destacan los estudios de Anciaux, Galtier y Poschmann, entre otros, que tendrán gran influencia en los nuevos tratados teológicos. Por otra parte, la tendencia de algunos autores, sobre todo de inspiración tomista, de resaltar que la fuente del poder de absolver era la potestad de orden, no atribuyendo a la potestad de jurisdicción más que un influjo externo, irá preparando el camino para vaciar de contenido esta última potestad. A ello se sumará que muchos canonistas tenían dificultad para encuadrar la jurisdicción para confesar dentro del concepto genérico de jurisdicción, no faltando quienes pusieran en duda o incluso negaran su carácter jurisdiccional.

Los factores anteriores influirán entonces en el intento de reinterpretar el significado de la jurisdicción para confesar. Este intento lo podemos circunscribir a dos grandes líneas, muy diversas entre sí. Una de ellas, verá en la jurisdicción un contenido cada vez más formal que material. La otra, en cambio, insistirá en la necesidad intrínseca de la jurisdicción, pero ahora no tanto desde una perspectiva judicial, como era la de los comentadores del Código de 1917, como desde una óptica eclesiológica.

---

[2] Señalamos a continuación sólo someramente algunos de estos factores. Para una exposición más detallada remitimos al apartado 5.3 del capítulo primero.

1.2 Doctrinas que ven en la jurisdicción un contenido más formal que material

El que ciertos autores, principalmente teólogos, intenten reinterpretar el contenido de la jurisdicción para confesar manifiesta que no les satisfacía la explicación tradicional de que el orden y la jurisdicción confluían en el sacerdote que absuelve como dos potestades distintas tanto en su esencia como en el modo en que son conferidas. K. Rahner, por ejemplo, plantea algunas dificultades u objeciones a esta explicación[3]. Por una parte, no le parece fácil entender cómo para ejercer un mismo acto, la remisión de los pecados, se requieran dos potestades distintas. ¿Cuál sería el objeto propio de cada potestad?[4] Por otra parte, señala que no puede admitirse que un sacerdote que no pertenece visiblemente a la Iglesia participe de la jurisdicción de la misma, como cuando un sacerdote cismático o hereje absuelve válida y lícitamente en peligro de muerte. En suma, el teólogo alemán sostiene que la explicación tradicional en la práctica «restringiría la importancia de la ordenación para la remisión de los pecados a la sola constitución de un sujeto apto para la aceptación de alguna potestad que ha de ser recibida de otro lado, esto es, de la jurisdicción»[5].

Los intentos de reinterpretación de la jurisdicción tenderán a disminuir la separación entre ambas potestades. Ello llevará a considerar que la jurisdicción, o al menos una parte de ella, se recibe ya en la ordenación. F. Charrière lo afirma en base a la doctrina del Concilio de Trento, el cual enseña que el poder de absolver es conferido en la ordenación (Sess. 14, cap. 6) y que la absolución es un acto judicial (can. 9 de Poenitentia). Luego, la potestad de orden es un verdadero poder juris-diccional, en virtud de la misma ordenación, aunque se trate por cierto de una jurisdicción especial, distinta de la jurisdicción eclesiástica[6]. Rahner, por su parte, sin entrar a probar su afirmación, también sostiene que, en cuanto al sacramento de la penitencia, la misma potestad de orden tiene ya un cierto carácter jurisdiccional[7]. Pero todos estos

---

[3] Cf. K. RAHNER, *De poenitentia*, 558-559.
[4] Esta misma objeción se puede ver en Z. ALSZEGHY, *De paenitentia*, 209.
[5] K. RAHNER, *De poenitentia*, 559: «restringeret momentum ordinationis pro remissione peccatorum ad solam constitutionem subiecti apti pro acceptatione alicuius potestatis aliunde acceptandae, sicilicet iurisdictionis».
[6] Cf. F. CHARRIERE, «Le pouvoir», 200-201.
[7] Cf. K. RAHNER, *De poenitentia*, 559.

autores afirmarán que esta jurisdicción, que ya se tiene en virtud de la ordenación, se tiene de un modo incoado, que debe ser completada por una determinación eclesiástica. Si recordamos lo ya indicado en el primer capítulo[8], nos daremos cuenta que estas teorías no son nuevas. Ya en la escolástica, diversos autores las habían planteado, como lo vimos en Suárez, autor que las trata ampliamente. Estas teorías pueden dividirse a su vez en dos grandes vertientes, según cómo entiendan este carácter incompleto de la jurisdicción. Una, que plantea que ella es completada mediante la asignación de súbditos por parte de la Iglesia, y otra, que dice que dicha jurisdicción está ligada por la Iglesia y que ésta la desata por medio de su ordenamiento canónico.

Antes de entrar en el análisis más detallado de estas dos vertientes, conviene desde ya adelantarnos un poco en nuestra argumentación para advertir hacia donde nos dirigimos. Todas estas teorías llevarán a considerar la determinación eclesiástica, lo que el Código de 1917 y la doctrina tradicional llamaban jurisdicción, con un contenido más formal que material. Es decir, la determinación canónica será cada vez menos considerada como un verdadero poder o *imperium*, para ser concebida más bien como una regulación del ejercicio de la potestad recibida en la ordenación. El que digan que esta última potestad es también jurisdiccional, no debe llevarnos a confusión; se trata siempre de la potestad de orden.

Dentro de un contexto más amplio, podemos relacionar estas teorías con aquella línea doctrinal que, ya en los años inmediatamente anteriores al Vaticano II, y con mayor vigor después, planteaba que toda la *sacra potestas* (tanto la potestad de orden como la de jurisdicción) era conferida en la ordenación episcopal[9]. Esta postura, sostenida por autores como W. Bertrams, afirma que la Iglesia, mediante la *missio canonica*, no confiere la potestad, sino sólo la hace jurídicamente eficaz[10].

---

[8] Cf. *supra*, 4.2.2, a.
[9] La relación con esta línea doctrinal es señalada por E. Corecco, el cual puntualiza que esta postura asigna un contenido material sólo a la potestad de orden (ella confiere toda la *sacra potestas*) mientras atribuye a la potestad de jurisdicción un contenido sólo formal (Cf. «Nature», 367-368).
[10] Cf. W. BERTRAMS, «De potestatis», 463-464.

CAP. III: NATURALEZA DE LA FACULTAD PARA CONFESAR

1.2.1 Teoría de la asignación de súbditos

a) *Autores antiguos*

Esta teoría ya fue formulada por autores antiguos como, entre otros, Cayetano, Martín de Azpilcueta, el Panormitano y el Ostiense[11]. En palabras de F. Suárez, todos ellos parten del siguiente supuesto, al cual ya aludimos en nuestra exposición histórica:

> la potestad de jurisdicción es de algún modo dada o incoada en la misma ordenación y como tal no se distingue de la potestad de orden ni puede ser quitada ni alterada por la Iglesia, pero por otra parte es completada fuera del sacramento del Orden por algún oficio eclesiástico, o por concesión de los hombres, y según esa razón esta potestad puede cambiarse, y aumentarse, o disminuirse o del todo quitarse[12].

¿Cómo es completada dicha jurisdicción? Mediante lo que estos autores llaman la *applicatio materiae* o asignación de súbditos. En efecto, para los autores antiguos, la materia propia del sacramento de la penitencia era el pecador en cuanto súbdito[13].

Ahora bien, cuando se trata de explicar cómo se da esta *applicatio materiae*, los autores difieren en su explicación. Para algunos, la jurisdicción es completada mediante la voluntaria sujeción del penitente. Así lo afirmaba Cayetano, al menos en los tres siguientes supuestos: en la absolución de los pecados veniales, en la absolución de los mortales en extrema necesidad y en la absolución de los pecados del Romano Pontífice[14].

Martín de Azpilcueta, por su parte, quizás el más conspicuo representante antiguo de la teoría de la asignación de súbditos, explica del siguiente modo la *applicatio materiae*[15]. Él parte distinguiendo entre una jurisdicción *in habitu* e *in actu*. Por derecho divino, todo sacerdote

---

[11] Cf. F. SUÁREZ, *De sacramento poenitentiae*, 348-356.

[12] F. SUÁREZ, *De sacramento poenitentiae*, 348: «potestatem jurisdictionis aliquo modo dari vel inchoari in ipsamet ordinatione, et ut sic nec distingui a potestate ordinis, nec auferri, aut immutari posse per Ecclesiam, aliqua vero ex parte compleri extra sacramentum Ordinis per aliquod ecclesiasticum munus, vel hominum concessionem, et secundum eam rationem potestatem hanc mutari posse, et augeri, aut minui, veo omnino auferri».

[13] Cf. F. SUÁREZ, *De sacramento poenitentiae*, 352.

[14] Cf. F. SUÁREZ, *De sacramento poenitentiae*, 349-350.

[15] Cf. M. DE AZPILCUETA, *Commentaria*, Dist. 6, cap. *Placuit*, nn. 1-48.

tendría la jurisdicción expedita y actual, sea mediante la misma ordenación, sea porque Cristo se la otorga mediante la voluntaria sujeción del penitente. Según nuestro autor, tal fue el uso durante siglos, hasta los tiempos del Papa Urbano II (1088-1099), cuando, a causa de la creciente malicia de los hombres y al urgirlo la necesidad, la Iglesia tuvo que reservarse, mediante una prohibición, la legítima sujeción del penitente. Estas son las palabras del Doctor Navarro: «ya que entonces recibían la jurisdicción *in habitu* e *in actu*, esto es, no impedida en su ejercicio por ninguna ley ni mandato de Superior; hoy, en cambio, la reciben impedida a causa de este capítulo [se refiere al decreto *Placuit* de Urbano II] y de otras disposiciones a él similares»[16]. De este modo, la prohibición eclesiástica impide que el sacerdote pueda disponer de los fieles como materia debida del sacramento.

Suárez, citando al Navarro, confuta ampliamente su tesis. Entre otros motivos, junto con mostrar la inexactitud de la argumentación histórica aducida[17], plantea la dificultad, que tendremos ocasión de tratar con más amplitud más adelante, de cómo pueda la Iglesia privar de efectos una potestad dada por Cristo: «La Iglesia, por su sola voluntad, no puede impedir un efecto de un sacramento debida y rectamente recibido»[18].

Finalmente, otros autores como el Ostiense y el Paludano sostienen que no es la Iglesia la que se ha reservado la *applicatio materiae*, sino que tal reserva corresponde a la voluntad de Cristo. Suárez resume de este modo la enseñanza de estos autores: «dicha aplicación de materia [...] ha sido confiada al Sumo Pontífice y a los Prelados de la Iglesia, de modo tal que si éstos no aplican la materia o no confieren súbditos, los sacerdotes no pueden en razón de la sola ordenación realizar válidamente el acto de esta potestad [la de orden]»[19]. Esta explicación plantea

---

[16] M. DE AZPILCUETA, *Commentaria*, Dist. 6, cap. *Placuit*, n. 27: «Quia tunc accipiebant iurisdictionem in habitu, et in actu, hoc est, nulla lege, et nullius Superioris imperio ab exercitio impeditam, hodie vero eam accipiunt impeditam per hoc capitulo et alia ei similia».

[17] Nos parece haber mostrado en el primer capítulo de nuestro trabajo que no es correcto decir, como lo afirma Martín de Azpilcueta, que hasta los tiempos del Papa Urbano II, todo sacerdote tenía la potestad de absolver a cualquier penitente. Volveremos más adelante a escudriñar la historia para intentar descubrir lo que ella nos enseña acerca de la naturaleza de la facultad para confesar.

[18] F. SUÁREZ, *De sacramento poenitentiae*, 351: «Ecclesia per solam voluntatem suam non potest impedire aliquem effectum sacramenti rite et recte suscepti».

[19] F. SUÁREZ, *De sacramento poenitentiae*, 354: «quia praedictam applicationem materiae [...] esse commissam Summo Pontifici et Praelatis Ecclesiae, ita ut nisi ipsi

que la elección de quienes pueden ser juzgados por cada sacerdote en concreto ha sido confiada por Cristo al Papa y a los Obispos[20].

b) *Autores modernos*

Esta teoría de la asignación de súbditos ha sido retomada modernamente, en los años inmediatamente anteriores al Concilio, por algunos autores. Galtier, aun cuando no esconde algunas dificultades, parece inclinarse por ella[21]. Más explícito es Charrière[22]. Este autor señala que *ex institutione Christi* ha sido confiada a la Iglesia la dispensación de los sacramentos. Ello trae como consecuencia que sea el Superior eclesiástico[23], mediante un acto de jurisdicción, quien designe los súbditos del poder sacramental del sacerdote, es decir, quien determine la materia de la potestad de orden. A este respecto, el profesor de Friburgo no se opone a que la Iglesia pudiera determinar en el futuro que desde el momento de la ordenación todo sacerdote puede absolver de cualquier pecado. Además, Charrière asigna a la jurisdicción una segunda tarea: a excepción del caso del confesor del Papa, el confesor también debe tener el poder de levantar las censuras y otros eventuales impedimentos eclesiásticos a la recepción del sacramento. Se trata aquí de un poder que prepara el ejercicio de la potestad de orden.

Alszeghy, al aludir a esta posición, que él no comparte, sostiene que ella hace de la colación de jurisdicción una condición para ejercer la potestad de orden[24]. En efecto, reconociendo que el poder de absolver proviene de la potestad de orden, éste, para estos autores, no puede ejercerse mientras no disponga de la debida materia, el pecador en cuanto súbdito, tal como el sacerdote no puede consagrar mientras no dis-

---

applicent materiam, seu conferant subditos, non possint sacerdotes ex vi solius ordinationis validum actum hujus potestatis efficere».

[20] Suárez, al presentar esta última explicación, señala que ella en substancia puede componerse con la tesis que él sostiene (la explicación tradicional de la neta distinción entre las potestades de orden y de jurisdicción, las cuales son conferidas de un modo distinto, debiendo concurrir ambas en el sacerdote que absuelve), aunque difiere en el uso de los términos (Cf. *De sacramento poenitentiae*, 354-356).

[21] Cf. P. GALTIER, *De poenitentia*, 468.

[22] Cf. F. CHARRIERE, «Le pouvoir», 200-211.

[23] Según Charrière, se trata del Superior del sacerdote. Cf. «Le pouvoir», 209. En realidad, como tendremos ocasión de indicar más adelante, se trata siempre del Superior del penitente, no necesariamente del Superior del sacerdote.

[24] Cf. Z. ALSZEGHY, *De paenitentia*, 209- 210.

ponga del pan y del vino. Esta comparación se encuentra ya en santo Tomás, pero vimos que para el santo Doctor la jurisdicción se distinguía totalmente del orden y significaba también un verdadero *imperium* sobre el penitente. Con todo, algunos han visto en esta teoría de la asignación de súbditos una manera distinta de formular la misma doctrina tradicional, ya que, señalan, los conceptos de súbdito y de jurisdicción son correlativos. J. Alonso, por ejemplo, escribe: «si todos admiten que en la penitencia, eso que se llama *applicatio materiae* no es más que el *facere subditos*, hay que suponer por la ley de la correlatividad jurídica, que se da una "nueva" potestad; y ésta se llamará, con toda propiedad, de jurisdicción»[25]. De la misma opinión era F. Suárez, y más recientemente, J. Jiménez[26].

Finalmente, con otra terminología, nos parece que esta teoría de la asignación de súbditos ha sido planteada nuevamente por J.M. González del Valle. Este autor, que escribe en 1972, es decir, durante la vigencia del Código de 1917, reinterpreta el concepto de jurisdicción para oír confesiones en el sentido de competencia[27]. Él parte de la base de que la jurisdicción para oír confesiones a la que aluden Trento y el Código entonces vigente es de naturaleza muy diversa al resto de la jurisdicción eclesiástica. Por otra parte, basándose en la doctrina procesal moderna, señala que el concepto de jurisdicción se refiere más bien a cada uno de los distintos tipos de administración judicial, correspondiendo el concepto de competencia a «la facultad de ejercer una función de la que se es titular en un caso concreto»[28]. En base a estos conceptos, plantea la siguiente conclusión:

> Por derecho divino está establecido que la adquisición de la jurisdicción penitencial tiene lugar mediante la recepción del sacerdocio. La titularidad de la jurisdicción penitencial no es suficiente, sin embargo, para la válida administración de la penitencia. Se precisa, además, competencia. Competencia penitencial es la facultad de ejercitar la jurisdicción en un caso concreto [...] la competencia es un concepto relativo: se posee o se carece de

---

[25] J. Alonso, «Orden», 440.
[26] Cf. F. Suárez, *De sacramento poenitentiae*, 355; J. Jiménez, *La penitencia. Sacramento constitutivamente jurisdiccional*, 35-36.
[27] Cf. J.M. González Del Valle, *El sacramento*, 130-143.
[28] J.M. Gonzalez Del Valle, *El sacramento*, 135.

competencia en relación a un caso concreto individualizado en el espacio y en el tiempo[29].

Nos parece que este concepto de competencia, al referirse a la posibilidad, conferida de acuerdo a determinadas normas preestablecidas por la autoridad, de ejercer respecto de determinados casos un poder que en sustancia ya se tiene, constituye un modo distinto de formular lo que indica la teoría de la asignación de súbditos a que nos hemos referido en este apartado.

1.2.2 Teoría de la potestad ligada

Autores modernos, entre los que destacan K. Rahner y J. Beyer[30], han elaborado la explicación de que la potestad necesaria para remitir los pecados, la cual es plenamente conferida en la ordenación, está ligada, y por tanto no puede ejercerse válidamente mientras la Iglesia no lo permita. Así se expresa Rahner, quien más ha desarrollado estas ideas:

> Toda la potestad que se ejerce en la absolución es conferida en la ordenación y ciertamente mediante ella, de modo que toda esta potestad deba ser encuadrada bajo el concepto de la potestad de orden, aunque en nuestro caso esta misma tenga en parte una índole judicial y por tanto «jurisdiccional». Pero la Iglesia, por justas causas, ha hecho depender el ejercicio incluso válido de esta potestad de su especial permisión, sin la cual esta potestad de orden permanece totalmente ligada, no sólo en cuanto a la licitud, sino también en cuanto a la validez[31].

Rahner apoya su tesis en analogía a lo que sucede en otros sacramentos, como la confirmación y el orden, en los que, según él, la potestad del sacerdote también se encuentra ligada mediante la Iglesia[32]. Del mismo modo, afirma, se resuelven las dificultades planteadas por

---

[29] J.M. GONZALEZ DEL VALLE, El sacramento, 245-246.
[30] Cf. J. B. BEYER, «De natura», 134.
[31] K. RAHNER, De poenitentia, 560-561: «Tota potestas, quae in absolutione exercetur, confertur quidem in ordinatione et quidem qua tali, ita ut haec tota potestas subsumi debeat sub conceptu potestatis ordinis, licet in casu nostro haec ipsa habeat ex parte indolem iudicialem et ita "iurisdictionalem". Sed Ecclesia iustis ex causis exercitium huius potestatis etiam qua validum dependens reddit a speciali sua permissione, sine qua igitur haec potestas ordinis manet non tantum quoad liceitatem, sed etiam quoad validitatem totaliter ligata».
[32] Cf. K. RAHNER, De poenitentia, 561-562. Volveremos más adelante a tratar esta analogía con la confirmación y el orden.

otras teorías respecto de la absolución dada por los sacerdotes cismáticos: si ésta es válida, no es porque la Iglesia les otorgue jurisdicción, lo que considera imposible, sino simplemente porque la Iglesia no les ha atado el ejercicio de la potestad de orden[33].

En esta teoría, como señala Ramos-Regidor[34], la colación de jurisdicción ya no es considerada como el conferimiento de un nuevo poder, como en la doctrina tradicional, ni tampoco como una condición necesaria para el ejercicio de dicho poder, como en el caso de la teoría de la asignación de súbditos. Se trata sólo de la remoción de un óbice o impedimento, mediante un acto de la Iglesia, que determina también el ámbito y las circunstancias del ejercicio del poder ya recibido en la ordenación[35].

1.3 *La escuela de Munich: la necesidad de la jurisdicción desde una perspectiva eclesiológica*

A partir de las primeras décadas del siglo XX los estudios sobre la historia del sacramento de la penitencia conocieron un gran desarrollo. Entre los aspectos más destacados que se pusieron de relieve se cuenta el valor que la Iglesia primitiva concedía a la *pax cum Ecclesia*, llegándose a formular la teoría de que ésta constituiría la *res et sacramentum* de la penitencia. El primero en formular explícitamente esta teoría fue B. Xiberta, el cual publicó en 1922 su tesis *Clavis Ecclesiae*. Luego, B. Poschmann, gran estudioso de la historia de la penitencia antigua, la desarrollaría ampliamente, siendo después recogida la tesis por numerosos y destacados teólogos[36].

---

[33] Cf. K. RAHNER, *De poenitentia*, 563.

[34] Cf. J. RAMOS-REGIDOR, *Il Sacramento*, 266.

[35] A primera vista podría pensarse que Rahner replantea lo que en su tiempo había dicho Martín de Azpilcueta. En efecto, este autor, en la cita que copiamos (cf. *supra*, nota 17) habla también de una potestad que está impedida. Pero mientras en él la potestad está impedida, no en sí misma, sino por falta de materia, Rahner parece afir-mar el poder de la Iglesia de atar o impedir en sí misma la potestad. En efecto, el mismo Rahner afirma que su teoría es nueva, ya que los teólogos antiguos desconocían que la Iglesia por su propia voluntad pudiera ligar el válido ejercicio de la potestad de orden (Cf. *De poenitentia*, 561). Y de hecho Rahner se refiere a la teoría de la asignación de súbditos como una explicación distinta a la suya (Cf. *Ibid.*, 559-560).

[36] El elenco de estos autores, entre los que cabe citar a P. Anciaux, J.L. Larrabe y K. Rahner, se puede ver en P. ADNÈS, *La penitencia*, 207-208.

CAP. III: NATURALEZA DE LA FACULTAD PARA CONFESAR 141

De modo sintético, esta tesis afirma lo siguiente: el rito de la reconciliación en la penitencia antigua producía la inmediata reconciliación con la Iglesia, de la cual el pecador se había separado; reintegrado a la Iglesia, comunidad salvífica, se reconcilia con Dios. La *pax cum Ecclesia* sería así en la absolución sacramental la *res et sacramentum*[37] de la penitencia; es decir, efecto (*res*) inmediato de la absolución y a la vez signo (*sacramentum*) de la *pax cum Deo*.

K. Mörsdorf, el célebre canonista de Munich, será el primero en acoger en ámbito canónico la tesis anterior, que él recoge principalmente de los estudios de Poschmann, para fundamentar la intrínseca necesidad de la jurisdicción en el sacramento de la penitencia[38]. Para Mörsdorf, lo que ocurre en este sacramento es paradigmático del carácter sacramental de la Iglesia, carácter que a su vez funda su índole jurídica: en el sacramento, el signo externo causa el signo interno de la gracia; en la penitencia, el reintegro a la comunidad visible de la Iglesia es causa de la *pax cum Deo*[39]. Y de ello se deduce la necesidad de la jurisdicción: si el signo sacramental produce ante todo el reintegro del pecador en la Iglesia, se trata de un acto soberano de la Iglesia que debe ser realizado por un ministro que goce de jurisdicción sobre el pecador. La necesidad de la jurisdicción para la validez del sacramento se basa, por tanto, no en motivos externos, sino en la esencia de la absolución[40]. Comprendemos mejor el pensamiento de nuestro autor si lo encuadramos al interior de una de sus tesis fundamentales: la unidad de la *sacra potestas*, en la cual la dualidad de orden y jurisdicción no rompe tal unidad[41]. El profesor de

---

[37] Según la sistematización escolástica, en todo sacramento se puede individuar un efecto intermedio, llamado *res et sacramentum*, es decir, un elemento que ya es efecto (*res*) del signo sacramental, pero que aún es signo (*sacramentum*) del efecto último del sacramento. Para santo Tomás y la mayoría de los escolásticos, la *res et sacramentum* de la penitencia es la penitencia interior. Tendremos ocasión de volver sobre este argumento en el último capítulo de nuestro estudio.

[38] Se puede ver un elenco de los escritos de Mörsdorf que tratan el argumento en A. CATTANEO, *Questioni*, 96. En esta obra de Cattaneo se puede tener una visión acabada del pensamiento del maestro de Munich. Si se quiere una visión sintética del tema que nos ocupa, se puede recurrir al siguiente artículo del mismo Cattaneo: «Sacramentalidad de la Iglesia y sacramento de la penitencia en la canonística de Klaus Mörsdorf».

[39] Cf. A. CATTANEO, «Sacramentalidad», 227-228.

[40] Cf. A. CATTANEO, *Questioni*, 96-98.

[41] Mörsdorf considera el orden y la jurisdicción como dos elementos fundamentales e inseparables de la *sacra potestas*, que tienen su raíz última en los sacramentos y la Palabra, elementos constitutivos de la Iglesia.

Munich ve en el sacramento de la penitencia, y también en la confirmación y el orden sagrado[42], una clara expresión de cómo el orden y la jurisdicción confluyen en una unidad operativa:

> Sería un error querer considerar la potestad de orden como elemento propiamente sacramental y la decisión soberana (*iudicium*) derivada de la jurisdicción como único sustrato del acto sacramental. Esta última se manifiesta al contrario con la participación inmediata a la acción sacramental, porque la forma de este sacramento es la absolución emitida por el sacerdote; en este sentido es un acto de la jurisdicción, siempre entendido personalmente y operativamente unido al poder que deriva del orden presbiteral[43].

La postura de Mörsdorf ha sido seguida por numerosos canonistas del área germanica, entre los que cabe citar a E. Fischer. Este autor, basándose en los estudios de Poschmann, concluye que el solo motivo tradicional del carácter judicial del sacramento de la penitencia no basta para fundamentar la necesidad de una particular autorización por parte de la Iglesia. Citando al mismo estudioso, afirma que «el único argumento que demuestra válidamente tal exigencia es [...] la función principalmente eclesial del sacramento de la penitencia [...] su objetivo más inmediato es el de restablecer una armonía de relaciones con la comunidad eclesial»[44].

En otras latitudes, la tesis de Mörsdorf ha sido replanteada por el teólogo chileno J. Jiménez. Éste, defiende el carácter constitutivamente jurisdiccional de la actuación del ministro de la absolución, asumiendo también la tesis de que la *pax cum Ecclesia* es la *res et sacrameñtum* de la penitencia. Éstas son sus palabras:

---

[42] Para la argumentación del canonista de Munich respecto de estos dos últimos sacramentos, cf. A. CATTANEO, *Questioni*, 171-176.

[43] A. CATTANEO, *Questioni*, 170-171: «Sarebbe un errore voler considerare la potestà di ordine quale elemento propriamente sacramentale e la decisione sovrana (*iudicium*) derivata dalla giurisdizione quale unico substrato dell'atto sacramentale. Quest'ultima si manifesta al contrario con la participazione immediata all'azione sacramentale, poiché la forma di questo sacramento è l'assoluzione emessa dal sacerdote; in questo senso è un atto della giurisdizione, sempre beninteso personalmente e operativamente unito al potere che deriva dall'ordine presbiterale».

[44] E. FISCHER, «Necessità», 76: «L'unico argomento che dimostra validamente tale esigenza è [...] la funzione principalmente ecclesiale del sacramento della Penitenza [...] il suo scopo più immediato è quello di ristabilire un'armonia di rapporti con la comunità ecclesiale».

CAP. III: NATURALEZA DE LA FACULTAD PARA CONFESAR   143

En la actuación misma de absolver sacramentalmente, -aunque hay simultaneidad de tiempo y hasta identidad real-, hace uso primero (lógicamente) de su «jurisdicción» para así dar la «paz jurídica» con la Iglesia, y sólo después (lógicamente) usa de su poder «de orden» para hacer, mediante él, que ese mismo acto anterior (lógicamente), tenga un último resultado de amistad restituida con Dios, significado y efecto sacramental posterior (al menos lógicamente) al *res et sacramentum*[45].

En suma, vemos en estos autores una defensa de la postura tradicional de la necesidad intrínseca de la jurisdicción en el ministro de la penitencia, pero ya no tanto argumentando como Trento y los autores posteriores en base a la índole judicial de la absolución, sino más bien en base al carácter eclesial del sacramento.

1.4 *Enseñanza del Concilio Vaticano II acerca de la sacra potestas*

El Concilio Vaticano II, como ya señalamos en nuestro primer capítulo[46], no trata directamente de la jurisdicción o facultad para confesar. Con todo, desarrolla algunas materias que indirectamente inciden en nuestro tema. Se trata de la enseñanza conciliar acerca de la potestad sagrada y del ministerio de los presbíteros en relación a los Obispos. Somos conscientes que estas enseñanzas podrían dar lugar a un estudio muy profundizado; a continuación tan sólo presentaremos una visión muy general del primero de estos temas que nos pueda servir como horizonte de comprensión de la naturaleza de la facultad para confesar. En el próximo capítulo tendremos ocasión de referirnos a la enseñanza conciliar sobre el ministerio de los presbíteros en relación a los Obispos.

El Concilio no aborda directamente la tradicional distinción entre potestad de orden y de jurisdicción[47]. La perspectiva de los textos conci-

---

[45] J. JIMÉNEZ, *La penitencia. Sacramento constitutivamente jurisdiccional*, 55-56. El autor, en lo que respecta a la argumentación de lo señalado en la cita, se basa en la tesis de Xiberta y de la Taille. En otras páginas de su estudio, analiza y confuta acerbamente tanto las críticas de Rahner a la necesidad de la jurisdicción como un poder positivo, cuanto su teoría de la potestad ligada (Cf. *Ibid.*, 33-45 y 60-77).

[46] Cf. *supra*, 5.4.

[47] Ello no significa que tal distinción haya sido abrogada. Es verdad que, como señalamos luego, la perspectiva conciliar respecto de la potestad es unitaria; sin embargo, muchos autores enseñan que el Concilio no quiso alterar la doctrina tradicional y que, dentro de aquella unidad, diversos pasajes conciliares sólo se entienden en base a la distinción tradicional (Cf. J.B. BEYER, «De natura», 110-128).

liares es otra: por una parte, utiliza como esquema conceptual el de los *tria munera*; por otra, trata de la *sacra potestas* bajo una óptica unitaria.

Ante todo, el Concilio, en la Const. *Lumen Gentium* recoge la doctrina de los *tria munera* como funciones que se atribuyen por antonomasia a Cristo (cf. LG 13a). Luego, desarrolla como todos los fieles, pastores y laicos, participan, en grados y naturaleza diversos, del triple *munus* del Señor. En particular, enseña que los Obispos por la consagración episcopal reciben la plenitud del sacramento del orden y los *tria munera*, es decir, las funciones de santificar, enseñar y gobernar (cf. LG 21b). También los presbíteros participan de estas funciones (cf. LG 28 y PO 7a).

En lo que respecta a la *sacra potestas*, como señala J.I. Arrieta, «el concepto de potestad fue cautelosamente vigilado en la marcha del Concilio Vaticano II»[48]. Los autores concuerdan en que el Concilio enfatiza la unidad de la misma[49], aunque difieren grandemente en el cómo entender dicha unidad, y en particular acerca del origen de la potestad. La discusión ha estado centrada en torno al origen de la potestad de los Obispos, y las soluciones difieren según se identifiquen o no *munus* y *potestas*[50]. En todo caso, la NEP 2 parece distinguir entre ambos términos[51].

Ahora bien, estudiando los textos conciliares, como afirma Labandeira, aparece con claridad que «la acción de absolver a los pecadores es genuinamente sacerdotal, sacramental y está orientada a la santificación: pertenece al *munus sanctificandi*»[52]. Al tratar del *munus* de santificar de los Obispos, LG 26c enseña que ellos son «los moderadores de la disciplina penitencial». También al interior de la función santificadora está tratado el ministerio de reconciliación de los presbíteros (cf. LG 28a y PO 5a). De un modo más explícito, PO 2b afirma que el Señor instituyó

---

[48] J.I. Arrieta, «"Potestas regiminis"», 527.

[49] Cf. E. Corecco, «Nature», 361; A. Celeghin, «Sacra Potestas: Quaestio post-conciliaris», 166-167.

[50] Cf. G. Ghirlanda, *El Derecho*, 306-307. Para un estudio más profundizado, cf. A. Celeghin, «Sacra Potestas: Quaestio post-conciliaris».

[51] Al respecto, puede ser útil clarificar los términos. *Munus* es más amplio que *potestas*. Por *munus* entendemos «el don que se recibe del Espíritu Santo y la función que hay que desarrollar para cumplir, como servicio, una misión de la que se está investido». *Potestas*, por su parte, es «el derecho y la capacidad de realizar determinados actos» (Cf. G. Ghirlanda, *El Derecho*, 308).

[52] Cf. E. Labandeira, «Naturaleza», 960.

ministros que «tuvieran la sagrada potestad del orden para ofrecer el sacrificio y perdonar los pecados».

¿Cómo se transmite a los ministros esta potestad para perdonar? Todos concuerdan que la *potestas sanctificandi*, a diferencia de las *potestates regendi et docendi*, es también conferida por la ordenación, junto a la participación en los *tria munera*[53]. Otra cosa es que la Iglesia pueda regular el ejercicio de esta potestad que el ministro recibe en la ordenación. La NEP 2 trata de explicar cómo la misión canónica determina el ejercicio de la potestad. Aunque se esté refiriendo directamente a la potestad de régimen de los Obispos, puede darnos luz al respecto. Aquí se encuentra el núcleo del problema respecto de la facultad para confesar, pero a ello nos referiremos más adelante.

2. Facultad en vez de jurisdicción

Hemos concluido recién el estudio del desarrollo que la doctrina acerca de la jurisdicción para confesar conoció en las décadas previas a la codificación de 1983. El resultado de la evolución doctrinal estudiada es el actual canon 966 §1, que introduce, a diferencia del Código anterior que hablaba de jurisdicción, el concepto de facultad para confesar. A lo largo de los párrafos que siguen intentaremos comprender la disposición del canon recién citado mediante el estudio de la noción jurídica de facultad en general, y específicamente, su empleo en el derecho canónico.

2.1 *Facultad en general*

El término facultad ha sido empleado en el ámbito jurídico ya en el derecho romano, aunque con significados muy diversos. Más allá de estos distintos sentidos y de las varias definiciones que puedan dar los autores, facultad, en general, es básicamente una posibilidad de obrar[54]. E. Labandeira recoge las siguientes definiciones de facultad tomadas de la doctrina secular: «posibilidad jurídica de realizar o no un compor-

---

[53] Cf. G. GHIRLANDA, *El Derecho*, 316-324. Las potestades de gobierno y de enseñanza, en cambio, *natura sua*, deben ejercerse en comunión jerárquica (cf. LG. 21). Los autores que identifican *munus* y *potestas* enseñan que esto significa que necesitan de una determinación jurídica para su libre ejercicio. Quienes, en cambio, distinguen *munus* y *potestas* afirman que estas dos potestades son conferidas por la *missio canonica*.

[54] Cf. J. GONZÁLEZ AYESTA, «La noción», 99-100.

tamiento»; «posibilidad de actuar concedida a una persona, por formar parte del contenido de una situación jurídica»[55].

También en el derecho canónico el término facultad ha sido empleado en sentidos muy diversos. Adentrémonos a estudiar estos significados en los Códigos de 1917 y de 1983.

2.2 *Facultad en el Código de 1917 y en los comentadores del mismo*

Ya con anterioridad al Código de 1917, el término facultad había sido empleado en el ámbito canónico para definir un fenómeno jurídico bien preciso que se había desarrollado en gran medida en relación al derecho de las misiones. Se trataba de las llamadas «fórmulas de facultades», las que regulaban, en palabras de González Ayesta, «las concesiones estables que algunas autoridades eclesiásticas superiores hacían a otras inferiores para poder dispensar, absolver, conceder indulgencias o gracias, etc.»[56].

Por su parte, el Código píobenedictino emplea el término facultad con una variedad grande de significados y en contextos muy distintos. McCormack, en una descripción general, señala que puede significar «la delegación de competencia para ejercer algún poder, el permiso para actuar lícitamente, o los derechos inherentes a algún oficio o establecidos para una entera clase o categoría de personas»[57]. Sin embargo, a diferencia del Código actual, el término era utilizado en el ámbito sacramental sólo en el caso de la confirmación (cf. c. 782 CIC 17).

Si bien el Código anterior no nos ofrece ninguna definición de facultad, los comentadores elaborarán una noción del término, especialmente con ocasión del análisis de las «facultades habituales», las que eran reguladas por el c. 66 y consideradas como privilegios *praeter ius*.

Los comentadores precisaban al interior de la noción de facultad la existencia de un sentido amplio y de otro más estricto. G. Michiels, por ejemplo, en el primer caso decía que «facultad en sentido jurídico significa cualquier potestad, fundada ya sea en un derecho propio o ajeno, de

---

[55] E. LABANDEIRA, «Naturaleza», 972.
[56] J. GONZÁLEZ AYESTA, «La noción», 101.
[57] A. MCCORMACK, *The term «Privilege»*, 189: «the delegation of competency to exercise some power, the permission to act licitly, or the rights inherent in some office or established for an entire class or category of persons».

hacer algo válida o lícitamente»[58]. Y luego, refiriéndose al sentido más estricto, que era el contemplado en el c. 66, precisaba que era «la potestad que el Superior eclesiástico dotado de jurisdicción en el fuero externo concede personalmente a alguno que le es súbdito de algún modo, de hacer algo, sea sólo en el fuero de conciencia o también para el fuero externo, de modo válido, lícito o al menos seguro»[59].

Más allá de las distintas definiciones que los autores dan de facultad[60], González Ayesta señala los siguientes elementos comunes: la facultad consiste siempre en una cierta potestad o poder, y al tratarse del sentido estricto de la misma, tal potestad es recibida de un Superior mediante un acto particular y tiene por objeto el realizar algo que es de competencia exclusiva del Superior o que está prohibido por la ley[61].

Por su parte, el autor citado distingue dentro de la noción estricta de facultad dos grandes grupos o tipos de facultad, dependiendo del tipo de potestad que otorgasen:

> Por una parte, aquellas facultades que otorgaban la potestad necesaria para la válida realización de actos –normalmente en favor de otros- que requerían un poder de jurisdicción del cual el destinatario carecía; estas facultades constituían verdaderas delegaciones de potestad y entraban dentro de las que anteriormente hemos llamado «facultades jurisdiccionales» [...]. Por otra parte, aquellas otras facultades, que sin comportar una auténtica delegación de potestad de régimen, servían para remover un obstáculo legal que impedía al destinatario la válida o lícita realización de un determinado acto para el que, de suyo, ya tenía el poder necesario. Eran pues formas de *licencias* o *autorizaciones*, que entraban dentro de las denominadas «facultades no jurisdiccionales»[62].

---

[58] G. MICHIELS, *Normae Generales Iuris Canonici*, II, 654: «Facultas sensu juridico significant quamcumque potestatem, in iure sive proprio sive alieno fundatam, aliquid valide aut licite agendi».

[59] G. MICHIELS, *Normae Generales Iuris Canonici*, II, 654: «*potestas*, quam superior ecclesiasticus jurisdictione in foro externo praeditus cuidam sibi quoquo modo subdito personaliter concedit, *aliquid* sive in foro conscientiae tantum sive etiam pro foro externo valide aut licite aut saltem tuto *agendi*». Como ejemplo de estas facultades se citaba la potestad de dispensar de impedimentos matrimoniales reservados al Papa, la potestad de absolver de censuras o pecados reservados, la potestad de binar la Misa, etc.

[60] Un estudio detallado de las mismas, con las respectivas citas de los autores, se puede ver en J. GONZÁLEZ AYESTA, *La naturaleza*, 99-113 y en ID., «La noción», 103-114.

[61] Cf. J. GONZÁLEZ AYESTA, «La noción», 104-114.

[62] J. GONZÁLEZ AYESTA, «La noción», 115. Como ejemplo de las llamadas facultades jurisdiccionales podemos señalar la concesión de la facultad de dispensar de votos,

Es de notar que para muchos tratadistas las facultades jurisdiccionales eran consideradas las facultades por antonomasia o en sentido estrictísimo[63].

2.3 Facultad en el Código de 1983

Antes de analizar el empleo del término en el ámbito sacramental, y en concreto en el sacramento de la penitencia, debemos estudiar brevemente el uso general de facultad en el Código de 1983 y el concepto de las facultades habituales a que alude el c. 132.

2.3.1 Facultades en general

El término *facultas* es empleado en el Código actual en contextos muy variados. Prescindiendo de ciertos significados particulares de facultad totalmente distintos del uso que ahora nos interesa (cf. cc. 779, 815 y ss., 127, 1300), debemos intentar descubrir una cierta orientación acerca del uso del término en el Código.

R. Torfs, sin profundizar mayormente en su afirmación, distingue cuatro significados de facultad en el Código: facultad de enseñar, posibilidad u oportunidad, capacidad y competencia jurídica[64]. González Ayesta, por su parte, distingue entre posibilidad, oportunidad u ocasión, potestad o competencia y autorización o permiso[65].

Sin duda, el Código no nos ofrece ninguna definición de facultad y, como hemos señalado, sigue utilizando el término con sentidos diversos. Con todo, coincidimos con McCormack quien afirma, después de un exhaustivo estudio del proceso de redacción de los cánones del Código actual en comparación con la normativa anterior, que «aparte del caso especial de su uso en el contexto de la potestad de orden, el proceso de revisión restringiría generalmente el uso de *facultas* a las "facultades jurisdiccionales", las que consisten en potestad eclesiástica delegada mediante una particular o especial concesión»[66]. Se trata de una tenden-

---

irregularidades, impedimentos matrimoniales, etc., o de absolver de censuras o pecados. Ejemplos de las facultades no jurisdiccionales son la concesión de licencia para leer libros prohibidos, para binar, etc.

[63] Cf. G. MICHIELS, *Normae Generales Iuris Canonici*, II, 655.
[64] Cf. R. TORFS, «Auctoritas-potestas-iurisdictio-facultas-officium-munus», 99-100.
[65] Cf. J. GONZÁLEZ AYESTA, «La noción», 118-119.
[66] A. MCCORMACK, *The term «Privilege»*, 196: «Aside from the special case of its use in the context of the power of orders, the revision process would generally restrict the

cia, no de una regla con carácter general, que, con todo, nos puede ayudar a precisar la terminología. Y como el autor citado lo señala, esta tendencia no afecta al uso del término en el ámbito sacramental, uso que requiere de un estudio particular.

En efecto, McCormack prueba, nos parece de un modo concluyente, que en la gran mayoría de los casos en que el Código anterior, los primeros esquemas del actual o incluso documentos postconciliares anteriores a 1983, utilizaban el término *facultas* para referirse al poder ejecutivo unido a un oficio o delegado *a iure*, tal término ha sido reemplazado por otras expresiones que indiquen tales poderes[67]. Del mismo modo, mientras la ley de 1917 empleaba en quince ocasiones *facultas* para referirse a la concesión de autorizaciones (las llamadas facultades no jurisdiccionales), el Código actual en todos los casos ha utilizado otra expresión[68].

Teniendo en cuenta, entonces, la tendencia recién señalada, ¿qué uso del término *facultas* nos queda en el Código de 1983?

Nos parece poder distinguir cinco grandes significados:

1) Siguiendo a McCormack[69], nos parece que el principal uso de *facultas* en el nuevo Código es el de potestad ejecutiva delegada *ab homine*. Tal delegación puede ser hecha tanto a una persona física como jurídica. Podemos señalar como ejemplo las facultades que pueden ser concedidas a los Legados de la Sede Apostólica (cf. c. 364, 8°), al Obispo auxiliar o coadjutor (cf. cc. 403 §§2 y 3, c. 409 §2) y al sacerdote que atiende la parroquia durante la ausencia del párroco (cf. c 533 §3).

---

use of *facultas* to "jurisdictional faculties" which consisted in delegated ecclesiastical power by means of a particular or special concession».

[67] Cf. A. MCCORMACK, *The term «Privilege»*, 197-205 y 211-212. A modo de ejemplo, tan sólo, de poderes anexos al oficio, el c. 657 §2 señala que el Superior puede prorrogar (*prorrogare potest*) el tiempo de la profesión temporal, mientras el anterior c. 577 §2 se refería a la *facultas* del Superior. Respecto de poderes delegados *a iure*, el c. 543 §1 alude a las *potestates omnes dispensandi ipso iure parocho concessae*, mientras el c. 482 del esquema de 1980 se refería en el mismo caso a las *facultates*. Es cierto que se dan algunas excepciones, las que confirman que estamos ante una orientación general más que ante una regla absoluta (Cf. *Ibid.*, 205-211). Estas excepciones se refieren a ciertas potestades ordinarias que son calificadas como facultades, como en el caso de la facultad del canónigo penitenciario a que alude el c. 508 §1, de las facultades del capellán según el c. 566 y de ciertas facultades a que alude la Const. Ap. *Universi Domini gregis* del año 1996.

[68] Cf. A. MCCORMACK, *The term «Privilege»*, 212-214.
[69] Cf. A. MCCORMACK, *The term «Privilege»*, 215.

Dentro de esta categoría de facultades colocamos también las facultades habituales a que alude el c. 132, a las que nos referiremos con más detención algo más adelante.

2) Ciertas potestades ordinarias que son denominadas como facultades, siendo ello, como ya indicamos, una excepción a la tendencia general del nuevo Código. Además de las facultades del canónigo penitenciario y del capellán, ya aludidas, podemos citar aquí las facultades señaladas por los cc. 667 §4, 690 §2 y 555 §1[70].

3) Facultad significa también posibilidad u oportunidad de actuar. Tal uso aparece principalmente en el ámbito procesal. Es el caso de los cc. 695 §2, 697 §2, 1569 §1, 1659 §1 y 1720, 1°.

4) En algunos pocos casos, el término mantiene el sentido de autorización, licencia o permiso. Se trata de los cc. 174 §1, 1281 §1 y 1482 §1. A estas situaciones habría que agregar la facultad para predicar a que alude el c. 764, la que sería una licencia concedida *a iure*.

5) Finalmente, nos queda el uso de facultad en el ámbito sacramental, lo que constituye una innovación del Código actual que estudiaremos luego con detención. Preferimos hacer de las facultades en el ámbito sacramental una categoría *a se*, aun cuando adelantándonos a lo que diremos más adelante, muchos autores las asimilan a las licencias o autorizaciones. Ello es cierto, sin duda, para la facultad para asistir al matrimonio (cf. c. 1111), pero no es tan evidente respecto de la facultad para confirmar o para oír confesiones.

Si usamos la clasificación empleada por los comentaristas del Código de 1917, ¿cómo podemos clasificar estos diversos sentidos de facultad? Dejando de lado, por ahora, las facultades sacramentales[71], la primera categoría corresponde sin duda a las facultades jurisdiccionales. La segunda y la tercera caben dentro de la noción amplia de facultad entendida como mera posibilidad de obrar. Finalmente, *facultas* como licen-

---

[70] Todas estas excepciones a la tendencia general son un signo para McCormack de una distracción del legislador o de la ausencia de una explícita política general que haya guiado en esta materia el proceso de revisión (Cf. *The term «Privilege»*, 205).

[71] Denominamos facultades sacramentales a las facultades que el Código vincula a la administración de los sacramentos de la confirmación (cf. c. 882) y de la penitencia (cf. c. 966) y a la asistencia al matrimonio (cf. c. 1111). Preferimos, en cambio, reservar el nombre de facultades ministeriales para las anteriores más la facultad para predicar (cf. c. 764).

CAP. III: NATURALEZA DE LA FACULTAD PARA CONFESAR   151

cia o autorización correspondería a las llamadas facultades no jurisdiccionales.

Con posterioridad al Código de 1983, E. Labandeira ha retomado la clasificación empleada por la doctrina anterior, distinguiendo entre facultades en sentido propio y en sentido impropio. Las primeras son «aquellas cuya concesión entraña efectivamente la adquisición de un verdadero poder de que anteriormente se carecía»[72]. En las segundas, en cambio, «no aumenta la potestad del sujeto, sino que simplemente se cumple un requisito para remover un obstáculo que impide el ejercicio de un poder que al sujeto corresponde»[73]. A grandes rasgos esta clasificación corresponde a los dos grandes tipos de facultades que habíamos individuado dentro de la noción estricta acuñada por la doctrina anterior.

2.3.2 Las facultades habituales: c. 132

El c. 132 §1 establece que «las facultades habituales se rigen por las prescripciones sobre la potestad delegada». ¿Qué son estas facultades habituales? Ya durante la vigencia del Código anterior, que las colocaba entre los privilegios *praeter ius* (cf. c. 66 CIC 17), la doctrina mucho discutió acerca de su naturaleza[74]. En sede de revisión del Código volvió a surgir la discusión[75]; finalmente, como señala García Martín, «considerando el desacuerdo existente entre los consultores, se decidió determinar el modo como son reguladas las facultades habituales sin hacer mención a su naturaleza jurídica»[76].

El conocer la naturaleza de las facultades habituales a que alude el c. 132 puede influir en la noción de la facultad para confesar que es el objeto de nuestro estudio. En efecto, como veremos, algunos autores sostienen que las facultades en el ámbito sacramental son una especie de las facultades habituales contempladas en el c. 132. De ser así, el influjo de un concepto sobre otro es evidente. Al contrario, si se considera que

---

[72] Cf. E. LABANDEIRA, «Naturaleza», 975.
[73] Cf. E. LABANDEIRA, «Naturaleza», 975.
[74] Cf. J. GONZÁLEZ AYESTA, «La noción».
[75] Cf. *Communicationes* 23 (1991) 197.
[76] J. GARCÍA MARTÍN, «Le facoltà», 664: «considerando il disaccordo esistente tra i Consultori, fu deciso di determinare il modo come sono regolate le facoltà abituali senza fare menzione della loro natura giuridica».

estamos frente a dos figuras jurídicas distintas, dicho influjo es mucho menor. Analicemos las distintas posibilidades.

a) *Las facultades sacramentales, una especie dentro de las facultades habituales del c. 132*

Existen autores que parten del c. 132 para definir la naturaleza de las facultades en el ámbito sacramental. Quien lo afirma con mayor claridad es García Martín: «de las facultades habituales trata el Código en el c. 132, como norma general y en otros cánones como aplicación particular»[77]. Las conclusiones que se deducen de esta afirmación son perfectamente lógicas. Luego de probar, con argumentos que nos parecen bastante convincentes[78], que las facultades habituales deben entenderse sólo en el sentido de facultades jurisdiccionales, es decir, como concesión de potestad de gobierno, concluye que la concesión de la facultad para confirmar o de confesar a un presbítero constituye una verdadera concesión de jurisdicción. Nuestro autor lo afirma explícitamente en varias ocasiones[79]. El que el Código hable, respecto de la confesión, de *facultas*, se trata de un cambio sólo terminológico; es más, sostiene que el Código debería haber mantenido la terminología anterior de *potestas iurisdictionis, ordinaria vel delegata*[80]. Esta conclusión nos parece algo insólita; contradice la explícita afirmación de los miembros de la comisión redactora del Código de no identificar la facultad para confesar con la potestad de gobierno[81] y va contra lo señalado por la mayoría de los comentadores posteriores, que señalan que ya no se requiere jurisdicción en el ministro de la absolución[82]. Nos parece que la causa fundamental

---

[77] J. GARCÍA MARTÍN, «Le facoltà», 659: «Delle facoltà abituali tratta il Codice nel can. 132, come norma generale e in altri canoni come applicazione particolari». No hay duda que dentro de estas aplicaciones particulares comprende el uso de facultad en el ámbito sacramental. Lo prueba la nota a pie de página en que cita el índice de Ochoa y las numerosas explícitas alusiones en el mismo artículo.

[78] Cf. J. GARCÍA MARTÍN, «Le facoltà», 671-679. Aunque en esto, no todos concuerdan. Urrutia, p. ej., sostiene que no siempre estas facultades son potestad ejecutiva de gobierno. Con todo, este último autor no trata la relación entre las facultades habituales y las facultades en el ámbito sacramental (Cf. *Facoltà abituali*, 480).

[79] Cf. J. GARCÍA MARTÍN, «Le facoltà», 668-671 y 676-677.

[80] Cf. J. GARCÍA MARTÍN, «Le facoltà», 669-670.

[81] Cf. *Communicationes* 10 (1978) 56.

[82] Citaremos algo más adelante algunos de estos autores cuando estudiemos cómo entienden los comentadores del Código de 1983 la naturaleza de la facultad para confesar. Un comentario análogo podríamos hacer respecto de la facultad otorgada a un pres-

CAP. III: NATURALEZA DE LA FACULTAD PARA CONFESAR   153

del error está en la premisa inicial: hacer de las facultades habituales el género del cual las demás facultades son sólo una especie[83].

J.I. Arrieta, por su parte, también ve en las facultades sacramentales una especie dentro de las facultades habituales, pero con la salvedad que señala que se trata de facultades habituales en sentido impropio. Sólo a las facultades habituales en sentido propio atribuye un contenido jurisdiccional[84]. González Ayesta parece seguir la misma línea[85]. No obstante que estos dos autores consideren las facultades sacramentales una especie de las facultades habituales, al afirmar que lo son sólo en sentido impropio, llegan a conclusiones similares a las que hacemos nuestras en los párrafos que siguen.

b) *Las facultades sacramentales y las facultades habituales, dos figuras jurídicas distintas*

Otros autores, a diferencia de los anteriores, tienden a ver, tanto en las facultades en el ámbito sacramental como en las facultades habituales, figuras jurídicas *a se*, sin que las primeras sean una especie de las segundas. Entre estos autores, cabe citar a E. Corecco[86] y E. Labandeira[87].

---

bítero para administrar el sacramento de la confirmación. La doctrina, después del Código de 1983, ha abandonado la teoría de que el ministro extraordinario requeriría de jurisdicción para poder confirmar. También aludiremos más adelante a la naturaleza de la facultad para confirmar.

[83] García Martín utiliza otros argumentos para sostener el carácter jurisdiccional de la facultad para confesar (Cf. «Le facoltà», 668). Señala que la facultad debe ser entendida como competencia sobre los fieles y tal competencia la identifica con la potestad de gobierno o de jurisdicción. Sin embargo, pensamos que competencia se puede entender también en un sentido amplio, sin que signifique una identificación en el sentido técnico con la potestad de jurisdicción. Por otra parte, cita el elenco de privilegios y facultades de los Cardenales, al cual hemos aludido en otra ocasión (cf. *supra*, nota 110 del cap. II), el cual identifica los términos *facultas* y *potestas*. Sin embargo, nos parece que se trata aquí de una imprecisión terminológica en un documento menor que no tiene la importancia como para determinar el sentido de los términos utilizados en el Código.

[84] Cf. J.I. ARRIETA, *Diritto dell'organizzazione ecclesiastica*, 207-210.

[85] Cf. J. GONZÁLEZ AYESTA, «La specificità». El autor no trata directamente de la relación entre ambos conceptos, pero de hecho cita a Arrieta y parece seguir su postura.

[86] Cf. E. CORECCO, «Nature», 385.

[87] Cf. E. LABANDEIRA, *Trattato di diritto amministrativo canonico*, 125-126. Ya señalamos que este autor distingue entre facultades en sentido propio e impropio. Considera las facultades habituales a que alude el c. 132 una especie de las facultades en sentido propio, mientras que coloca las facultades sacramentales dentro de las facultades en sentido impropio.

Nos parece que ésta es la postura correcta. Facultades habituales y facultades sacramentales son dos especies distintas dentro del concepto genérico de *facultas*.

Pensamos que el c. 132 al hablar de facultades habituales está pensando en un instituto jurídico *a se*. Lo afirmamos, en primer lugar, por motivos históricos, ya que el origen del concepto está en las facultades que la Santa Sede solía conceder a los Obispos y demás Ordinarios, sobre todo en el ámbito del derecho de las misiones[88]. Por otra parte, más allá de las distintas maneras de conceptualizarlas, así lo ha entendido la doctrina posterior a ambos Códigos[89].

Por otra parte, sostenemos que el concepto de facultad habitual ha sido restringido a las llamadas facultades jurisdiccionales. Es cierto que durante la vigencia del Código píobenedictino los autores, comentando el antiguo c. 66, distinguían, como hemos tenido ocasión de señalar, entre facultades jurisdiccionales y no jurisdiccionales. Pero en el nuevo Código, las facultades habituales están tratadas, no ya en el contexto de los privilegios, sino dentro del título de la potestad de régimen. La concesión de licencias, en cambio, que la doctrina anterior vinculaba a las facultades no jurisdiccionales, viene ahora separada, tratada al interior de los rescriptos (cf. c. 59 §2).

¿Qué son, entonces, las facultades habituales? Siguiendo a De Paolis podemos definirlas como «poderes, para un conjunto de casos, o por un tiempo indefinido, no conexos *ipso iure* al oficio, pero concedidos por el Superior (delegación *ab homine*) a determinadas personas en cuanto titulares de un oficio»[90]. Se trata, en palabras de González Ayesta, quien ha estudiado con mayor profundidad la figura, de «una particular forma o modalidad de delegación en la cual hay una finalidad precisa: la de dotar a un oficio de un radio de competencias mayor del trazado por la ley constitutiva del oficio mismo»[91].

---

[88] Cf. J. González Ayesta, *La naturaleza*, 99-101 y 114.

[89] Cf., para la doctrina de los comentadores del Código de 1917, J. González Ayesta, «La noción». Y para la doctrina actual, Id., «La specificità».

[90] V. De Paolis, «Il libro», 440: «poteri, per un insieme di casi, o per un tempo indefinito, non connessi *ipso iure* all'ufficio, ma concessi dal superiore (deleghe *ab homine*) a determinate persone in quanto titolari di ufficio».

[91] J. González Ayesta, «La specificità», 201: «una particolare forma o modalità di delega in cui vi è una precisa finalità: quella di dotare un ufficio di un raggio di competenze maggiore di quello delineato dalla legge costitutiva dell'ufficio stesso».

El aclarar que las facultades sacramentales no son una especie dentro de las facultades habituales nos permite, además de descartar un influjo en la determinación de la naturaleza de la figura jurídica, iluminar también el régimen jurídico aplicable a las facultades sacramentales. Las facultades habituales, a grandes rasgos, se rigen por las disposiciones de la potestad delegada (cf. c. 132 §1)[92]. No podemos decir lo mismo respecto de las facultades sacramentales, al menos en la facultad requerida en la confirmación y en la penitencia. En estos casos, a diferencia de lo que sucede con las facultades habituales, la facultad no es subdelegable. Por lo demás, los cánones respectivos evitan expresamente el utilizar el término delegación. En todo caso, volveremos más adelante a tratar el régimen jurídico aplicable a la facultad para confesar.

Finalmente, conviene disipar un posible equívoco. En la mayoría de los casos, la facultad para confesar será habitual, en el sentido de que es concedida para un número indeterminado de casos. Pero esto no nos debe llevar a confundir la figura con las facultades habituales a que alude el c. 132. Repetimos, el c. 132 se refiere a la facultad habitual en sentido técnico, la cual constituye una figura jurídica *a se*.

2.3.3 Las facultades en el ámbito sacramental

Antes de entrar a analizar directamente la naturaleza de la facultad para confesar, debemos detenernos brevemente a considerar el empleo del término *facultas* en el ámbito sacramental. Es ésta una novedad del Código actual; la legislación anterior sólo hablaba de facultad respecto del sacramento de la confirmación. La nueva disciplina, en cambio, se refiere a la facultad en el contexto de tres sacramentos: la confirmación (cf. c. 882), la penitencia (cf. c. 966 §1) y el matrimonio (cf. c. 1111).

A primera vista, podría pensarse que el estudio conjunto de estas tres situaciones iluminaría la naturaleza de la facultad para confesar. Ello sería así si el término *facultas* estuviera empleado en un sentido unívoco respecto de cada uno de estos tres sacramentos. Es lo que parece insinuar el c. 144 §2, el cual alude conjuntamente a la facultad en estos tres casos. ¿Pero, estamos realmente ante un uso unívoco de *facultas*? Se trata de un tema poco explorado por la doctrina[93]. Indicaremos a conti-

---

[92] Con algunos matices. Cf. J. GONZÁLEZ AYESTA, «La specificità», 202-206.

[93] Los autores que hemos estudiado se limitan en general a constatar, lo que es efectivo, la explícita voluntad de no usar una terminología jurisdiccional en este ámbito (Cf. J. GONZÁLEZ AYESTA, «La noción» 100). Pero salvo E. Corecco, que luego citaremos, no

nuación sólo algunas ideas generales, conscientes de que la materia merecería un estudio más profundizado, que rebasa los límites de nuestro trabajo.

En el Código píobenedictino, la regulación de cada uno de estos tres sacramentos era distinta. Sólo respecto de la confirmación se empleaba el vocablo *facultas*, la cual era requerida para que el ministro extraordinario pudiera administrar el sacramento (cf. c. 782 CIC 17). La doctrina mucho discutía acerca de la naturaleza de tal facultad; el P. Cappello, por ejemplo, distinguía cinco diversas opiniones de los autores[94]. Ya sabemos que el antiguo c. 872 requería en el ministro de la penitencia «potestad de jurisdicción, ordinaria o delegada, sobre el penitente». Finalmente, en el caso del matrimonio, el c. 1095 §2 aludía a la licencia (*licentia*) que un sacerdote podía recibir para asistir válidamente a un matrimonio fuera de su jurisdicción. ¿Cuál era la naturaleza de esta licencia? La doctrina entendía que quien asistía al matrimonio «no ejerce una potestad de orden o de jurisdicción, sino que asiste como testigo cualificado [...] testigo a quien la Iglesia presta fe, al mismo modo que la presencia del notario y de los testigos es requerida para la validez de algunos actos en materia civil»[95].

La nueva disciplina utiliza en los tres supuestos anteriores el término *facultas*. Sin embargo, pensamos que no se puede afirmar *simpliciter* que se está ante un uso unívoco de facultad. Nos parece evidente que el uso del término en el caso de la asistencia al matrimonio es diverso que en el caso de la confirmación y la penitencia. En estos dos últimos sacramentos, la facultad es necesaria en el ministro, como un añadido a su potestad de orden, para la válida administración del sacramento. En el caso del matrimonio, en cambio, los ministros son los contrayentes; la facultad es requerida en el ministro cualificado de la Iglesia para asistir válidamente a la celebración. También es diferente el régimen jurídico aplicable. Mientras el Código emplea la terminología de la delegación para la facultad para asistir al matrimonio (cf. cc. 1111-1113), respecto de la confirmación y la penitencia se usa una terminología distinta, y no

---

profundizan en el uso común de *facultas* para estos tres sacramentos; a lo más se detienen en uno de estos sacramentos.

[94] Cf. F.M. CAPPELLO, *Tractatus canonico-moralis de Sacramentis*, I, 181-183.

[95] P. GASPARRI, *Tractatus canonicus de matrimonio*, 104: «exercere ullam potestatem ordinis aut iurisdictionis, sed assistere tamquam testem qualificatum [...] testem, cui Ecclesia fidem habet, ad eum modum quo presentia notarii et testium pro validitate nonnullorum actuum in materia civili requiritur».

puede afirmarse que se apliquen totalmente las normas de la delegación (en concreto, en lo que respecta a la subdelegación).

Sin duda, el caso de la confirmación y de la penitencia se asemejan más. En ambos casos, el origen histórico de la actual facultad es similar. En los primeros siglos de la historia de la Iglesia, al igual que la penitencia, sólo el Obispo administraba la confirmación. De ahí que LG 26 afirme que el Obispo es el «ministro originario» de la confirmación. Por otra parte, si nos fijamos en la regulación de la facultad, ésta es bastante parecida. En ambos casos, la facultad se puede obtener *ipso iure* o por especial concesión de la autoridad competente (cf. cc. 882 y 966 §2). En ambos casos, se puede afirmar lo que dice Arrieta: «además de la radical habilitación ontológica que recibe el sujeto con el sacramento del orden, se requiere una específica capacidad jurídica, que no es propiamente potestad de régimen, atribuida por la legítima autoridad eclesiástica»[96]. Con todo, no deja de haber diferencias. Mientras que en la penitencia siempre se requiere la facultad, en la confirmación sólo la requiere quien no es el ministro ordinario (y en la mayoría de los casos confirma el Obispo como ministro ordinario; será más bien una excepción que confirme un presbítero dotado de facultad).

¿Cómo explica la doctrina la naturaleza de la facultad en estos tres sacramentos? En el caso del matrimonio, pensamos que siguen vigentes las palabras de Gasparri arriba citadas[97]. En sede de revisión del Código se hizo expresa mención que la asistencia al matrimonio no es un acto de jurisdicción sino una función que se ejerce en nombre de la Iglesia[98]. En el caso de la confirmación, la doctrina mayoritaria sostiene que la facultad consiste en una autorización para ejercer un poder recibido por vía sacramental. Así lo explica E. Tejero:

> en nuestros días [...] se tiene por cierto que, en virtud de su ordenación, [el presbítero] recibe un poder de confirmar, que, para su válido ejercicio, necesita una autorización, dado que el derecho de la Iglesia ha limitado ese

---

[96] J.I. ARRIETA, *Diritto dell'organizzazione ecclesiastica*, 210: «oltre alla radicale abilitazione ontologica che riceve il soggetto col sacramento dell'ordine, si richiede una specifica capacità giuridica, che non è propriamente potestà di regime, attribuita dalla legittima autorità ecclesiastica».
[97] En L. CHIAPPETTA, *Il Codice di Diritto Canonico*, 362, por ejemplo, se puede ver una noción análoga de la facultad para asistir al matrimonio.
[98] Cf. *Communicationes* 10 (1978) 88.

poder del presbítero en función del reconocimiento hecho al poder originario del Obispo sobre este sacramento[99].

En los párrafos que siguen abordaremos directamente el argumento acerca de la naturaleza de la facultad para confesar. Antes de hacerlo, podemos esbozar algunas conclusiones acerca del uso de *facultas* en el ámbito sacramental. Ya dijimos que se trata de una categoría jurídica *a se*, que debe distinguirse de las facultades habituales a que alude el c. 132. De modo general, *facultas* parece tener en estos tres sacramentos el significado de licencia. Pero tal significado tiene un sentido diverso en el caso del matrimonio, por un lado, y de la confirmación y la penitencia, por otro[100]. Sólo en estos dos últimos sacramentos podemos decir que la facultad constituye una licencia que regula el ejercicio de la potestad de orden del ministro. Sin duda, el sentido del uso de *facultas* es bastante similar en la confirmación y la penitencia. Sin embargo, pensamos que la naturaleza propia de cada sacramento hace que el término *facultas* comporte también algunos matices propios en cada uno de ellos. Si bien en ambos casos la facultad parece tener una función sólo formal, que no concurre intrínsecamente en la administración del sacramento (ésta sería efecto sólo de la potestad de orden)[101], nos parece ver en la facultad para confesar una riqueza de contenido y significado que no se encuentra en la facultad para confirmar[102]. Ello quedará más claro en la medida en que profundicemos el análisis de la facultad para confesar.

---

[99] E. TEJERO, «Can. 882» 533.

[100] J. Huels, quien ha estudiado con detención el empleo del término *licentia* en el Código, señala que el uso del mismo es batante versátil, adquiriendo matices de significado diversos según el contexto en que es empleado (Cf. «Permissions», 35-48).

[101] Cf. E. CORECCO, «Nature», 386.

[102] En cuanto al contenido, lo trataremos en el párrafo que sigue. En cuanto al significado, lo desarrollaremos en el último capítulo de nuestro trabajo. Para que se entienda lo que queremos expresar, adelantamos aquí sólo alguna idea. Quizás en ningún otro sacramento como en la penitencia (y ciertamente en un grado mucho mayor que en la confirmación) la acción del ministro es tan importante para la fructuosidad del sacramento. Es por ello que, a diferencia de la confirmación, en la penitencia la facultad dada al ministro tiene también un sentido de protección y garantía a los fieles de parte de la Iglesia.

2.3.4 La facultad para confesar

a) *Una terminología nueva*

El uso de la fórmula facultad para confesar no es del todo nuevo. Es interesante notar que ya antes del Código de 1983 se empleaba con alguna frecuencia la locución «facultad para confesar o para absolver», tanto en documentos legislativos[103] como en manuales jurídicos[104]. Ello puede entenderse ya sea en el sentido amplio de la noción de facultad a que hemos aludido (posibilidad de obrar), ya sea en el sentido de las facultades jurisdiccionales, dentro de las cuales a menudo estaba comprendida la concesión de la facultad de absolver pecados reservados (y sabemos que se requería de jurisdicción para poder absolver).

Pero sin duda el Código actual, al emplear la locución en el c. 966 §1, lo hizo con un objetivo preciso: el no usar una terminología jurisdiccional. En efecto, los miembros de la comisión redactora dejaron constancia del siguiente principio: «la absolución no es un acto de la potestad de régimen o de jurisdicción, la cual hoy se distingue bien de la potestad que mira a la conciencia»[105]. Sin embargo, fuera de esta afirmación, las actas de la comisión no nos dicen nada más acerca de la opción por el uso de *facultas*. Por tanto, la cuestión acerca de la naturaleza de esta facultad ha quedado abierta a la discusión de la doctrina.

b) *Doctrina posterior al Código de 1983*

¿Cómo han entendido los comentadores del c. 966 §1 la naturaleza de esta facultad?

La mayoría de los autores son concordes en el afirmar que la absolución es sólo un acto de la potestad de orden. Tal es la enseñanza, entre otros, de los ya citados Loza, Molina, Salachas y De Paolis. Este último, por ejemplo, señala que «la absolución sacramental es por tanto ejercicio del poder de orden; es una potestad de santificación, mediante la

---

[103] Cf. BENEDICTO XIV, encíclica *Apostolicum ministerium*, 30 mayo 1753, in *CICF* II, n. 425 § 8, 394, donde se habla de «*confessiones audiendi facultatem* [...] *praedictam facultatem concedere*».

[104] Cf. F.M. CAPPELLO, *De Poenitentia*, 245, donde se habla de «*facultatem confessiones audiendi, seu iurisdictionem*».

[105] *Communicationes* 10 (1978) 56: «Absolutio enim non est actus potestatis regiminis seu iurisdictionis, quae hodie bene distinguitur a potestate quae conscientiam respicit».

remisión de los pecados, en virtud de la particular configuración con Cristo cabeza, mediante la sagrada ordenación (cf. can. 1008)»[106]. Sólo algunos autores alemanes, influidos por la doctrina de Mörsdorf, continúan considerando la potestad de jurisdicción como elemento integrante de la absolución sacramental[107]. Pero tal postura va contra la explícita voluntad del legislador, como hemos notado más arriba.

Por otra parte, para calificar la facultad, la mayor parte de la doctrina coincide en que ella es una autorización o licencia para el válido ejercicio de dicha potestad de orden. Así se expresan, por ejemplo, F. Loza: «la autorización jerárquica para ejercerlo [el poder de perdonar los pecados]»[108]; V. De Paolis: «la autorización a ejercer el poder de orden»[109] y E. Corecco: «"facultas" [...] cuyo significado es evidentemente más cercano a la noción de autorización que a la noción de poder»[110]. Sin duda, la misma redacción del c. 966 §1 parece confirmar lo que dicen estos autores: *«facultate gaudeant eandem* [la potestad de orden] [...] *exercendi».*

Ahora bien, la mayoría de los autores se ha limitado a afirmar que la facultad es una licencia para ejercer la potestad de orden, sin detenerse a explicar cómo obra esta licencia. E. Labandeira es de los pocos que se ha adentrado a analizar esta licencia o autorización. De modo general, señala que en el derecho se requiere una autorización cuando

> un sujeto capaz de actuar en cualquier sentido encuentra un obstáculo a su actividad por la existencia de una prohibición general, en materias que están sometidas a la regulación de la autoridad. Precisamente lo que hace la autorización es remover ese obstáculo legal para ejercitar el poder o derecho del sujeto en ese caso determinado[111].

---

[106] V. DE PAOLIS, «Il Sacramento della penitenza», 197: «L'assoluzione sacramentale è dunque esercizio del potere di ordine; è una potestà di santificazione, attraverso la remissione dei peccati, in forza della particolare configurazione a Cristo capo, mediante la sacra ordinazione (cf. can. 1008)».

[107] Entre los autores que sostienen tal posición, tenemos a H. Pree, R. Weigand y K. Walf (Cf. A. CATTANEO, *Questioni*, 396).

[108] F. LOZA, «Can. 966» 780.

[109] V. DE PAOLIS, «Il Sacramento della penitenza», 197: «la autorizzazione a esercitare il potere di ordine».

[110] E. CORECCO, «Nature», 381: «"facultas" [...] dont la signification est évidemment plus proche de la notion d'autorisation que de la notion de pouvoir».

[111] E. LABANDEIRA, «Naturaleza», 977.

En el caso de la facultad para confesar, ésta permite ejercer una potestad que el sacerdote ya recibió en la ordenación, pero que está retenida por voluntad de la Iglesia. Labandeira distingue entre el acto que otorga la facultad y el contenido de la misma. En cuanto al acto que la otorga, es «el acto de la potestad de régimen por el que se deja expedita la potestad de orden de un sacerdote para absolver los pecados»[112]. En cuanto al contenido de la facultad, no le asigna ningún contenido positivo, sino sólo negativo: «la remoción de un obstáculo para que un sacerdote pueda ejercitar la potestad de perdonar los pecados que ha recibido por vía sacramental»[113].

c) *Una distinción fundamental*

La distinción recién indicada entre el acto que concede la facultad y el contenido de la misma nos parece de capital importancia. Sin duda, ya no se requiere potestad de jurisdicción en el ministro para poder confesar. Pero siempre se puede afirmar que el poder del ministro depende de la potestad de jurisdicción. En efecto, ya sea que la facultad se obtenga *ipso iure* o por especial concesión de la autoridad (cf. c. 966 §2), ella se obtiene mediante un acto de jurisdicción o de gobierno, legislativo en el primer caso, administrativo en el segundo. Lo mismo puede decirse del cese o revocación de la facultad[114]. De ahí que se pueda afirmar con Diego-Lora que el poder de absolver es «un poder sacerdotal propiamente dicho, pero sometido en su origen y ejercicio a justos límites de naturaleza jurisdiccional»[115].

Esto nos muestra que a pesar del importante cambio terminológico efectuado por el Código de 1983 el problema de fondo sigue siendo substancialmente el mismo: cómo se conjugan el orden y la jurisdicción en la administración del sacramento. Ya no se afirma que ambos poderes deban concurrir en el ministro, pero se trata, sí, del poder de orden que es siempre regulado por la jurisdicción, y en el caso de la penitencia, incluso para la validez del sacramento. Ello nos conduce a un tema muy amplio que luego abordaremos: el de la potestad de la Iglesia sobre los sacramentos.

---

[112] E. LABANDEIRA, «Naturaleza», 981.
[113] E. LABANDEIRA, «Naturaleza», 981.
[114] Cf. *supra*, el segundo capítulo de nuestro estudio, 2.1.
[115] C. DE DIEGO-LORA, «La disciplina», 929.

d) *Evaluación de la doctrina actual*

Volviendo a la explicación de la noción de facultad como licencia, común a gran parte de los autores posteriores al Código, ella parece coincidir con la teoría que hemos calificado de la potestad ligada propugnada por Karl Rahner. En efecto, para todos estos autores, el sacerdote recibe en la ordenación la potestad que lo habilita a absolver los pecados, pero al sostener que además se requiere una licencia de parte de la Iglesia, parecen suponer la existencia de una prohibición previa al ejercicio de dicha potestad. La facultad viene siendo la licencia que remueve este óbice o prohibición, al menos con respecto a determinados fieles. Como escribe Labandeira, «la facultad lo único que hace es quitar un obstáculo que la Iglesia ha puesto al ejercicio de la potestad de orden, con lo cual esa potestad de orden queda expedita, y el sujeto es libre de ejercerla»[116].

¿Qué pensar de esta explicación? Se trata de una solución fácil, que sin duda resuelve muchos problemas, ya que permite también explicar la facultad para confirmar de que goza el presbítero en la Iglesia latina[117] y quizás también la discusión acerca de la potestad de conferir las órdenes[118].

Pero no faltan las dificultades. Ya citamos a Suárez, para quien es difícil de explicar que la Iglesia pueda privar de todo efecto un poder dado por Cristo[119]. De modo más general, aparece extraño que la Iglesia

---

116 E. LABANDEIRA, «Naturaleza», 980.

117 Labandeira aplica la misma solución a la confirmación (Cf. «Naturaleza», 980). A. Mostaza, quien ha estudiado ampliamente el tema de la potestad de confirmar de los presbíteros, sigue la misma línea: «al hecho, pues, de que la Iglesia ha reservado a los Obispos el ministerio de la confirmación, prohibiéndoselo a los presbíteros, se debe el que no puedan éstos ejercer válidamente dicho ministerio en la Iglesia latina sin atenerse a las prescripciones del derecho universal» (ID., «Confirmación», 163).

118 Rahner, como ya señalamos, aplica explícitamente esta teoría a los tres sacramentos (Cf. *De poenitentia*, 561-562). También lo insinúa G. Ghirlanda, al menos respecto de la confirmación y del orden (Cf. *El Derecho*, 318). En cuanto al orden, esta teoría de la potestad ligada explicaría ciertos testimonios históricos que muestran que presbíteros habrían conferido las órdenes, incluso mayores. Los presbíteros tendrían en virtud de la ordenación el poder de conferir las órdenes, pero tal poder se encuentra hoy día ligado por la Iglesia, reservándolo exclusivamente a los Obispos. Pero en alguna circunstancia histórica, la Iglesia lo habría desligado, concediendo la respectiva facultad al presbítero.

119 Suárez, en realidad, aducía esta dificultad en respuesta a la tesis de Martín de Azpilcueta; *a fortiori*, se aplica también a la teoría de la potestad ligada. Abordaremos poco más adelante la temática de la potestad de la Iglesia sobre los sacramentos.

confiera el sacramento del orden e inmediatamente prohiba su ejercicio para luego concederlo nuevamente mediante la facultad.

Por otra parte, entendida del modo recién señalado, la solución adoptada por el Código ha sido calificada por E. Corecco de formalista o positivista[120]. Por una parte, constata, la administración de la penitencia es considerada como efecto exclusivo de la potestad de orden, el único poder con contenido material. Pero por otra parte, un poder sólo formal, la jurisdicción, que obra desde fuera, termina en la práctica imponiéndose. Éstas son sus palabras:

> Ni la *nota explicativa praevia* ni el nuevo Código, sin embargo, dan una explicación plausible para comprender cómo la *potestas iurisdictionis* entendida de modo formal pueda, llegado el caso, anular el efecto mismo del poder de orden, sin que este último cese desde el punto de vista conceptual de ser una *potestas* verdadera y propia. Se trata entonces de un sistema que atribuye últimamente una prioridad eclesiológica a la jurisdicción sobre el poder de orden[121].

Las palabras de Corecco aluden en el fondo al problema del poder de la Iglesia sobre los sacramentos, que luego trataremos[122]. En todo caso, esta crítica de Corecco, que nos parece acertada, y las mismas dificultades que arriba aludíamos, nos llevan a preguntarnos si no habrá alguna otra explicación posible acerca de la naturaleza de la facultad. Es lo que trataremos de responder en el párrafo que sigue.

e) *Otra posible explicación de la facultad:*
la asignación de los fieles a la potestad del ministro

Al inicio de este capítulo señalábamos que al interior de la doctrina que hacia mediados del siglo recién pasado buscaba reformular el concepto clásico de jurisdicción para confesar se podían distinguir dos vertientes, que denominamos respectivamente teoría de la asignación de súbditos y teoría de la potestad ligada. Quienes han comentado el c. 966

---

[120] E. CORECCO, «Nature», 388-389.
[121] E. CORECCO, «Nature», 386 : «Ni la *Nota explicativa praevia*, ni le nouveau code cependant, ne donnent une explication plausible pour comprendre comment la *potestas iurisdictionis* entendue de manière formelle, peut le cas échéant annuler l'effet même du pouvoir d'ordre, sans que ce dernier cesse pour autant du point de vue conceptuel d'être une *potestas* vraie et propre. Il s'agit donc d'un système qui attribue ultimement une priorité ecclésiologique à la juridiction sur le pouvoir d'ordre».
[122] Al tratar el problema de la razón por la cual la facultad es *ad validitatem* tendremos ocasión de presentar la propuesta positiva de Corecco.

§1 del Código actual calificando la facultad como una licencia para ejercer la potestad de orden, parecen seguir, como recién señalábamos, esta última teoría. Sin embargo, nos parece que tanto desde un punto de vista histórico como del análisis de la disciplina vigente se dan elementos para replantear la teoría de la asignación de súbditos[123].

El estudio histórico que realizamos en el primer capítulo de nuestro trabajo nos mostró que el poder de confesar siempre ha estado reservado a quien detenta un oficio que comporta la *cura animarum*. En los primeros siglos los fieles recibían el sacramento de su Obispo. Más adelante, al generalizarse la penitencia privada, los cánones de sínodos y concilios insistirán en la confesión ante el *proprius sacerdos*. Si los fieles podían acudir a otros sacerdotes, era porque el Superior de dichos fieles, es decir quien tenía la *cura* de ellos (el Obispo o el párroco), concedía licencia o, como se dirá a partir del siglo XII, jurisdicción a otros sacerdotes para que puedan confesarlos.

Si analizamos la normativa codicial, vemos que en substancia ella mantiene los mismos principios. La facultad dice siempre relación a fieles determinados sobre los que se puede ejercer la potestad de orden. El c. 966 §1 así lo indica: «*eandem in fideles, quibus absolutionem impertitur, exercendi*». Ahora bien, esta facultad se puede tener *ipso iure* o por concesión de la autoridad competente (cf. c. 966 §2). En ambos casos, la facultad se ejerce respecto de ciertos determinados fieles. Quienes la tienen *ipso iure*, son titulares de oficios que comportan la *cura animarum*, y la tienen respecto de los fieles a ellos encomendados. Cuando la facultad es concedida por la autoridad competente, la pueden conferir sólo los enumerados en el c. 969, todos los cuales son titulares de un oficio que comporta la cura de almas. Y es de notar que se debe dar siempre una relación de Superior-súbdito entre quien concede la facultad y los fieles que han de ser confesados, y no necesariamente entre el concedente de la facultad y el sacerdote que la recibe. Es decir, el razonamiento es el siguiente: el Papa en todo el mundo y los Obispos dentro de su jurisdicción tienen la *cura animarum* de los fieles a ellos encomendados. Como ellos no pueden confesar directamente a todos los fieles, los encomiendan a tal efecto a otros sacerdotes, sea confiriéndoles a éstos un oficio con cura de almas, sea concediéndoles la

---

[123] El único autor que después de la promulgación del Código insinúa, aunque no desarrolle el tema, la posibilidad de explicar la facultad para confesar como asignación de súbditos es José María Díaz Moreno (Cf. «Las innovaciones», 281-282).

CAP. III: NATURALEZA DE LA FACULTAD PARA CONFESAR   165

facultad de confesarlos. Podría objetarse a todo esto lo dispuesto en los §§ 2 y 3 del c. 967 que confieren, con las salvedades que ya hemos estudiado, facultad para confesar en todo el mundo. En realidad, esta extensión universal de la facultad es un segundo momento, al menos desde un punto de vista lógico, que siempre supone que la facultad se tenga previamente sea por oficio o por alguna concesión. Y de hecho, al perderse este supuesto, cae también la extensión universal de la facultad[124].

El análisis efectuado nos muestra que la facultad para confesar comporta siempre la asignación o encargo de ciertos fieles sobre los cuales se puede ejercer la potestad de orden. Pensamos que esta explicación tiene un sólido sustento en la naturaleza misma del sacramento de la penitencia. Es doctrina común que el signo de todo sacramento está constituido de materia y forma, es decir, de un elemento determinable y otro determinante[125]. Normalmente, la intención del ministro, manifestada en las palabras de la forma, determina la materia del sacramento de modo tal que el signo sacramental pueda ser un vehículo de la gracia. Sin embargo, a diferencia del resto de los sacramentos, en la penitencia la materia próxima no es una acción del ministro, sino una acción del penitente. Más exactamente, los actos del penitente, a saber, la contrición, la confesión y la satisfacción constituyen la materia o quasimateria del sacramento[126]. En este caso, al no tratarse de actos propios, el sacer-

---

[124] Tampoco debe objetarse la aparente excepción de la facultad de los Cardenales (cf. c. 967 §1). Es cierto que el cardenalato no es un oficio con cura de almas. Pero el principio no cambia, ya que en este caso, el Papa, mediante la ley universal, confía a los Cardenales los fieles del mundo entero como eventuales penitentes. Lo mismo vale para los Obispos que no tienen el encargo de una Iglesia particular.

[125] Cf. M. NICOLAU, *Teología del signo sacramental*, 187. La calificación teológica sería de doctrina católica.

[126] Cf. CONCILIO DE TRENTO, Sess. 14, Decr. *De paenitentia et unctione extrema*, in *DS* 1674 y 1704. El mismo Concilio de Trento enseña que estos actos del penitente se requieren por institución divina para la integridad del sacramento y para la plena y perfecta remisión de los pecados (cf. *DS* 1674). Definamos muy brevemente cada uno de estos actos. La contrición «es el dolor del alma y detestación del pecado cometido con el propósito de no pecar en adelante» (*Ibid.*, in *DS* 1676: «animi dolor ac detestatio est de peccato commisso, cum proposito non peccandi de cetero»). La confesión es la manifestación al confesor de «todos y cada uno de los pecados mortales de los cuales se tenga memoria después de un serio y diligente examen» (*Ibid.*, in *DS* 1707: «omnia et singula peccata mortalia, quorum memoria cum debita et diligenti praemeditatione habeatur»). Toda la tradición de la Iglesia recomienda también vivamente la confesión de los pecados

dote debe poder disponer de los actos del penitente para integrarlos en el signo sacramental. Es decir, debe poder recibir la confesión del penitente, completarla eventualmente mediante oportunas preguntas, ponderar la contrición del mismo e imponerle finalmente la satisfacción a realizar.

Ahora bien, para que tales actos pasen a integrar el signo sacramental, ¿basta la sola voluntad del penitente de someterse a cualquier confesor? En abstracto, podría pensarse que sí. Sin embargo, como hemos tenido ocasión de ver, históricamente no ha bastado. Siempre ha sido la Iglesia, el Papa y los Obispos, quienes han confiado los fieles en cuanto penitentes a determinados sacerdotes. ¿Obedece esta constatación a una voluntad de Cristo o a una disposición eclesiástica? Como vimos al inicio de este capítulo[127], el Navarro veía en ella sólo la voluntad de la Iglesia. Otros, por el contrario, como el Panormitano, el Ostiense y el Paludano, citados por Suárez y, en tiempos modernos, Charrière, han afirmado que es *ex institutione Christi*. Pensamos que ciertamente el Señor ha confiado a la Iglesia la dispensación de los sacramentos en general, y en el caso particular de la penitencia, ha confiado el perdón de los pecados al juicio de la Iglesia. En base a este encargo, la Iglesia se ha reservado el determinar sobre qué fieles en concreto el sacerdote puede ejercer el poder recibido en la ordenación. Esta reserva tiene, como decíamos, su razón de ser más profunda en la naturaleza del sacramento de la penitencia. En efecto, los actos del penitente que el sacerdote debe poder disponer tienen un valor psicológico y personal muy fuerte. El sacerdote debe poder entrar, en cierto modo, en la conciencia del penitente para poder juzgar de sus disposiciones. De ahí que los pastores en la Iglesia, que tienen el cuidado de los fieles, han tenido especial preocupación de cuidar a quién los confían para el perdón de los pecados[128].

---

veniales (cf. *DS* 1707 y CEC 1493). Finalmente, la satisfacción está constituida por las obras de penitencia que el penitente debe realizar para remediar los desórdenes causados por el pecado (cf. *DS* 1689-1693).

[127] Cf. *supra*, 1.2.1.

[128] Como vimos en el primer capítulo de nuestro estudio, ya santo Tomás había desarrollado el argumento de que el sacerdote debía poder disponer de los actos del penitente. Cf. *Suppl.* q. 8, a. 4. Con todo, él enfatizaba el que el sacerdote pudiera imperar la ejecución de tales actos, de lo cual deducía la necesidad de la jurisdicción en el ministro. Con nuestra explicación enfatizamos en cambio el que el sacerdote pueda disponer de tales actos para integrarlos en el signo sacramental.

CAP. III: NATURALEZA DE LA FACULTAD PARA CONFESAR

A propósito no hemos hablado de asignación de súbditos, sino de asignación o encargo de fieles en cuanto penitentes. En efecto, si bien los fieles que se asignan son súbditos del respectivo Superior, no lo son necesariamente del sacerdote que recibe la facultad. El sacerdote dotado de facultad no recibe un poder de gobierno sobre el penitente; éste le ha sido confiado sólo en cuanto pecador[129]. Si no reparamos en esta diferencia, nuestra explicación no haría sino replantear la doctrina tradicional de la necesidad de jurisdicción en el sacerdote, doctrina que estaba fundada en el carácter judicial del sacramento[130]. Nosotros, en cambio, queremos enfatizar que la facultad es un encargo con una fuerte connotación pastoral: un encargo de la Iglesia al sacerdote y a la vez una

---

[129] Los autores antiguos a menudo se planteaban la situación del sacerdote que confesaba a un Superior (el confesor del Obispo o del Papa, por ejemplo), en cuyo caso no podía tener jurisdicción sobre su penitente. Santo Tomás respondió a la dificultad diciendo que el Superior era súbdito de su confesor sólo en cuanto pecador. Cf. *Suppl.* q. 20, a. 3, ad 1. Este caso límite nos muestra que el concepto de súbdito no es el más adecuado para plantear la relación confesor-penitente.

[130] Es importante subrayar este matiz ya que, en la práctica, muchos de los autores antiguos que hablaban de asignación de súbditos entendían por ella una concesión de jurisdicción, o al menos un complemento de la misma. Suárez, comentando estas teorías, decía que la Iglesia cuando da súbditos, da jurisdicción (Cf. *De sacramento poenitentiae*, 355). Por otra parte, de modo más general, sabemos que los autores medievales consideraban materia de la penitencia el pecador en cuanto súbdito. Santo Tomás decía que «el ejercicio de las llaves [del poder de "atar y desatar", es decir, de perdonar los pecados] necesita de una materia apta, que es el pueblo sometido por la jurisdicción». (*Suppl.* q. 17, a. 2, ad 2: «Executio clavis indiget materia debita, quae est plebs subdita per iurisdictionem»). Como sabemos, hasta no hace mucho tiempo, la doctrina ha insistido en el carácter de súbdito que debe tener el pecador para ser materia apta del sacramento en razón del carácter judicial del mismo. El juez debe tener jurisdicción sobre el reo. Nosotros pensamos, como lo desarrollaremos en el capítulo que sigue, que los sacerdotes son constituidos jueces mediante la ordenación. Además, se trata aquí de una jurisdicción del todo peculiar, no parangonable con el resto de la jurisdicción eclesiástica. Por lo que si bien podría decirse también que la facultad asigna los súbditos a tal jurisdicción, preferimos no utilizar esta terminología para no caer en el equívoco de identificar la facultad con un poder de gobierno (potestad de jurisdicción en el sentido clásico de la expresión). Por lo demás, pensamos que la facultad viene exigida por la Iglesia no sólo por este carácter judicial del sacramento (el cual en ningún caso negamos), sino también por su carácter eclesial y por una exigencia de tutela de los fieles, lo cual tiene su fundamento en la naturaleza de la materia del sacramento que el sacerdote debe conocer y disponer. Reflexionaremos con mayor profundidad en el último capítulo acerca del sentido de la facultad para confesar, es decir, el porqué la Iglesia la pide y qué es lo que ella expresa.

garantía a los fieles. Es un encargo que proviene de la jurisdicción, pero que no es jurisdicción.

Con esta explicación se sigue afirmando que el sacerdote absuelve sólo en virtud del poder recibido en la ordenación. Sin embargo, esta potestad no puede ejercerse, no por estar impedida en sí misma, sino por no poder disponer el ministro de la materia propia del sacramento mientras la Iglesia no se la asigne[131]. Es como si el sacerdote no pudiera consagrar al faltarle el pan y el vino[132]. Ya no hay necesidad de hablar de una potestad que está ligada, ella en sí misma está toda expedita[133]. Ade-más, se evita así la crítica de Corecco, el cual calificaba, no sin razón, de formalista una solución que sostenga que una facultad vacía de todo contenido material sea capaz de invalidar el poder recibido en la ordenación. En efecto, con nuestra explicación la facultad no está vacía de contenido; si bien no tiene un contenido propiamente jurisdiccional, supone siempre un encargo de fieles al cuidado pastoral de un sacerdote.

En terminología jurídica, esta facultad es la *missio canonica*[134] por medio de la cual se determina o concretiza la potestad ya recibida por medio de la ordenación. Bien puede aplicarse a ella la descripción que hace W. Bertrams. Según este autor, la *missio* determina «las personas y

---

[131] Esto sólo puede sostenerse en estos términos respecto de la penitencia. Ya que, dejando de lado el matrimonio, en el cual el sacerdote no es ministro, en todos los demás sacramentos el disponer de la materia sacramental depende de la propia voluntad del ministro.

[132] Cf. TOMÁS DE AQUINO, *In Sent.* 4, Dist. 19, q. 1, a. 2, sol. 3, ad. 1.

[133] Podría, sin embargo, decirse que la teoría de la potestad ligada en el fondo no difiere substancialmente de nuestra explicación, en cuanto que la facultad siempre desata la potestad respecto de determinados fieles. Es cierto. Pero con nuestra explicación nos ahorramos el tener que decir que la Iglesia, junto con conferir la ordenación, prohibe su ejercicio, para luego permitirlo nuevamente al otorgar la facultad (tres actos que a menudo coincidirían temporalmente, lo que hace más ilógica la teoría). Aquí es más simple: la Iglesia confiere la ordenación y luego determina sobre quienes se puede ejercer. Pensamos, como veremos luego, que se simplifica también la explicación de por qué la facultad es para la validez del sacramento.

[134] La *missio canonica* puede entenderse de dos modos. Uno, *ut determinatio potestatis*, en el caso de una potestad que ya se tiene. Otro, *ut medium quo potestas confertur*, cuando la potestad no se tiene previamente (Cf. A. CELEGHIN, «Sacra Potestas: Quaestio post-conciliaris», 223). En el caso de la potestad de orden, y en concreto de la potestad de absolver, es claro que ella se obtiene por medio de la ordenación. Luego, la *missio* tiene el sentido de *determinatio potestatis*.

causas que están en concreto sometidas a la potestad; no constituye la potestad misma, pero la hace jurídicamente eficaz»[135].

f) *¿De derecho divino o de institución eclesiástica?*

Ahora bien, retomemos una pregunta que nos hacíamos algunos párrafos atrás: la exigencia de la facultad, la necesidad de esta *missio*, ¿es de derecho divino o de institución eclesiástica?

La dispensación de los sacramentos ha sido confiada por Cristo a la Iglesia. Toda la potestad de la Iglesia, también la potestad de orden, debe realizarse en la Iglesia y para ella. De ahí que la Iglesia deba regular su ejercicio al exigirlo la finalidad eclesial de la potestad. Podemos afirmar, entonces, que es de derecho divino el que la Iglesia tenga la potestad de regular la dispensación de los sacramentos (cf. c. 841). ¿Se puede afirmar lo mismo del modo como la Iglesia regula los sacramentos? ¿En concreto, se puede afirmar que el Señor dispuso que, a tenor del c. 966 §1, no bastara en el sacerdote la sola potestad de orden para la absolución válida de los pecados, sino que se requiere además una determinación jurídica?

Si seguimos la teoría que hemos denominado de la potestad ligada, la exigencia de la facultad para confesar es ciertamente de institución eclesiástica. La Iglesia, por motivos que considera de especial gravedad, ha decidido prohibir el ejercicio del poder de absolver mientras ella no otorgue una particular licencia o facultad[136]. Pero al no haber ningún motivo intrínseco al sacramento que la exija, bien podría la Iglesia en el futuro levantar tal prohibición, no necesitándose en adelante la licencia.

Si seguimos, en cambio, la explicación de la asignación de fieles, la respuesta no es tan evidente. ¿Proviene de la voluntad del Señor el que sean los pastores de la Iglesia quienes asignen a los sacerdotes los fieles a quienes pueden perdonar? Un indicio en tal sentido lo encontramos en el hecho de que la Iglesia siempre lo ha dispuesto de este modo. Sin

---

[135] W. BERTRAMS, «De potestatis», 463-464: «personae et causae, quae potestati in concreto subsunt; potestas ipsa ita non constituitur, sed iuridice efficax redditur». En esta cita, Bertrams se refiere directamente a la *missio* que determina la potestad de gobierno, la cual para él es concedida en su esencia mediante la ordenación. Pero en otro artículo suyo, él señala que esta *missio* se requiere para el ejercicio de todas las potestades recibidas en la ordenación, incluida la de santificación (Cf. «De differentia», 199-203).

[136] Esta teoría supone el que la Iglesia tiene la potestad de impedir incluso *ad validitatem* el ejercicio del poder de absolver. Abordaremos en el siguiente apartado la problemática que hay detrás de esta afirmación.

embargo, no tenemos los elementos para afirmarlo de modo absoluto. Podría también afirmarse que en virtud de las características peculiares de la penitencia –el que el perdón se confíe al juicio de la Iglesia y el que la materia del sacramento sean los actos del penitente con todo lo que ello implica– la Iglesia se ha entendido autorizada desde un principio a reservarse la asignación de los fieles concretos sobre los que el sacerdote pueda ejercer su poder sacerdotal[137]. En este caso, sería de determinación eclesiástica[138].

g) *Algunos aspectos complementarios*

Antes de terminar este apartado, permítasenos señalar algunos puntos para concluir esta reflexión acerca de la naturaleza de la facultad para confesar.

En primer lugar, pensamos que en estricto rigor el c. 967 §1 no debería aludir a la facultad del Romano Pontífice ni tampoco a la del Obispo, al menos en su diócesis. El Papa, por derecho divino, tiene «la potestad ordinaria, que es suprema, plena, inmediata y universal en la Iglesia, y que puede siempre ejercer libremente» (c. 331). Su potestad no requiere de ninguna determinación jurídica para ejercerse. Lo mismo se puede decir respecto del Obispo diocesano dentro de los límites de su jurisdicción (cf. c 381 §1)[139].

¿Qué normativa aplicar a la facultad para confesar?[140] Desde luego, se aplican los cánones que la regulan directamente (cc. 966-977). Pen-

---

[137] En principio, nada obstaría a que en el futuro la Iglesia pudiera confiar en el momento mismo de la ordenación todos los fieles a todo sacerdote.

[138] De ser así, las dos teorías concuerdan en el fondo en cuanto hacen depender de la voluntad de la Iglesia el concreto ejercicio de la potestad de orden. Pero difieren en el modo: en la primera, la Iglesia es capaz de anular la potestad misma, ligándola; en la segunda, la Iglesia deja intacta la potestad misma, su influjo directo se extiende sólo a la materia (sólo indirectamente a la potestad). Éste es uno de los motivos por el que nos parece más atendible esta segunda explicación. Entenderemos en todo caso mejor lo dicho aquí en la tercera parte de este capítulo cuando tratemos del influjo de la Iglesia sobre los sacramentos.

[139] Cf. E. CORECCO, «Nature», 383.

[140] J. Huels ha estudiado la normativa aplicable en general a las facultades y licencias (Cf. «Permissions», 48-56). Con todo, lo señalado por este autor no siempre será válido para la facultad para confesar, dada la peculiaridad de ésta. Habrá que estudiar cada canon en particular para ver si es o no aplicable.

samos que más allá de si se considere la facultad una licencia o no[141], en virtud de la naturaleza de la misma, el c. 59 §2 tiene aplicación para la concesión de la facultad. En este sentido, se debe tener en cuenta lo dispuesto en los cc. 63, 65, 66 y 67 §3. De modo más general, la concesión y la revocación de la facultad habrán de seguir, si no consta otra cosa, las normas generales sobre los actos administrativos singulares.

Por otra parte, el c. 995 del CCEO señala lo siguiente: «las prescripciones del derecho sobre potestad de régimen ejecutiva, si otra cosa no dispone el derecho común o no consta por la naturaleza del objeto, valen también [...] de las facultades que se requieren por derecho para la válida celebración o administración de los sacramentos». ¿Podemos afirmar lo mismo para la disciplina latina? Por una parte, el CCEO no recoge lo dispuesto en el c. 144 §2 respecto de la suplencia de las facultades en el ámbito sacramental, por lo que sin duda el c. 995 recién citado está aludiendo a tal suplencia. Pensamos que, con la salvedad establecida en el mismo canon citado, vale decir, « si otra cosa no dispone el derecho común o no consta por la naturaleza del objeto», podemos aplicar a la facultad para confesar lo dispuesto en los cc. 136[142], 142[143] y 143[144]. Pero no se aplica el c. 137; la facultad para confesar no puede «subdelegarse»[145].

---

[141] En realidad, en razón de la versatilidad del uso canónico del concepto de *licentia*, como ya indicamos en la nota 101 de este capítulo, no vemos dificultad en decir que la facultad es una licencia en sentido amplio.

[142] El canon corresponde a lo que explicamos en el capítulo segundo acerca del ámbito de ejercicio de la facultad.

[143] Este canon se aplicaría en cuanto complemento a los cc. 974 y 975. Esto es, agregaría como causas para la pérdida de la facultad el transcurso del plazo o el agotamiento de los casos para los que la facultad fue concedida y el haber cesado la causa final de la misma (ej., si fue concedida para una misión, al concluir ésta). También se aplica a la facultad concedida por la autoridad competente la parte final del §1 del c. 142: no se extingue al cesar la potestad del concedente, a no ser que ello hubiera constado en la concesión. Pensamos que también tendría aplicación el §2 del c. 142: «Sin embargo, el acto de potestad delegada que se ejerce solamente en el fuero interno es válido aunque, por inadvertencia, se realice una vez transcurrido el plazo de la concesión».

[144] En virtud del §2 del canon, en caso de recurso o apelación contra la privación o remoción de un oficio que comporta la facultad para confesar, ésta queda suspendida mientras no se resuelva el recurso o apelación.

[145] Cf. lo señalado *supra* en el segundo capítulo, 1.2.2, a.

3. ¿Por qué *ad validitatem*?

Una vez estudiada la naturaleza de la facultad para confesar, debemos abordar una interrogante que muchos formulan al encontrarse con el c. 966 §1: ¿cómo puede depender la validez de un sacramento de una determinación jurídica? Es decir, ¿por qué, dándose los elementos esenciales del sacramento, a saber, materia, forma e intención del ministro, con todo, puede la Iglesia disponer que la absolución no sea válida? El problema se hace más acuciante hoy día, estando claro que el perdón de los pecados es un efecto de la sola potestad que el ministro recibe en la ordenación. En efecto, cuando se pensaba que la jurisdicción concurría intrínsecamente a producir el perdón de los pecados, su exigencia *ad validitatem* era fácilmente explicable.

Dado el carácter eclesial de los sacramentos, es decir, el que ellos existan por la Iglesia y para la Iglesia (cf. CEC 1118), es fácil entender que la Iglesia deba regularlos (cf. c. 838 §1). El c. 841 establece que «junto con aprobar o definir lo que se requiere para su validez», le corresponde a la Iglesia «establecer lo que se refiere a su celebración, administración y recepción lícita». Es ésta la razón de ser del libro IV del Código. En este sentido, nadie podría objetar que la Iglesia exija la facultad a que alude el c. 966 §1 para la lícita administración del sacramento de la penitencia. Sin embargo, la Iglesia la exige para la validez, al menos desde el siglo XII, cuando los conceptos de validez y licitud se distinguieron con claridad.

El responder a la interrogante que preside este apartado nos lleva a estudiar un problema mucho más profundo: ¿cuál es la potestad de la Iglesia sobre los sacramentos? Supuesto que se den sus elementos esenciales, ¿puede la Iglesia privar totalmente de efecto un sacramento? Somos conscientes que el responder a estas preguntas merecería mucho más que las pocas páginas que les vamos a dedicar. Con todo, aunque sea brevemente, no podemos dejar de esbozar una respuesta para entender el porqué de la exigencia *ad validitatem* del c. 966 §1.

3.1 *Respuesta tradicional*

Durante siglos se explicó la exigencia de la jurisdicción como una necesidad intrínseca del sacramento, por lo que no había dificultad en considerarla necesaria para la validez de la absolución. La doctrina tradicional decía, en efecto, que la penitencia es un juicio y todo juicio debe ser ejercido sobre un súbdito, es decir, sobre quien el juez tenga jurisdicción para juzgar. Tal como una sentencia dictada por un juez sin jurisdicción sobre el reo es inválida, del mismo modo la absolución impartida por un sacerdote sin jurisdicción sobre el penitente es también inválida[146].

Por otra parte, la explicación elaborada por Mörsdorf y seguida por muchos de sus discípulos según la cual la jurisdicción en el ministro corresponde a una necesidad intrínseca del sacramento al ser la *pax cum Ecclesia* la *res et sacramentum* de la penitencia nos lleva a análogas conclusiones. En efecto, un ministro que no está dotado de jurisdicción por la Iglesia no puede reconciliar con ella, por lo que no podrá producirse el efecto último del sacramento (*res tantum*), la reconciliación con Dios. Una vez más, la jurisdicción es necesaria *ad validitatem*.

En ambos casos, vemos que aceptada la premisa inicial, la necesidad intrínseca de la jurisdicción para el efecto de la absolución, el resto es una conclusión lógica. Pero, ¿qué sucede cuando ya no se sostiene esa premisa inicial, es decir, cuando se considera que la facultad concurre extrínsecamente al efecto del sacramento y no se le atribuye ya un contenido jurisdiccional? Es lo que estudiaremos en los párrafos que siguen.

3.2 *Planteamiento del problema*

Después de la promulgación del nuevo Código parece evidente que la única potestad esencialmente necesaria para absolver los pecados es la potestad recibida en la ordenación. Ya no se requiere jurisdicción en el ministro, sino sólo la facultad a que alude el c. 966 §1. Por mucho que se afirme que la exigencia de esta facultad tiene un sólido fundamento en la naturaleza del sacramento de la penitencia, ella siempre obra *ab extrinseco* en lo que respecta al efecto de la absolución.

Hemos visto que existen dos explicaciones posibles acerca de la naturaleza de la facultad para confesar. Una, considera que la potestad del ministro está ligada por la Iglesia y afirma que la facultad sería una licencia que, removiendo tal obstáculo, es decir, desatando la potestad,

---

[146] Así comentaba L. Miguelez el antiguo c. 872: «De aquí es que, si falta la jurisdicción en el confesor, el penitente no es súbdito suyo; no hay en ese caso sujeto apto sobre quien pueda recaer la absolución, la cual si se diera, sería de suyo inválida por falta de sujeto pasivo. No puede decirse que una potestad sea más o menos esencial que la otra, pues las dos lo son igualmente» (Cf. «Comentario al c. 872», 336). Un razonamiento análogo se encuentra, por lo demás, en el capítulo séptimo de la doctrina sobre la penitencia de Trento (Cf. *DS* 1686).

permite ejercerla. Otra, considera que la potestad recibida en la ordenación está libre y expedita en sí misma, pero no puede ejercerse mientras la Iglesia no le confíe los fieles a los cuales pueda impartir el perdón. Aquí, la facultad es la *applicatio materiae*, es decir, la determinación o asignación de los fieles sobre los cuales puede ejercerse la potestad del ministro.

Siendo la exigencia de la facultad *ad validitatem*, si se acepta la primera explicación, la de la potestad ligada, la pregunta fundamental es si la Iglesia tiene el poder de atar la potestad de orden de modo tal de llegar a anular su efecto. La facultad obra aquí a nivel de la potestad del ministro. Si se acepta, en cambio, la teoría de la asignación de fieles, la pregunta fundamental pasa a ser si la Iglesia tiene el poder de reservarse en este caso la *applicatio materiae*. La facultad obra aquí a nivel, no de la potestad del ministro, sino de la causalidad material del sacramento. En esta segunda teoría, la pregunta tiene importancia sólo si se considera que el hecho que la Iglesia asigne al ministro los fieles sobre los que puede ejercer su potestad es de institución eclesiástica. En efecto, si se considerara, como lo han pensado a lo largo de la historia no pocos autores, que ello es por voluntad del Señor, la pregunta ya no tendría sentido. El cumplir con una institución del Señor será siempre necesario para la validez de un sacramento[147].

Reiteramos que el objetivo de estos párrafos es el de indagar el poder de la Iglesia de influir, no sobre la licitud del sacramento, lo que no causa ninguna dificultad, sino sobre la validez del mismo. Tampoco se trata del poder de la Iglesia de definir los elementos que por derecho divino son necesarios para la validez de los sacramentos, lo que tampoco plantea mayores problemas[148], sino del poder que tendría para determinar, más allá de lo que es de derecho divino, otros elementos o condiciones para la validez del sacramento[149].

---

[147] Como señalamos hace poco (cf. 2.3.4, f), pensamos que no se puede afirmar con certeza que sea de derecho divino el que la Iglesia asigne al sacerdote los fieles sobre los cuales puede ejercer su poder sacerdotal. De ahí que debamos abordar el problema de la potestad de la Iglesia de reservarse esta asignación.

[148] Pensamos que es a este poder de la Iglesia al que alude el c. 841 cuando dice «aprobar o definir lo que se requiere para su validez».

[149] Un ejemplo puede aclarar la diferencia. Cuando el can. 6 del decreto sobre la penitencia de Trento declara que la confesión sacramental ha sido instituida y es necesaria para la salvación por derecho divino (cf. *DS* 1706), la Iglesia sólo está ejerciendo su poder de definir un elemento que por derecho divino es necesario para la validez de la

CAP. III: NATURALEZA DE LA FACULTAD PARA CONFESAR   175

Para poder responder a las interrogantes arriba indicadas tendremos que preguntarnos de modo general sobre la potestad de la Iglesia sobre los sacramentos. Necesariamente nuestra investigación no podrá reducirse al solo caso de la penitencia, sino que deberá ampliarse al resto de los sacramentos. Estamos ante un problema que ha interesado durante siglos a la teología y a la canonística y que no termina de hallar una solución definitiva. Ciertamente no pretendemos realizar un estudio acabado acerca de la materia; tan sólo abordaremos algunos aspectos y daremos algunas opiniones que nos permitan encuadrar adecuadamente la respuesta a la pregunta que nos interesa directamente. Esta pregunta es, lo señalamos una vez más, si la Iglesia tiene poder para determinar, por sobre lo que es de derecho divino, la validez de un sacramento.

3.3 *Tres principios fundamentales*

Señalamos a continuación tres principios fundamentales que nos han de guiar en nuestra investigación.

3.3.1 El *usus Ecclesiae*

En primer lugar, en el estudio de la materia que ahora nos interesa, debemos atribuir una gran importancia al *usus Ecclesiae*. En efecto, como dice Y. Congar, «la Iglesia, estando regida y gobernada por el Espíritu Santo, no puede, en una práctica verdaderamente común, caer en el error [...] Pero es sobre todo en materia sacramental que el uso de la Iglesia aparece aportando indicaciones decisivas con un valor normativo»[150].

---

penitencia, al menos en las circunstancias ordinarias. Nadie discute este poder de la Iglesia, al menos en campo católico. Al contrario, en los párrafos que siguen nos preguntamos si la Iglesia tiene el poder de exigir otros elementos, que no se remontan a la institución del Señor, para la validez del sacramento. Por derecho divino, el sacramento del orden habilita al ministro para absolver de los pecados. ¿Puede la Iglesia prohibir, bajo pena de nulidad, el ejercicio de la potestad de orden mientras la misma Iglesia no otorgue una especial licencia? Por derecho divino, bastaría, quizás, que todo fiel que se acerca al sacerdote esté contrito y haga una completa confesión de sus pecados para que pueda recibir válidamente la absolución. ¿Puede la Iglesia impedir tal efecto mientras ella no asigne al sacerdote los fieles a los cuales puede absolver?

[150] Y. CONGAR, *Sainte Eglise*, 275: «l'Eglise, étant régie et gouvernée par le Saint-Esprit, ne peut, dans une pratique vraiment commune, tomber dans l'erreur [...] Mais c'est surtout en matière de sacrements que l'usage de l'Eglise apparaît comme apportant des indications décisives et ayant une valeur normative».

En base a este principio, sería al menos aventurado el afirmar que la Iglesia se hubiera equivocado al exigir una determinación jurídica en el ministro de la penitencia, al menos desde el s. XII, *ad validitatem*. Debemos entonces buscar una explicación válida para este hecho que nos presenta el *usus Ecclesiae*. El mismo principio valdrá para otros hechos que la historia de los sacramentos nos presente[151]. Al contrario, el que la Iglesia en el campo sacramental nunca haya hecho algo será un indicio probable de que no pueda hacerlo, sobre todo después de veinte siglos de historia. Pero esto último es un indicio; no puede plantearse como un principio absoluto.

3.3.2 La potestad de la Iglesia sobre los sacramentos *salva illorum substantia*

El alcance de la potestad de la Iglesia sobre los sacramentos ha inquietado siempre a teólogos y canonistas. Con ocasión de la doctrina de la comunión bajo las dos especies, el Concilio de Trento establece un principio fundamental para encuadrar nuestro estudio, al afirmar que el poder de la Iglesia tiene como límite la substancia de los sacramentos. He aquí las palabras del Tridentino:

> Declara además [el santo Concilio] que siempre ha existido en la Iglesia el poder, en la dispensación de los sacramentos, salva la substancia de ellos [*salva illorum substantia*], de establecer o mudar aquellas cosas que, según la variedad de las cosas, tiempos y lugares, juzgara convenir más a la utilidad de los que los reciben o a la veneración de los mismos sacramentos[152].

Mucho se discutió después de Trento acerca del significado del *salva illorum substantia*[153]. El Papa Pío XII, en la constitución apostólica *Sacramentum ordinis*, declaró que la substancia de los sacramentos está constituida por «aquellas cosas que, de acuerdo al testimonio de las

---

[151] Especialmente cuando en estos hechos, el *usus Ecclesiae* se prolongue en el tiempo y esté respaldado por la legislación universal o por una sólida doctrina. De no ser así, más que de un *usus* podría tratarse de un *abusus*.

[152] CONCILIO DE TRENTO, Sess. 21, Decr. *De communione eucharistica*, in *DS* 1728: «Praeterea declarat, hanc potestatem perpetuo in Ecclesia fuisse, ut in sacramentorum dispensatione, salva illorum substantia, ea statueret vel mutaret, quae suscipientum utilitati seu ipsorum sacramentorum venerationi, pro rerum, temporum et locorum varietate, magis expedire iudicaret».

[153] Un resumen de las distintas opiniones y de la bibliografía acerca de la materia se puede ver en M. NICOLAU, «Función», 97.

fuentes de la divina revelación, el mismo Cristo Señor estableció fueran observadas en el signo sacramental»[154]. Con todo, siempre queda un amplio margen para la especulación acerca del alcance del poder de la Iglesia. En efecto, ¿hasta donde Cristo instituyó los elementos de cada sacramento? Si la Iglesia establece, más allá de la institución divina, un elemento para la validez del sacramento, ¿queda salvaguardada la substancia del mismo? Pronto tendremos ocasión de responder a estas preguntas.

3.3.3 Elementos esenciales para la validez de un sacramento

Es doctrina común lo enseñado por el decreto para los armenios del Concilio de Florencia de que para la validez de un sacramento se requiere que el ministro tenga la debida intención y que concurran la materia y forma debidas. Estas son las palabras del Concilio: «Todos estos sacramentos se realizan por tres elementos, a saber, por cosas como materia; por palabras como forma y por la persona del ministro que confiere el sacramento con la intención de hacer lo que hace la Iglesia. Si alguno de ellos falta, no se realiza el sacramento»[155]. Esta doctrina de Florencia había sido ya claramente expuesta por santo Tomás de Aquino[156].

A los tres elementos señalados, habría que agregar un requisito por parte del sujeto pasivo del sacramento: si es un adulto que goza del uso de razón, debe tener la intención, al menos habitual, de recibir el sacramento[157].

3.4 *Un intento de solución*

Habiendo establecido los tres principios anteriores que constituyen un marco de referencia fundamental para nuestra investigación, podemos ahora adentrarnos a tratar de solucionar el fondo del asunto que nos ocupa. Lo haremos estudiando cada uno de los elementos esenciales

---

[154] Pío XII, Const. Ap. *Sacramentum ordinis*, 30 noviembre 1947, in *DS* 3857: «ea quae, testibus divinae revelationis fontibus, ipse Christus Dominus in signo sacramentali servanda statuit».

[155] Concilio de Florencia, Decr. *pro Armeniis*, in *DS* 1312:«Haec omnia sacramenta tribus perficiuntur, videlicet rebus tamquam materia, verbis tamquam forma, et persona ministri conferentis sacramentum cum intentione faciendi, quod facit Ecclesia : quorum si aliquod desit, non perficitur sacramentum».

[156] Cf. Tomás de Aquino, *In Sent*. 4, Dist. 7, q. 3, a. 1, sol. 1, ad 3.

[157] Cf. M. Nicolau, *Teología del signo sacramental*, 287-291.

para la validez de los sacramentos, viendo si puede darse en cada uno de ellos un influjo de la Iglesia que determine la validez misma del efecto sacramental[158].

3.4.1 ¿Influjo de la Iglesia sobre la potestad del ministro?

a) *Enseñanza tradicional*

Con ocasión de la discusión en tiempos de san Cipriano acerca del valor del bautismo administrado fuera de la Iglesia y luego de la lucha antidonatista, la Iglesia defendió la validez de los sacramentos independientemente de la santidad del ministro o de que éste estuviera en comunión con la Iglesia. Aunque la doctrina no conociera una clara conceptualización hasta muchos siglos más tarde, ya con san Agustín están sentadas las bases de la doctrina sobre el carácter sacramental y el valor de los sacramentos *ex opere operato*. Es decir, por parte del ministro, supuesto el empleo de la materia y forma debidas, la validez del sacramento depende sólo de la validez de su ordenación[159] y de su intención de hacer lo que hace la Iglesia. Así se expresa santo Tomás de Aquino:

> La potestad de administrar los sacramentos pertenece al carácter espiritual, que es indeleble, tal como antes se dijo (q. 63, a. 3). Así, pues, por el hecho de que alguien esté suspenso, excomulgado o degradado por la Iglesia, no se le quita el poder de conferir los sacramentos, sino la licencia para usar de él. De modo que ese tal confiere válidamente, si bien peca al conferirlo[160].

---

[158] Estudiaremos este eventual influjo de la Iglesia distinguiendo entre cada uno de los elementos esenciales para la validez del sacramento por un motivo didáctico, de orden en la exposición. Con todo, somos conscientes que a veces no es fácil distinguir, en la explicación que dan los distintos autores, a cuál de dichos elementos esenciales están aludiendo.

[159] Se entiende en los cinco sacramentos que requieren el carácter sacerdotal en el ministro.

[160] TOMÁS DE AQUINO, *STh*. III, q. 64, a. 9, ad 3: «Potestas ministrandi sacramenta pertinet ad spiritualem characterem, qui indelibilis est, ut ex supra dictis patet (q. 63, a. 3). Et ideo per hoc quod aliquis ab Ecclesia suspenditur vel excommunicatur, vel etiam degradatur, non amittit potestatem conferendi sacramentum, sed licentiam utendi hac potestate. Et ideo, sacramentum quidam confert, sed tamen peccat conferendo».

CAP. III: NATURALEZA DE LA FACULTAD PARA CONFESAR 179

b) *Doctrina y hechos históricos contradictorios*

Sin embargo, la investigación histórica moderna ha dado a luz una serie de hechos, todos ellos vinculados con el sacramento del orden, que mostrarían que se dieron excepciones, y no pocas, a la doctrina arriba señalada. Se trata de las llamadas reordenaciones efectuadas entre los siglos VII y XII, es decir, diversas situaciones en que la ordenación, por disposición de un Papa o de un Concilio, fue reiterada, especialmente en aquellos casos en que la anterior había sido conferida por un ministro simoníaco o hereje[161].

Los autores han intentado explicar estos hechos de variados modos. Algunos, como Saltet y Chardon, los explican por una deformación u obscurecimiento de la sana doctrina que se habría producido en aquellos siglos[162]. Otros autores, que luego citaremos, se han inspirando en Morinus, un canonista de fines del s. XVII. Éste sostenía que las reordenaciones eran una manifestación de la potestad de la Iglesia de determinar las condiciones de una válida ordenación, de modo análogo a como lo hace con el matrimonio y la penitencia. Distinguiendo entre la substancia del carácter sacramental y su uso o virtud, afirmaba que la Iglesia podía limitar o atar el uso del carácter incluso impidiendo su valor[163].

Como veremos muy luego, esta doctrina de Morinus ha sido retomada por muchos autores modernos, los que han hecho ver que no sólo los hechos históricos, sino también la doctrina fue bastante incierta durante casi todo el período medieval. Efectivamente, los teólogos y canonistas medievales tuvieron opiniones muy disímiles, no faltando quienes propugnaran la invalidez de las órdenes conferidas por un Obispo cismático

---

[161] En realidad, no es que se considerara que se podía reordenar en el caso de una ordenación previamente válida, sino que se consideraba que tales ordenaciones, efectuadas fuera de la comunión de la Iglesia, eran nulas. La documentación histórica acerca de las llamadas reordenaciones no es del todo clara; un buen resumen de los hechos considerados más ciertos se puede ver en M. ZALBA, «Num Ecclesia», 188-189.

[162] Se puede ver el razonamiento de estos autores en E. DORONZO, *Tractatus dogmaticus De Ordine*, 360. En las páginas que siguen, el autor expone las dificultades y críticas a esta explicación.

[163] Una buena exposición de la doctrina de Morinus se puede ver en M. ZALBA, «Num Ecclesia», 193-199. Es interesante la analogía que hace con la penitencia, analogía que no concuerda con la doctrina de la época respecto a este sacramento. En efecto, nadie afirmaba entonces que la Iglesia ataba en la penitencia la potestad del ministro, sino que se afirmaba que aquella potestad por sí misma era ineficaz, ya que debía concurrir una segunda potestad, la jurisdicción.

o excomulgado[164]. A. Mostaza, estudiando no ya el sacramento del orden sino el de la confirmación, reseña la diversidad de estas opiniones[165]. Incluso el gran canonista Sinibaldo de Fiesco (Inocencio IV) llegó a afirmar, en pleno siglo XIII, que el Papa, mediante una constitución, podría quitar tanto a un presbítero como a un Obispo el poder no sólo de confirmar válidamente, sino incluso de administrar válidamente el bautismo[166].

c) *Opiniones modernas acerca del poder de la Iglesia de atar la potestad de orden*

La posibilidad de atribuir a la Iglesia un poder capaz de anular el ejercicio de la potestad de orden ha conquistado a muchos teólogos y canonistas modernos. La idea ha sido desarrollada especialmente respecto al orden y la confirmación, aunque a menudo la apliquen también a la penitencia. Muchos de estos autores formulan esta doctrina como una necesidad de la *communio*, único contexto dentro del cual la potestad podría ejercerse válidamente.

En lo que respecta al sacramento del orden, estos autores sostienen este poder de la Iglesia basándose en dos hechos históricos: las reordenaciones, a las que recién aludíamos, y las ordenaciones efectuadas alguna vez por presbíteros[167]. El primero de los hechos probaría que la Iglesia podría atar la potestad de conferir las órdenes de los Obispos que han roto la comunión eclesial. El segundo, sólo podría explicarse porque en la ordenación los presbíteros reciben el poder que los habilita para ordenar, pero el ejercicio de tal poder ha sido prohibido por la Iglesia de modo tal que no puedan ordenar válidamente sin un especial indulto del Romano Pontífice[168].

En lo que respecta al sacramento de la confirmación, A. Mostaza señala lo siguiente, como conclusión de sus exhaustivos estudios:

---

[164] Cf. F. DE P. SOLÁ, «¿Hasta qué punto?», 27-28.
[165] Cf. A. MOSTAZA, *El problema*, 90-99.
[166] Cf. A. MOSTAZA, *El problema*, 94-95.
[167] Un breve elenco de estos hechos históricos se puede ver en G. GHIRLANDA, *El Derecho*, 312-313.
[168] Tal opinión, expresada en modo sintético, se encuentra desarrollada en diversos estudios. Cf. J.B. BEYER, «Nature», 367-368; G. GHIRLANDA, *El Derecho*, 312-313; M. ZALBA, «Num Ecclesia», 220.

CAP. III: NATURALEZA DE LA FACULTAD PARA CONFESAR 181

La Iglesia, al permitir el ministerio de la confirmación a los presbíteros, no les da propiamente ninguna clase de poder, sino que se limita a dejarles libres y expedito el que tienen *vi ordinis*, cuyo válido ejercicio ella con su prohibición había impedido. El simple sacerdote, pues, -lo mismo que el Obispo- administra ese sacramento en virtud de su potestad de orden[169].

K. Rahner, quien hace suya la teoría de que la Iglesia ha ligado el poder del presbítero de conferir el orden y la confirmación[170], J.B. Beyer[171] y E. Labandeira son los únicos autores, entre los que hemos estudiado, que explícitamente formulan la misma explicación para el sacramento de la penitencia[172].

Por otra parte, A. Mostaza insinúa el que el poder de la Iglesia de anular la potestad de orden de sus ministros pueda también extenderse a otros sacramentos[173]. J. Beyer es mucho más explícito, llegando a afirmar que no le parece incoherente «que la Suprema Autoridad se reserve bajo su potestad el conferimiento digno y válido de todos los sacramentos, incluso de la sagrada Eucaristía, a fin que no se dispensen los sacramentos de modo sacrílego o desordenado»[174].

Otros autores, aun cuando no hablan explícitamente de una potestad que puede ser atada por la Iglesia, llegan a similares conclusiones a partir del hecho de que toda la potestad en la Iglesia deba ejercerse al interior de la *communio*. A. Zirkel[175], por ejemplo, señala que el ejercicio de la potestad recibida en la ordenación necesita de otro poder,

---

[169] A. MOSTAZA, «La potestad», 512. Esta explicación ha sido aceptada por muchos autores. Además de Labandeira y Tejero, a quienes ya citamos (cf. *supra*, notas 118 y 100, respectivamente), cf. J.B. BEYER, «De natura», 134.

[170] Cf. *supra*, 1.2.2.

[171] Cf. J.B. BEYER, «Nature», 368.

[172] El que otros autores no extiendan el mismo razonamiento a la potestad del ministro de la penitencia se debe a que escriben bajo el influjo de la doctrina del Código de 1917, por lo que siguen sosteniendo que en este caso debe concurrir una nueva potestad, la de jurisdicción. En todo caso, pareciera que *quoad rem*, insinuasen que se trata del mismo problema (Cf. M. ZALBA, «Num Ecclesia», 221-222).

[173] Cf. A. MOSTAZA, «La potestad», 514.

[174] J.B. BEYER, «De natura», 134: «ut Suprema Auctoritas omnia sacramenta digne et valide conferenda, etiam Sacram Eucharistiam, sub sua retineat potestate, ne fiat sacramentorum collatio vel sacrilega vel disordinata».

[175] A. Zirkel expone sus ideas en su libro *Executio potestatis*. Nosotros hemos conocido su pensamiento a través de J. Marques, quien hace la recensión de su obra, y M. Zalba, quien lo cita en su artículo (Cf. J. MARQUES, «Executio potestatis», 350-351; M. ZALBA, «Num Ecclesia», 206-208).

que él denomina *executio potestatis*, «a través de cuya colación o privación este ejercicio está vinculado a la comunidad de la Iglesia»[176]. Esta *executio*, en la disciplina vigente, es concedida tácitamente con la ordenación o, en el caso de la penitencia, mediante un acto propio. Según este autor, el ministro que se ha apartado de la comunión con la Iglesia pierde la *executio*, por lo que no podría celebrar válidamente ningún sacramento, salvo el bautismo. M. Kaiser, por su parte, comentando la obra de Zirkel, afirma que todos los sacramentos requieren una *missio* para su válido ejercicio, *missio* que en algunos casos es dada con la ordenación y en otros por un acto propio[177]. Finalmente, M. Zalba[178] interpreta la enseñanza conciliar de LG 21 y de la NEP 2, en el sentido que también el *munus sanctificandi* debe ejercerse *natura sua* en la comunión jerárquica, por lo que su ejercicio puede ser impedido, incluso para la validez, por el Romano Pontífice. Señala que «en la medida que el ejercicio de la potestad de orden incide en la vida social externa de la Iglesia, no puede obtenerse ni ejercerse válidamente [...] sino por la misión recibida de la suprema autoridad»[179].

Sin embargo, el considerar la *communio* como horizonte de validez del ejercicio de la potestad del ministro puede llevar a conclusiones opuestas. E. Corecco, por ejemplo, critica acerbamente el que la validez de los sacramentos dependa de la sola determinación de la Iglesia. Según él «sólo la ausencia de los elementos objetivos de la *communio* hace ineficaz, y por ende inválida la *sacra potestas*»[180]. Al aplicar este criterio a la penitencia, considera «precaria» la norma del c. 966 §1 (y también la del c. 882 respecto de la confirmación) en el caso que el

---

[176] J. MARQUES, «Executio potestatis», 351
[177] Cf. M. ZALBA, «Num Ecclesia», 241.
[178] Cf. M. ZALBA, «Num Ecclesia», 219-242.
[179] M. ZALBA, «Num Ecclesia», 238: «Quatenus, igitur, exercitium potestatis ordinis incidit in vitam socialem externam Ecclesiae, non potest obtineri et valide exerceri [...] nisi per missionem a suprema auctoritate acceptam». Según el autor, esto se daría al menos en los sacramentos que tienen una relación directa con la comunidad visible de la Iglesia, cuales son la confirmación, la penitencia y el orden.
[180] E. CORECCO, «Nature», 380: «Seule l'absence des éléments objectifs de la *communio* rend inefficace, donc invalide la *Sacra potestas*». Estos elementos objetivos son los que garantizan el mínimo para considerar una realidad como realidad eclesial. Así, la invalidez de un sacramento no es determinada *a priori* por un acto formal de la Iglesia, sino sólo constatada.

ministro, aun desprovisto de la facultad, cumpla con la *substantia sacramenti*, la cual bastaría para generar la *communio*[181].

d) *Evaluación*

¿Qué concluir de todo lo que hemos visto en estos párrafos? Pensamos que se ha de ser cautelosos al extraer conclusiones definitivas. Es cierto que muchos autores recientes ven con buenos ojos la idea de que la Iglesia tendría un poder amplio para limitar e incluso anular la potestad de orden. Sin embargo, gran parte de los hechos aducidos y de las opiniones de autores antiguos corresponden a un período de la historia confuso, en el que la teología del carácter sacramental no se había aún consolidado. F. Solá, refiriéndose al ambiente cultural en el que se dieron las reordenaciones señala lo siguiente: «La doctrina sacramentaria no había entrado nunca en la sistemática teológica; el estudio de los Santos Padres y Concilios se había reducido a un mínimo que nos espanta; por esto pudieron algunos propugnar la tesis de la invalidez de las órdenes conferidas por un Obispo cismático o excomulgado»[182]. El volver a opiniones que estuvieron en boga antes de la síntesis tomista que fue recogida más tarde en Trento pareciera ser más una regresión que un avance. Además, la distinción surgida en los siglos XII y XIII entre potestad de orden y potestad de jurisdicción tuvo como objetivo precisamente el distinguir entre un poder que no se pierde (el orden) y otro amisible (la jurisdicción).

En este sentido, nos parece aventurado plantear que la potestad de los Obispos pueda ser anulada por disposición de la Iglesia[183]. Parece, en

---

[181] Cf. E. CORECCO, «Aspetti della ricezione del Vaticano II nel codice di diritto canonico», 393-394. Sin embargo, en este punto el autor parece contradecirse con lo que señala en el otro artículo citado, donde afirma que una absolución sin la facultad sería inválida, ya que el ministro que no está en plena comunión jerárquica no podría reconciliar al penitente con la Iglesia (Cf. «Nature», 378).

[182] F. DE P. SOLÁ, «¿Hasta qué punto?», 27. Nos parece que habría que ser muy cautelosos para aplicar el principio del *usus Ecclesiae* para el caso de las reordenaciones. Además de lo señalado por Solá, no parece que tal *usus* haya estado respaldado por un acto formal o una doctrina que estableciera previamente las condiciones para el valor de la ordenación. El mismo hecho de que en situaciones similares, en una misma época, se aplicaran criterios distintos, insinúa más bien que más que ante un *usus* legítimo estaríamos ante un *abusus*.

[183] Según A. Mostaza, desde el siglo XIV ningún autor ha hecho depender de una disposición eclesiástica la potestad de los Obispos de confirmar o de ordenar *quoad validitatem* (Cf. A. MOSTAZA, *El problema*, 308).

cambio, más plausible el sostener esta posibilidad respecto a la potestad de los presbíteros, al menos en lo que toca a la confirmación, el orden y quizás la penitencia[184]. Decimos quizás la penitencia, ya que se trata, como hemos visto, de un sacramento que tiene una configuración del todo particular. Sabemos que tradicionalmente el influjo de la Iglesia se ha considerado a nivel, no de la potestad misma del ministro, sino de la materia del sacramento, lo que parece más congruente con la naturaleza del mismo. Es lo que veremos en los párrafos que siguen.

3.4.2 ¿Influjo de la Iglesia sobre el signo sacramental?

a) *Doctrina tradicional*

Ha sido doctrina común, al menos desde el siglo XIII, que, en palabras de Suárez, la Iglesia no puede «impedir que de la materia y forma esencial se realice el sacramento por el debido ministro»[185]. Se entiende por materia y forma esencial los elementos del signo sacramental que han sido instituidos por Cristo, los cuales no pueden ser cambiados ni impedidos en sus efectos por la Iglesia. Santo Tomás, hablando de la forma esencial del sacramento, enseña que si ésta es cambiada, no se realiza el sacramento; al contrario, si el ministro cambia u omite algo que ha sido agregado por la Iglesia, peca, pero no se hace inválido el sacramento[186]. El mismo razonamiento vale para la materia sacramental. Por tanto, si la Iglesia puede agregar otros elementos a los

---

[184] Respecto a la confirmación y el orden, si bien aún hay quien sostenga que el presbítero requiera una jurisdicción especial para conferir el sacramento, la mayoría de los autores, como hemos visto, se inclina por pensar que el presbítero tiene la potestad atada mientras no reciba la licencia de la autoridad respectiva. El explicar por qué en estos casos la Iglesia pueda atar la potestad, rebasa el objetivo de nuestro estudio. Respecto a la Eucaristía y a la unción de los enfermos, nos parece que plantear la teoría de que la Iglesia también podría anularlos iría contra toda la tradición que en este punto es unánime. A propósito de la Eucaristía, el que nunca se haya planteado la posibilidad de que el sacerdote pierda el poder de celebrarla es un argumento fuerte contra las teorías que buscan explicar la validez de los sacramentos dentro del horizonte de la *communio*. En efecto, si la Eucaristía es la causa por excelencia de la *communio*, ¿no tendría que ser el primer sacramento en perder su valor al realizarse fuera de la *communio*?

[185] F. SUÁREZ, *Commentarii*, 51: «impedire quin ex materia et forma essentiali fiat sacramento a debito ministro».

[186] Cf. TOMAS DE AQUINO, *In Sent.* 4, Dist. 3, q. 1, a. 2, sol.

instituidos por Cristo respecto del signo sacramental, ellos son sólo para la licitud, no para la validez.

b) *Hechos contradictorios aducidos*

Sin embargo, diversos hechos parecen mostrar que la Iglesia ha cambiado a lo largo de su historia la materia y la forma de algunos ritos sacramentales. Por ejemplo, en la confirmación, a partir del s. IV se agregó a la imposición de manos el rito de la unción, el que después pasó a considerarse como única materia del sacramento. En el orden, desde el siglo X hasta la Const. *Sacramentum ordinis* del Papa Pío XII, se consideró la entrega de los instrumentos como materia necesaria para la validez del sacramento[187].

¿Cómo interpretar estos hechos? La respuesta dependerá de cómo se entienda la institución de los sacramentos por Cristo. La teología católica enseña que ellos han sido instituidos de un modo inmediato, pero discute si de un modo genérico o específico[188]. Si la institución fuera genérica, el Señor habría instituido sólo el efecto de gracia del sacramento, dejando a la Iglesia el determinar el signo sacramental. En tal situación, la Iglesia tendría un influjo cierto sobre la materia y la forma sacramentales. Si la institución fuera específica, en cambio, el Señor habría determinado también la materia y forma de cada sacramento. En este caso, sería más problemático el influjo de la Iglesia, ya que ella no tiene poder sobre la substancia de los sacramentos[189].

---

[187] El elenco de éstos y otros hechos más se puede ver en J. SARAIVA MARTINS, *I sacramenti della nuova alleanza*, 187-189 y B. LEEMING, *Principles of sacramental theology*, 418-423.

[188] Una exposición clara y sintética acerca del modo de la institución de los sacramentos puede verse en J. SARAIVA MARTINS, *I sacramenti della nuova alleanza*, 181-195.

[189] Existe otra explicación acerca del modo de institución de los sacramentos que ha conocido bastantes adherentes entre los teólogos contemporáneos. Es la explicación de Rahner, el cual formula la tesis de que los sacramentos fueron instituidos por Jesucristo al instituir la Iglesia, por lo que ellos serían un desdoblamiento de la naturaleza sacramental de la Iglesia. Sin duda, esta explicación deja un margen muy amplio a la determinación de la Iglesia. Sin embargo, no deja de presentar grandes dificultades, por lo que no nos parece adecuada para revolver el problema que nos ocupa (Cf. R. ARNAU, *Tratado general de los sacramentos*, 234-244).

c) *Un intento de solución: potestad de la Iglesia de precisar el signo esencial instituido por Cristo*

Algunos autores, entre los que destacan Umberg y Baisi, han dicho que en todos los sacramentos hay ciertos elementos que nunca han variado, los que hay que atribuir a la institución divina. Serían éstos la substancia del signo sacramental. Por sobre estos elementos, la Iglesia tendría la facultad de agregar condiciones para la validez. Así se explicaría, por ejemplo, el que durante siglos la Iglesia haya exigido la *traditio instrumentorum* para la validez del orden sagrado o la jurisdicción en el ministro de la penitencia[190].

Esta teoría de las condiciones de valor es a primera vista sugestiva, ya que permitiría explicar con facilidad todos los cambios introducidos por la Iglesia en el signo sacramental. Sin embargo, no faltan dificultades, como ha notado Leeming[191]. La principal de éstas nos parece ser que esta teoría, en la práctica, significa cambiar lo instituido por Cristo, lo que no entra en la potestad de la Iglesia. En efecto, Cristo, al establecer la substancia del signo sacramental, la hace capaz de ser portadora de gracia; sin embargo, la Iglesia, al agregar ciertas condiciones *ad validitatem*, está anulando la virtualidad del signo instituido por Cristo.

Pensamos que la solución va en el sentido indicado por Leeming; esto es, que la Iglesia podría hacer más definitivo el signo de ciertos sacramentos en los que la determinación divina ha sido menos precisa[192]. Hay dos sacramentos, el bautismo y la Eucaristía, en los que sin duda la materia y la forma han sido determinadas de modo específico y preciso por el Señor. En ellos, la Iglesia no podría determinar ulteriores elementos de validez. Sin embargo, en la materia y forma de los demás sacramentos, si bien podemos inferir un cierto núcleo esencial instituido por Cristo, la imprecisión de éste da lugar a que la Iglesia pueda establecer ciertos elementos que expresen mejor el significado del sacramento y del mismo núcleo esencial del signo instituido por el Señor. Esta precisación del signo sacramental nunca será arbitraria; ella deberá buscar expresar del mejor modo posible la substancia del sacramento, entendiendo por ésta tanto el significado como el núcleo esencial del

---

[190] Cf. B. LEEMING, *Principles of sacramental theology*, 427. Esta teoría de las condiciones de valor es también aceptada por M. Nicolau (Cf. «Función», 99).

[191] Cf. B. LEEMING, *Principles of sacramental theology*, 428-429.

[192] Cf. B. LEEMING, *Principles of sacramental theology*, 429-431.

CAP. III: NATURALEZA DE LA FACULTAD PARA CONFESAR

signo instituidos por Cristo[193]. Al hacerlo, tendrá en cuenta lo establecido por el Concilio de Trento, es decir, según la variedad de las cosas, tiempos y lugares, la Iglesia se guiará según lo que convenga más a la utilidad de los que los reciben o a la veneración de los mismos sacramentos[194].

¿Se aplica lo anterior al sacramento de la penitencia? Pensamos que sí. En los textos de la Escritura aparece no sólo la institución del sacramento, sino también, en palabras de Saraiva Martins, se deduce de ellos «la voluntad de Cristo que la gracia del perdón de los pecados fuera comunicada por medio de un rito externo a modo de juicio público en la comunidad»[195]. Es decir, más allá de las muy variadas formas de celebración que el sacramento ha conocido a lo largo de la historia, hay una esencia que no ha cambiado: los pecadores deben someterse al juicio de la Iglesia, juicio en el que el penitente es el reo que se acusa de sus faltas y el ministro el juez que dicta la sentencia. Con todo, esta substancia del signo instituida por Cristo no es tan precisa como en el caso del bautismo o la Eucaristía. Ha sido dejado un margen a la Iglesia para que la pueda determinar y concretizar. Pensamos que de este modo podemos explicar la exigencia *ad validitatem* de la jurisdicción o facultad para confesar. Ella expresa mejor el significado del sacramento y el mismo núcleo esencial instituido por Cristo. En este sentido, la facultad para confesar influye en el orden de la causalidad material del sacramento, es decir, el penitente. La Iglesia se ha reservado la *applicatio materiae*, esto es, la asignación concreta al sacerdote de los fieles que puede absolver. Con ella, la Iglesia expresa mejor el signo del sacramento instituido por Cristo: un juicio confiado a la Iglesia. Un juicio, en cuanto deter-

---

[193] Nos parece importante destacar que la substancia del sacramento, que es lo instituido por Cristo, comprende no sólo el significado del sacramento, sino también, al menos en un núcleo esencial más o menos preciso según el sacramento que se trate, el signo significante. De ahí que expresiones como las de R. Arnau, en el sentido de que la Iglesia «puede mudar los elementos significantes, sin que por ello altere la razón del signo» deben ser tomadas con cautela. Habrá que ver en cada caso si lo puede o no hacer (Cf. *Tratado general de los sacramentos*, 250).

[194] Cf. CONCILIO DE TRENTO, Sess. 21, Decr. *De communione eucharistica*, in DS 1728.

[195] J. SARAIVA MARTINS, *I sacramenti della nuova alleanza*, 191: «da volontà di Cristo che la grazia del perdono dei peccati venisse comunicata per mezzo di un rito esterno a modo di giudizio pubblico nella comunità».

mina quienes pueden someterse a la jurisdicción del juez[196]. Confiado a la Iglesia, en cuanto la facultad es un encargo de confianza de la Iglesia a su ministro. En efecto, la Iglesia le confía los penitentes que le han sido previamente confiados a ella por parte del Señor, de modo que los absuelva *nomine Ecclesiae*. Y todo esto, en razón del bien de los fieles, es decir, según lo que prescribía Trento, en cuanto conviene a la utilidad de los que reciben los sacramentos.

3.4.3 ¿Influjo de la Iglesia sobre los sujetos del sacramento?

En el caso de los sacramentos que suponen un sujeto pasivo sobre el que se aplica directamente la materia, es decir, sin el cual no hay sacramento, como es el caso de la confirmación, el orden y la unción de los enfermos, algunos han planteado la hipótesis de que pueda haber un influjo de la Iglesia en la designación del sujeto que ha de recibir el sacramento[197].

W. Bertrams, por ejemplo, parte del principio de que toda potestad en la Iglesia, también la de orden, debe ser integrada en la Iglesia por medio de una determinación jurídica[198]. Luego, señala que el presbítero recibe en la ordenación la potestad de conferir la confirmación y la ordenación, potestad que no puede ejercer válidamente al no estar jurídicamente constituida mediante la asignación por parte de la Iglesia de los sujetos pasivos de tales sacramentos[199]. Según el autor, tal habría sido la práctica del primer milenio, cuando se consideraba que la ordenación absoluta no daba la *executio potestatis*, por tanto el ordenado no podía realizar ningún sacramento, mientras no se le asignaran los sujetos pasivos de su potestad[200].

---

[196] Repetimos lo que ya hemos puntualizado en otra ocasión, con esto no queremos decir que la facultad tenga un contenido jurisdiccional. La jurisdicción (en el sentido análogo del término) necesaria para este juicio tan singular el sacerdote ya la tiene, como veremos en el próximo capítulo, por la ordenación misma.

[197] Dejamos fuera el caso del bautismo ya que, si bien también requiere de un sujeto pasivo en el sentido arriba indicado, no puede aquí plantearse un influjo de la Iglesia en la asignación al ministro de tal sujeto, ya que antes del bautismo no se es súbdito de la Iglesia.

[198] Cf. W. BERTRAMS, «De differentia», 210-213.

[199] Cf. W. BERTRAMS, «De differentia», 202-203.

[200] Cf. W. BERTRAMS, «De differentia», 201. Pensamos que esta interpretación de la *executio potestatis* del primer milenio como requisito para la validez de los sacramentos no es exacta. En aquella época no estaban claramente definidos los conceptos de licitud

J. Alonso, por su parte, defiende con fuerza el influjo de la jurisdicción sobre el sujeto pasivo de los sacramentos. En efecto, llega a afirmar que

> existe, en la línea de la jurisdicción, la potestad en el Romano Pontífice de avocar a sí todos los bautizados, limitando los sujetos a los ministros, aun supuestos válidos todos los demás requisitos por parte de la materia, forma e intención del ministro; con ello se hace imposible el ejercicio de la potestad de orden, aun supuesto válido en sí mismo[201].

¿Qué pensar de estas afirmaciones?

Esta teoría podría explicar la naturaleza de la facultad del presbítero para confirmar (y eventualmente para conferir las órdenes) si no se quiere aceptar la teoría de la potestad ligada. Sin embargo, no nos convence plenamente, ya que en la práctica, desvirtúa la enseñanza del Concilio de Florencia, según la cual para la validez del sacramento bastan el debido ministro, la materia y la forma. Por parte del sujeto, la doctrina común enseña que, en el caso de un adulto con uso de razón, basta que tenga la intención de recibir el sacramento. Y no cabe aquí una comparación con la penitencia, ya que en ésta, el sujeto es parte del signo sacramental, la materia, lo que no se da en los demás sacramentos.

3.4.4 ¿Aplicación del principio de la economía?

Finalmente, algunos autores han planteado el principio de la economía para entender el poder de la Iglesia sobre los sacramentos. En virtud de este principio, la Iglesia debe administrar los dones recibidos del Señor en una doble fidelidad: a la voluntad de Cristo y a las necesidades de los hombres. Siendo fiel a lo que ha recibido del Señor, la Iglesia en los distintos momentos de la historia puede alargar o restringir el uso de determinados medios de salvación. Esto explicaría las oscilaciones que se han dado a lo largo de la historia en la práctica sacramental[202].

---

y validez, pero parece ser que la *executio* afectaba lo que hoy denominamos licitud, y no la validez (Cf. *supra*, I, 3.1).

[201] J. ALONSO, «Orden», 424.

[202] Cf. A. CELEGHIN, *Origine*, 474-491. El principio de la economía ha conocido un mayor desarrollo en la teología oriental que en la latina. Sin embargo, no es fácil su conceptualización; entre los mismos orientales se le otorga un alcance a menudo diverso. Y. Congar, uno de los teólogos católicos que ha estudiado este principio, señala entre sus posibles aplicaciones en la tradición latina el poder de la Iglesia de determinar las condiciones de validez de los sacramentos (Cf. «Propos»).

Nos parece que este planteamiento es efectivamente adecuado para comprender el modo como la Iglesia ha regulado en las distintas épocas la *sacra potestas*, determinando las condiciones para su ejercicio lícito y en algunos casos válido. Sin embargo, la aplicación de la economía supone un paso previo, cual es el de determinar el margen de competencia de la Iglesia, es decir, los límites puestos por la voluntad institucional de los sacramentos. En lo que respecta a nuestro tema, primero se debe estudiar si la Iglesia tiene el poder de exigir, por sobre la potestad de orden, una condición para la validez de la absolución. Es lo que hemos estudiado en los párrafos anteriores. Luego, una vez verificado lo anterior, la economía explica las fluctuaciones que ha conocido esta determinación jurídica a lo largo de los siglos.

3.5 *Algunas conclusiones*

Al concluir estos párrafos en los que nos hemos preguntado acerca del poder de la Iglesia sobre los sacramentos para poder dar una explicación a la exigencia de la facultad *ad validitatem*, podemos delinear una breve conclusión.

No hemos pretendido en ningún caso dar una solución general al problema del poder de la Iglesia para determinar elementos que influyan en la validez de un sacramento. Si hemos aludido a otros sacramentos, ha sido sólo con el objeto de iluminar lo que sucede en la penitencia. Sin embargo, nos parece que, en línea de principio, continúa siendo válida la siguiente afirmación de Suárez: «aunque la Iglesia prohiba a algún ministro realizar un sacramento, si no lo priva de algún elemento substancial y necesario al sacramento, la sola prohibición no es suficiente para anular el sacramento»[203].

En este sentido, nos parece difícil de aceptar que la Iglesia pueda atar sin más la potestad que el ministro recibió en la ordenación. Al contrario, nos parece más plausible sostener un influjo de la Iglesia en la determinación de la materia del sacramento, en aquellos casos en que la institución divina le haya dejado un margen más amplio de actuación[204].

---

[203] F. SUÁREZ, *Commentarii*, 51: «dicet Ecclesia prohibeat alicui ministro, ne conficiat sacramentum, si non privet illum aliqua re substantiali, ac necessaria ad sacramentum, sola prohibitio non satis est ad irritandum sacramentum».

[204] Con este razonamiento continúa siendo problemática la explicación de la facultad del presbítero que confirma (y eventualmente ordena). No negamos que en este caso, como señalamos más arriba, pudiera la Iglesia atar la potestad del presbítero. O quizás

Tal sería el caso de la facultad para confesar, en virtud de la cual la Iglesia se ha reservado la *applicatio materiae*. Por una parte, esta explicación está en mayor continuidad con la doctrina canónica tradicional. La potestad del ministro permanece intacta; si ella no puede ejercerse, es sólo por faltarle la debida materia del sacramento, materia cuya aplicación la Iglesia se ha reservado a sí[205]. Y nos evitamos soluciones voluntaristas que, además de peligrosas en su extensión a otros sacramentos, pensamos que le quitan peso a la doctrina del carácter sacramental.

4. Conclusión del capítulo

Habiendo llegado al final del itinerario que nos propusimos al inicio de este tercer capítulo, podemos intentar hacer una síntesis de nuestra reflexión.

La primera parte del capítulo tuvo por objetivo mostrar que el cambio terminológico obrado por el Código de 1983, al sustituir jurisdicción por facultad para confesar, fue la culminación de un largo proceso de reflexión doctrinal que precedió la codificación. En efecto, dejando de lado a Mörsdorf y su escuela, a partir de mediados del siglo pasado, la gran mayoría de los autores tendía a subrayar que el sacerdote absuelve en virtud de la sola potestad recibida en la ordenación. La jurisdicción, en cambio, la concebían como una causa sólo extrínseca al efecto del sacramento y con un contenido material cada vez más tenue.

A continuación, entramos en el núcleo de la reflexión de este tercer capítulo, preguntándonos acerca de la naturaleza de la facultad para confesar. Analizando la noción de facultad en general, vimos que el término es usado por el Código en sentidos muy diversos. El uso de facultad en el ámbito sacramental parece constituir una categoría *a se*. Algunos han visto en la facultad una licencia para poder ejercer la potestad de orden, licencia que removería una prohibición u obstáculo previo. Es lo que denominamos la teoría de la potestad ligada. Otra posibilidad es ver en la facultad una condición de posibilidad para el ejercicio de la potestad sacerdotal, en cuanto le asigna o confía los fieles sobre los cuales puede

---

podría postularse un influjo sobre la asignación del sujeto pasivo del sacramento. Preferimos dejar abierta la cuestión.

[205] Un buen testigo de la tradición es Martín de Azpilcueta cuando afirmaba: «el Romano Pontifice no puede quitar a los presbíteros la potestad de absolver [...] pero puede sustraerles la materia en la cual la ejerzan». (M. DE AZPILCUETA, *Commentaria*, Dist. 6, cap. *Placuit*, n. 48: «Romanum Pontificem non posse [...] potestatem absolvendi ipsis presbyteris tollere, sed posse substrahere illis materiam in qua illam excerceant»).

ejercerse. En este caso, facultad estaría usada en un sentido muy amplio de licencia, o más sencillamente, como posibilidad de obrar. Esta segunda explicación nos convence más, en cuanto responde mejor a la historia y al modo concreto como el mismo Código regula la facultad. Además, tiene un sólido fundamento en la naturaleza de la penitencia, en la cual el penitente y sus actos constituyen la materia sacramental. En razón del valor psicológico de estos actos y de la influencia que puede tener la acción sacerdotal en la fructuosidad del sacramento, la Iglesia ha preferido reservarse la *applicatio materiae*, es decir, la asignación o encargo concreto de los penitentes al sacerdote.

Finalmente, nos preguntamos si la Iglesia tiene el poder de disponer de este modo de la validez del sacramento. Analizando las distintas posibilidades dentro del contexto amplio de la doctrina sacramental, concluimos que la Iglesia, en el caso del sacramento de la penitencia, tiene el poder de precisar mejor el signo sacramental, de modo que éste exprese con más claridad la substancia del sacramento tal como Cristo la ha instituido: un juicio confiado a la Iglesia. Un juicio, en cuanto determina quienes pueden someterse a la jurisdicción del juez. Confiado a la Iglesia, en cuanto la facultad es un encargo de confianza de la Iglesia a su ministro. Y todo esto, en razón del bien de los fieles, es decir, según lo que prescribía Trento, en cuanto conviene a la utilidad de los que reciben los sacramentos.

A continuación, en el capítulo que sigue, nos detendremos a profundizar estas características del sacramento que son resaltadas por la facultad: la eclesialidad del sacramento, el carácter judicial del mismo y el bien de los fieles tutelado por la facultad.

CAPÍTULO IV

Sentido de la facultad para confesar

Acercándonos ya al final de nuestro estudio, recordemos muy brevemente el camino que hemos recorrido. Partimos estudiando cómo la Iglesia ha regulado a lo largo de la historia la facultad para confesar. En un segundo momento, intentamos realizar una acabada exposición de la disciplina vigente. A continuación, en el capítulo recién finalizado, abordamos el análisis, en base a todo el material hasta entonces acumulado, de la naturaleza de la facultad para confesar. Ésta se nos presentaba como una determinación jurídica de la potestad de orden consistente en la asignación o encargo que la Iglesia confía al confesor de los fieles a los cuales puede oír en confesión. Ahora debemos dar un paso ulterior en nuestra reflexión, preguntándonos acerca del sentido de esta facultad para confesar. Es decir, si en el capítulo anterior buscábamos responder a la pregunta ¿qué es la facultad para confesar?, ahora debemos responder al ¿para qué? o ¿por qué? de la misma. Algunos elementos de la respuesta ya fueron insinuados en los párrafos que nos precedieron, pero deberán ser ahora explicitados y profundizados. Nos detendremos entonces a estudiar cómo la exigencia de la facultad manifiesta y realza el carácter tanto eclesial como judicial del sacramento de la penitencia, a la vez que sirve de garantía y tutela de un bien específico de los penitentes. Serán éstos los elementos que desarrollaremos en los párrafos que siguen[1].

---

[1] Estos tres aspectos expresados por la facultad para confesar coinciden con las tres razones que un destacado canonista contemporáneo, J. Manzanares, aduce para justificar, aún hoy, la exigencia de dicha facultad (Cf. «Penitencia», 272-273).

1. Significado eclesial de la facultad para confesar

El sacramento de la penitencia, al igual que los demás sacramentos, comporta una evidente dimensión eclesial. Si bien la teología católica siempre lo ha enseñado, sin duda que los estudios de los últimos decenios lo han puesto de relieve. Al decir de Miralles, «la dimensión eclesial de la penitencia está presente en los diversos aspectos que integran la teología de este sacramento [...] es una dimensión estructural, que encontramos al considerar tanto la naturaleza misma del sacramento, como sus efectos, el ministro y el sujeto»[2].

Decíamos que la facultad para confesar explicita y realza esta dimensión eclesial. Lo intentaremos mostrar bajo dos perspectivas. Una, referida al ministerio sacerdotal. La facultad es una expresión jurídica de algunas características importantes de este ministerio, como veremos a continuación. La otra perspectiva es la eclesialidad del sacramento mismo, en cuanto Cristo ha confiado la penitencia de los bautizados al juicio de la Iglesia. En este sentido la facultad subraya que el sacerdote administra el sacramento *nomine Ecclesiae*. Finalmente, si decimos que la facultad para confesar alude al carácter eclesial de la confesión, debemos intentar dar una respuesta a aquellas teorías que han postulado que la facultad, o más bien la jurisdicción, es necesaria en cuanto la *res et sacramentum* de la penitencia es la *pax cum Ecclesia*.

1.1 *La facultad para confesar y algunas características del ministerio sacerdotal*

En los párrafos que siguen, no pretendemos hacer un tratado acabado acerca de la teología del sacerdocio. Sólo aludiremos a algunas dimensiones que son particularmente iluminadas por la exigencia de la facultad para confesar y el modo como ésta es regulada.

1.1.1 Doctrina conciliar acerca del ministerio de los presbíteros en relación a los Obispos

Al tratar acerca del sacerdocio de los Obispos y presbíteros, el Concilio Vaticano II procede a partir del sacerdocio de los Obispos[3]. Tanto

---

[2] A. MIRALLES, «Dimensión», 487-488. El autor desarrolla en este artículo cómo se da tal dimensión eclesial en cada uno de los aspectos señalados en la cita.

[3] Cf. W. BERTRAMS, «De differentia», 192. Se puede decir que los textos conciliares usan un esquema descendente. En efecto, partiendo del sacerdocio de Cristo, se afirma

CAP. IV: SENTIDO DE LA FACULTAD PARA CONFESAR 195

Obispos como presbíteros participan del único sacerdocio de Cristo (PO 7a). Mientras los Obispos han recibido la plenitud del sacerdocio (cf. LG 21), los presbíteros no tienen tal plenitud (cf. LG 28); ellos participan del ministerio episcopal «por el sacramento del orden y la misión canónica» (PO 7b). De ahí que «han sido consagrados sacerdotes de la Nueva Alianza para ser colaboradores diligentes del orden episcopal» (CD 15a).

No entraremos en el estudiar la diferencia específica en el sacerdocio de uno y de otro[4], pero lo cierto es que los textos conciliares insisten en la idea de que los presbíteros han sido constituidos como cooperadores de los Obispos en la misión apostólica que Cristo les confió (cf. LG 28a y PO 2b)[5]; es más, son sus «colaboradores y consejeros necesarios» (PO 7a).

De la naturaleza del ministerio de los presbíteros se sigue que deben ejercer su ministerio en comunión jerárquica y dependencia con respecto al Obispo. Ello es repetido en reiteradas ocasiones por el Concilio: «la unidad misma de consagración y misión exige su comunión jerárquica con el orden episcopal» (PO 7a); «los presbíteros [...] dependen de los Obispos en el ejercicio de sus poderes (*in exercenda sua potestate*)» (LG 28a); «ellos santifican y gobiernan, bajo la autoridad (*sub auctoritate*) del Obispo, la porción del rebaño del Señor que les fue asignada» (*Ibid.*); «de ellos dependen los presbíteros y los diáconos en el ejercicio de su potestad» (CD 15a).

Éstas son sólo algunas pinceladas de la relación del ministerio de los presbíteros con el de los Obispos. Si nos fijamos ahora en la exigencia de la facultad para confesar y en el modo concreto como la Iglesia hoy la disciplina, sin duda que ello refleja la doctrina conciliar que acabamos

---

luego que los Obispos participan de él en plenitud, para finalmente referirse a aquellos a quienes los Obispos «han confiado legítimamente la función de su ministerio en diversos grados» (LG 28).

[4] Al respecto, se puede ver un acabado estudio sobre esta diferencia, a partir de la enseñanza de la Lumen Gentium en G. GHIRLANDA, «Episcopato e presbiterato nella Lumen Gentium». Remitimos también, desde una perspectiva algo distinta, al artículo del P. Bertrams, ya citado, «De differentia inter sacerdotium episcoporum et presbyterorum».

[5] Comentando la expresión *ordinis Episcopalis providi cooperatores*, M. Nicolau señala: «Si buscamos una frase que exprese de una manera general y, al mismo tiempo, profunda la naturaleza del ministerio de los presbíteros, tal como lo entiende la Iglesia, no encontraremos otra más apta que la usada frecuentemente en los documentos conciliares y en el rito de la ordenación presbiteral» (*Ministros*, 315).

de reseñar. Lo decisivo, hemos visto, es el vínculo de dependencia jerárquica de los presbíteros respecto de los Obispos en el ejercicio de la potestad sacerdotal. El sacerdote recibe la potestad para perdonar los pecados mediante la sagrada ordenación, pero para poder ejercerla, debe recibir la facultad de parte de la Iglesia. Esta facultad es otorgada en la gran mayoría de los casos por el Obispo o por quien hace sus veces, sea de modo inmediato o mediato, como cuando la facultad va unida a un oficio cuya colación depende de la autoridad episcopal. En todos estos casos la facultad es una expresión jurídica concreta del vínculo jerárquico del presbítero al orden episcopal[6]. Algo distinta es la situación de la facultad que es concedida por los Superiores de un instituto religioso o de una sociedad de vida apostólica para confesar a sus propios súbditos. Al no desempeñar estos Superiores un oficio de naturaleza episcopal, ni siquiera vicariamente, la facultad en estos casos no expresa directamente la colaboración con el orden episcopal[7]. Pero se trata sin duda de una excepción y quizás por ello en estas situaciones no opera la extensión universal de la facultad.

Referido específicamente al ministerio sacramental, el Concilio enseña, además, que «en la celebración de todos los sacramentos, los presbíteros están unidos jerárquicamente a su Obispo de diversas maneras. Así lo hacen presente, en cierto sentido, en cada una de las comunidades de los fieles» (PO 5a; cf. también LG 28b). Sin duda, en el sacramento de la penitencia esta presencia del Obispo es expresada mediante la facultad que debe tener el presbítero para confesar[8].

Por otra parte, el que el ministerio de los presbíteros se entienda bajo esta óptica de colaboración con el orden episcopal manifiesta mejor el que la facultad para confesar sea un encargo de confianza de la Iglesia al sacerdote. En efecto, no pudiendo el Obispo administrar personalmente la penitencia a todos sus fieles, otorga el encargo a sus colaboradores más inmediatos, los presbíteros, para que lo auxilien en esta tarea.

---

[6] El desarrollo de estas ideas se puede ver en A. MIRALLES, «*Pascete il gregge di Dio*», 202-208.

[7] Lo que por supuesto no significa que los sacerdotes que reciben la facultad para confesar en estas circunstancias estén en un grado menor de comunión con el orden episcopal. Sólo afirmamos que aquí la facultad no expresa de modo tan directo tal comunión.

[8] En otros sacramentos, la presencia del Obispo se manifiesta por el uso del Crisma (bautismo y confirmación) o de los óleos (unción de los enfermos) por él consagrados o por la mención expresa, en la Eucaristía, de celebrarse en comunión con él.

1.1.2 Dimensión universal del ministerio sacerdotal

Hemos ya señalado que la mayor innovación de la disciplina del Código de 1983 acerca de la facultad para confesar es la extensión universal de la misma, de modo tal que un sacerdote dotado de facultad, la puede ejercer en la gran mayoría de los casos en toda la Iglesia. Se trata, como hemos notado, de una facultad tendencialmente universal[9].

El criterio que guió está extensión universal fue ante todo práctico, esto es, hacer menos engorroso el ministerio sacerdotal en una sociedad que conoce una gran movilidad humana y a la vez facilitar al máximo a los penitentes la posibilidad de acceder al sacramento. En ello se siguió lo que ya antes de la nueva codificación muchas legislaciones particulares habían dispuesto. Sin embargo, no podemos dejar de ver en esta nueva disciplina canónica razones doctrinales de mayor peso que el mero aspecto práctico recién señalado. En efecto, pensamos que se ve aquí reflejada una verdad acerca del ministerio sacerdotal que ha sido resaltada por el último Concilio ecuménico: la dimensión universal del ministerio sacerdotal, tanto de los Obispos como de los presbíteros.

El sacerdocio ministerial sólo se entiende en la Iglesia y para la Iglesia. Participa por tanto de la característica de la Iglesia de ser a la vez universal y particular; el sacerdote, en efecto, es sacerdote de la Iglesia católica y al mismo tiempo está vinculado a un presbiterio particular.

La dimensión universal del ministerio episcopal está explícitamente enseñada por el Concilio Vaticano II. El Obispo, en cuanto miembro del Colegio episcopal y legítimo sucesor de los apóstoles, además de estar al frente de una Iglesia particular, ha de tener una verdadera solicitud por toda la Iglesia y comparte la responsabilidad por ella (cf. LG 23 y CD 6). Bajo esta perspectiva se entiende bien la disposición del c. 967 §1, nueva respecto a la legislación anterior, en virtud de la cual el Obispo puede absolver válidamente en todo el mundo. El que el Obispo diocesano pueda oponerse en un caso concreto nos recuerda que a él corresponde siempre regular la disciplina sacramental dentro del territorio de su diócesis (cf. LG 26).

El Concilio también enseña la dimensión universal del ministerio de los presbíteros, en cuanto «cualquier ministerio sacerdotal participa de la misma dimensión universal que Cristo confió a los apóstoles» (PO 10). En cuanto colaboradores del orden episcopal, la misión de los pres-

---

[9] Cf. *supra*, II, 1.3.2.

bíteros tiene siempre horizontes de universalidad (cf. LG 28). Ello se manifiesta en primer lugar en la celebración de la Eucaristía y en general en la dispensación de la Palabra y los sacramentos, que son bienes comunes a toda la Iglesia[10]. También bajo la óptica de esta doctrina conciliar debemos entender la extensión tendencialmente universal de la facultad para confesar de los presbíteros. La nueva disciplina, con los límites que ella misma establece, les facilita así el ejercicio de un aspecto importante del ministerio en las condiciones cada vez más versátiles de la vida moderna.

Pensamos que estos cánones que extienden la facultad para confesar más allá del ámbito de jurisdicción del concedente están en consonancia con otras disposiciones del nuevo Código que también reflejan la doctrina conciliar acerca de la dimensión universal del sacerdocio ministerial. Entre estas normas cabe citar ante todo los cánones sobre la incardinación y la excardinación (cf. cc. 265-272), mucho más flexibles que las del Código píobenedictino, de modo de facilitar la redistribución del clero y la ayuda a las diócesis más necesitadas (cf. en particular el c. 271). El c. 1025 §2 también refleja este espíritu, al disponer que los ordenandos deben ser juzgados útiles para el ministerio de la Iglesia (se entiende universal) y ya no de la diócesis, como señalaba el Código anterior (cf. c. 969).

1.2 *La facultad para confesar y la eclesialidad de la penitencia*

El Concilio enseña que toda acción litúrgica es siempre obra del Cristo total, es decir, de Cristo y de la Iglesia (cf. SC 7). En la celebración de la liturgia y en particular en cada uno de los sacramentos, Cristo siempre asocia a su esposa la Iglesia. Esto es así ya que el Señor ha confiado a la Iglesia la dispensación de los sacramentos como medios de gracia para hacer llegar los frutos de la redención a los hombres. El Catecismo nos recuerda que «los sacramentos son "de la Iglesia" en el doble sentido de que existen "por ella" y "para ella"» (n. 1118).

Esta dimensión eclesial de la liturgia y de los sacramentos se manifiesta también, y quizás especialmente, en el sacramento de la penitencia. La estructura esencial del sacramento, tal como Cristo la ha instituido, consiste en un juicio confiado a la Iglesia. El Concilio de Trento enseña que todo hombre debe hacer penitencia por sus pecados,

---

[10] Cf. A. MIRALLES, «*Pascete il gregge di Dio*», 169-172.

CAP. IV: SENTIDO DE LA FACULTAD PARA CONFESAR   199

pero en el caso de los bautizados, tal penitencia, por voluntad de Cristo, debe manifestarse en el someter los pecados al juicio del ministro de la Iglesia[11]. Como tuvimos ocasión de ver en la parte histórica de nuestro trabajo, esta conciencia de que era la Iglesia toda la que administraba la penitencia al pecador estaba muy presente en la Iglesia antigua. En la teología de los Padres de la Iglesia, al decir de G. Flores, «es la Iglesia entera la que ata y desata los pecados; el sacerdote es el ejecutor oficial y el detentor del poder de las llaves que reside en la Iglesia»[12].

En base a estas consideraciones, podemos afirmar que el sacerdote al absolver a un pecador actúa no sólo *in persona Christi* sino también *nomine Ecclesiae*. En palabras de Miralles, «ser ministro de Cristo, en el ejercicio público del sacerdocio, implica el serlo de la Iglesia»[13]. Y como dice E. Tejero, «toda absolución sacramental, aunque sea secreta la confesión de los pecados, es siempre una acción litúrgica que pertenece al cuerpo entero de la Iglesia, lo manifiesta y le afecta»[14]. En este sentido, es interesante lo que destaca L. Scheffczyk: el sacerdote que acoge al penitente no lo hace en cuanto pecador (que ciertamente lo es), sino en cuanto representante de la Iglesia santa, que es la única capaz de perdonar los pecados[15].

El sacerdote absuelve entonces *nomine Ecclesiae*. L. Loppa ha estudiado con detención el uso de la expresión en los documentos de la Iglesia y constata un claro empleo de la misma en el ámbito litúrgico. Ella se ha desarrollado «en el intento de precisar el estatuto del sacerdocio ministerial en referencia a la Iglesia [...] [en cuanto el ministro] coloca actos que son actos de la Iglesia misma»[16]. *Nomine Ecclesiae* es también utilizada en el Código de Derecho Canónico en ámbitos diversos. Nuestro autor elenca al respecto diversos cánones que ilu-

---

[11] Cf. CONCILIO DE TRENTO, Sess. 14, Decr. *De paenitentia et unctione extrema*, in *DS* 1543.

[12] G. FLORES, «La reconciliación», 434.

[13] A. MIRALLES, «Dimensión», 498. Se puede ver la misma idea en A. MARTIMORT, *Los signos de la nueva alianza*, 56-57.

[14] E. TEJERO, «Sobre la "*res et sacramentum*"», 983.

[15] Cf. L. SCHEFFCZYK, «La específica eficacia», 597-599. El autor expone estas consideraciones para mostrar que una celebración comunitaria de la penitencia no expresa mejor la dimensión eclesial del sacramento. Es la Iglesia santa la que perdona y no una comunidad que *ex definitione* se congrega en cuanto pecadora.

[16] L. LOPPA, «*In Persona Christi*» - «*Nomine Ecclesiae*», 184: «del tentativo di precisare lo statuto del sacerdozio ministeriale in referimento alla chiesa [...] egli pone degli atti che sono atti della chiesa stessa».

minan el sentido de la expresión: cc. 246 §2, 675 §3, 834 §2, 1108 §2 y 1192 §1[17]. En resumen, según Loppa la expresión conoce en el Código un doble significado: ontológico-sacramental y jurídico-moral. «El primer significado especifica el ministerio como "representativo" en orden a la comunidad eclesial presente y operante en el ministro mismo. La segunda acepción de nuestra expresión cualifica la acción de una persona habilitada a colocar actos en lugar de la Iglesia, haciendo sus veces»[18]. Aun cuando el Código no use la expresión para aludir a la acción del confesor, sin duda que ella puede ser legítimamente utilizada, pudiéndosele aplicar los dos significados que recién reseñábamos.

Sin duda el sacerdote está capacitado para absolver *nomine Ecclesiae* ya en virtud del sacramento del orden en razón de la intrínseca dimensión eclesial del ministerio sacerdotal que hemos desarrollado. Pero pensamos que la exigencia de la facultad manifiesta y destaca con mayor claridad este aspecto. De hecho, la facultad es otorgada por la Iglesia y está toda sujeta a ella en su regulación. En un sacramento en el que la acción del ministro reviste tal trascendencia, la Iglesia al otorgar la facultad formula un llamado tanto al ministro mismo como a los fieles. Al ministro, recordándole que actúa, no en nombre propio, sino de Cristo y de la Iglesia. A los fieles, ofreciéndoles la garantía de que podrán contar con un ministro idóneo y que vive en la comunión eclesial.

Además de lo ya señalado, pensamos que el hecho mismo que la facultad, al menos en teoría, no se otorgue a todos los sacerdotes, y el hecho, más común, que pueda ser limitada o incluso revocada refuerza lo que hemos recién indicado. Es decir, la Iglesia al otorgar la facultad para confesar a un sacerdote le está dando un mandato, o más precisamente una *missio*, para que administre la penitencia en su nombre, garantizando con ello, como decíamos, la idoneidad y la comunión eclesial[19]. De todo esto tendremos ocasión de volver más adelante.

---

[17] Cf. L. LOPPA, «*In Persona Christi*» - «*Nomine Ecclesiae*», 136-144.

[18] L. LOPPA, «*In Persona Christi*» - «*Nomine Ecclesiae*», 144: «Il primo significato specifica il ministero come "rappresentativo" in ordine alla comunità ecclesiale presente e operante nel ministro stesso. La seconda accezione della nostra espressione qualifica l'azione di una persona abilitata a porre degli atti al posto della chiesa, facendo le sue veci».

[19] El término mandato es utilizado en el ámbito canónico con sentidos diversos (cf., p. ej., cc. 134 §3, 684 §5, 812 y 1013). En el campo del *munus docendi* se distingue, por su parte, entre mandato y *missio canonica*. Mientras quien enseña con mandato de la

1.3 ¿La *pax cum Ecclesia* como *res et sacramentum* de la penitencia?

En el capítulo anterior vimos que una corriente importante de pensamiento representada por K. Mörsdorf y sus seguidores defendió la necesidad intrínseca de la jurisdicción en el confesor en cuanto que ella sería necesaria para que el sacerdote pudiera reconciliar al penitente con la comunidad eclesial[20]. La doctrina que subyace a estos autores es la que sostiene que la *pax cum Ecclesia* es la *res et sacramentum* de la penitencia[21].

¿Qué pensar de esta postura canónica? Desde luego, no es la solución adoptada por la nueva codificación, ya que bien sabemos que el legislador excluyó explícitamente el que el confesor necesite de una potestad de jurisdicción sobre el penitente.

Por otra parte, es cierto que el supuesto teológico en el que se basa esta postura ha encontrado bastantes adherentes entre los teólogos contemporáneos. Pero por otros ha sido contestado. El Magisterio de la Iglesia nada ha dictaminado al respecto. El Concilio Vaticano II señala lo siguiente: «los que se acercan al sacramento de la penitencia obtienen de la misericordia de Dios el perdón de los pecados cometidos contra Él y, al mismo tiempo [*et simul*], se reconcilian con la Iglesia, a la que hirieron con sus pecados» (LG 11)[22]. Nada hay en el texto que permita inferir que la reconciliación con la Iglesia sea *sacramentum* de la reconciliación con Dios. Es más, hacemos nuestras las palabras de Miralles quien dice:

---

autoridad eclesiástica lo hace siempre a nombre propio, garantizando el mandato sólo la comunión eclesial del docente y que su enseñanza no está en contraste con la doctrina de la Iglesia (es una especie de *nihil obstat*), quien enseña mediante la *missio* dada por la autoridad lo hace, en cambio, a nombre de la Iglesia (Cf. F.J. URRUTIA, «Mandato d'insegnare discipline teologiche», 661-663). Es en este sentido que nos parece más correcto decir que la facultad para confesar, más que un mandato, implica una verdadera *missio* otorgada por la Iglesia al confesor.

[20] Hemos encontrado también una argumentación similar en algún autor proveniente de una corriente doctrinal diversa (Cf. D. NOTHOMB, «La nature», 478).

[21] Cf. *supra*, III, 1.3.

[22] El Catecismo de la Iglesia Católica recoge la misma doctrina: «La reconciliación con Dios es inseparable de la reconciliación con la Iglesia» (n. 1445). Y el c. 959, por su parte, enseña: «En el sacramento de la penitencia, los fieles que confiesan sus pecados a un ministro legítimo, arrepentidos de ellos y con propósito de enmienda, obtienen de Dios el perdón de los pecados cometidos después del bautismo, mediante la absolución dada por el ministro, y, al mismo tiempo, se reconcilian con la Iglesia, a la que hirieron al pecar».

Al distinguir el diverso alcance de la reconciliación con Dios y con la Iglesia –con Dios, porque el pecado le ha ofendido; con la Iglesia, porque le ha herido-, no da pie para afirmar que la segunda reconciliación es *sacramentum* de la primera, pues la herida producida a la Iglesia se cura por la *res* última del sacramento, la gracia santificante, que es la que sana el miembro lesionado. En este sentido, mayor motivo hay para decir que la reconciliación con la Iglesia depende de la reconciliación con Dios, que no al revés[23].

Estamos también de acuerdo con el autor recién citado cuando afirma que es muy difícil establecer la relación entre reconciliación con Dios y con la Iglesia en base a los textos antiguos, ya que, como sabemos[24], hasta el siglo XII no existió una clara distinción entre delito y pecado, entre administración de la penitencia y jurisdicción penal[25]. Si bien todo pecado hiere a la Iglesia y la debilita en la caridad, sólo ciertos pecados que afectan de un modo particular la disciplina eclesiástica, y que por ello han sido configurados también como delitos, afectan el orden externo de la Iglesia de modo tal que su reconciliación requiera una jurisdicción eclesiástica en el ministro de la Iglesia.

En base a estas consideraciones, nos parece aventurado plantear una doctrina canónica sobre la base de una opinión teológica cuyo fundamento es discutible. Además, si nos adentramos en los autores que sostienen esta opinión, vemos que también ellos entienden de modo bastante diverso la reconciliación con la Iglesia en cuanto *res et sacramentum* de la penitencia[26].

Podemos concluir este apartado[27] reafirmando que el sacerdote absuelve también en cuanto ministro de la Iglesia, pero no tanto en cuanto la representa para reconciliar a sí el pecador que la ha ofendido, sino en cuanto Cristo le ha confiado a ella el juicio de los pecados de los hom-

---

[23] A. MIRALLES, «Dimensión», 496. La Ex. Ap. *Reconciliatio et Paenitentia* parece seguir la misma línea al explicar que la reconciliación con Dios tiene como consecuencia otras reconciliaciones, entre las cuales cita expresamente la reconciliación con la Iglesia (cf. RP n. 31).

[24] Cf. *supra*, I, 3.3.3.

[25] Cf. A. MIRALLES, «Dimensión», 496-497.

[26] Se puede ver un resumen de estas opiniones en E. TEJERO, «Sobre la *"res et sacramentum"*», 984-989. Un análisis más detallado y crítico de estas posturas se puede ver también en P. LÓPEZ-GONZÁLEZ, «Penitencia», 317-330.

[27] Para lo que se señalará en este párrafo conclusivo, cf. E. TEJERO, «Sobre la *"res et sacramentum"*», 994-1005.

bres. La *clavis Ecclesiae*, utilizando la terminología de santo Tomás de Aquino, se ordena por su propia naturaleza al perdón de parte de Dios, en cuanto «en los sacramentos de la Iglesia permanece la eficacia de la Pasión»[28]. La actuación del sacerdote se realiza en cuanto ministro de la Iglesia, que hace las veces de Cristo[29]. Es cierto que la reconciliación con la comunidad eclesial es otro de los efectos del sacramento, pero parece más correcto decir que ella se realiza como consecuencia de la infusión de la gracia que restaura la vida sobrenatural en el pecador. Por tanto, el significado eclesial de la facultad para confesar, manifestando que el sacerdote es ministro de la Iglesia, alude ante todo a la instrumentalidad de la misma en cuanto al perdón de Dios[30], y sólo de un modo mediato o indirecto a la reconciliación del pecador con la comunidad eclesial.

1.4 *Algunas consecuencias*

Hemos visto en los párrafos anteriores que la facultad para confesar manifiesta particularmente que el ministerio sacerdotal es ejercido en comunión jerárquica y que el confesor administra el perdón divino *nomine Ecclesiae*. De todo ello podemos inferir, siguiendo a Diego-Lora, una obligación de justicia del ministro mismo: «El confesor, en el sacramento, tiene un particular deber de justicia con la Iglesia: ser fiel al Magisterio y observante de las normas dictadas por la autoridad de la Iglesia, a la que se exige una obediencia en materia tan delicada como la de la celebración del sacramento de la penitencia»[31].

En cuanto los sacramentos son para los fieles, este deber de justicia para con la Iglesia es también de justicia para con los destinatarios de la penitencia. Fijémonos por ahora en el primer aspecto, esto es, los deberes del confesor para con la Iglesia, dejando el segundo, los deberes para con los fieles, para más adelante.

---

[28] TOMÁS DE AQUINO, *Suppl.*, q. 17, a. 1: «in sacramentis Ecclesiae efficacia passionis manet».

[29] Cf. TOMÁS DE AQUINO, *STh*. III, q. 84, a. 1, ad 2.

[30] Esta instrumentalidad está claramente expresada por la primera parte de la fórmula de la absolución: «Dios Padre misericordioso, que reconcilió consigo al mundo mediante la muerte y resurrección de su Hijo y envió el Espíritu Santo para el perdón de los pecados, te conceda, *por el ministerio de la Iglesia*, el perdón y la paz» (el cursivo es nuestro).

[31] Cf. C. DE DIEGO-LORA, «La disciplina», 935.

Ante todo, «al administrar el sacramento, el confesor, como ministro de la Iglesia, debe atenerse fielmente a la doctrina del Magisterio y a las normas dictadas por la autoridad competente» (c. 978 §2). La fidelidad al Magisterio se refiere no sólo a aquella doctrina que goza del carácter infalible o definitivo (cf. c. 750), sino también a la que es objeto del Magisterio auténtico no infalible (cf. c. 752). El confesor la deberá aplicar en el modo de celebración de la penitencia[32], al ejercer la *clavis scientiae*[33], juzgando de las disposiciones del penitente para ser absuelto según la doctrina moral católica, y en los consejos que deba dar al penitente durante la celebración misma del sacramento, los cuales también deben estar en consonancia con la moral y ascética de la Iglesia. El aplicar otros criterios, por mucho que estén de moda o encuentren respaldo en la opinión de ciertos teólogos, estaría en contradicción con esta característica intrínseca del ministerio sacerdotal que hemos subrayado, especialmente en el campo sacramental, cual es la de ser siempre una actuación *nomine Ecclesiae*. Además de la fidelidad al Magisterio, el confesor ha de obedecer las normas disciplinares emanadas por la autoridad competente respecto a la celebración del sacramento. Estas normas pueden ser de carácter litúrgico o canónico. Se encuentran en el tit. IV de la primera parte del libro cuarto del Código, en los *praenotanda* del Ritual de penitencia y en otras normas emanadas por la autoridad competente, sea a nivel universal como particular. En lo que respecta a las normas litúrgicas, el Código contiene una disposición con carácter general que bien se aplica aquí: «en la celebración de los sacramentos, deben observarse fielmente los libros litúrgicos aprobados por la autoridad competente; por consiguiente, nadie añada, suprima o cambie nada por propia iniciativa» (c. 846 §1).

Las siguientes palabras del Papa Juan Pablo II son especialmente iluminadoras de lo que acabamos de indicar, refrendando que estamos ante obligaciones de justicia por parte del confesor:

> A la vez [el confesor], debe practicar la caridad, más aún, la justicia, al referir, sin variantes ideológicas y sin rebajas arbitrarias, la enseñanza autén-

---

[32] Siendo fiel, por ejemplo, a las normas sobre la llamada absolución colectiva, contenidas en los cc. 961-963 y en el MP *Misericordia Dei*. Aludimos a estas normas, ya que no son meramente disciplinares, sino que reflejan aspectos esenciales de la doctrina católica acerca de la confesión.

[33] En la enseñanza de santo Tomás, es el poder que ejerce el sacerdote, antes de absolver, para juzgar las disposiciones del penitente. Cf. *Suppl.* q. 17, a. 3.

tica de la Iglesia, rechazando las *profanas vocum novitates*, con respecto a sus problemas. En particular, deseo llamar aquí vuestra atención hacia la necesaria adhesión al Magisterio de la Iglesia sobre los complejos problemas que se plantean en el campo bioético y sobre la normativa moral y canónica en el ámbito matrimonial[34].

En síntesis, el sacerdote se debe saber administrador de un misterio que no le pertenece. Los sacramentos nunca son actos privados; son siempre acciones de la Iglesia (cf. c. 837 §1), que la Iglesia ha recibido a su vez de Cristo (cf. c. 840). Si el sacerdote faltara a estas obligaciones de justicia estaría faltando a la misión recibida de la Iglesia, por lo que la Iglesia tendría el deber de revocarle la facultad conforme al c. 974. En efecto, la facultad, como todo mandato o misión, puede ser revocada, cuando la Iglesia considera que el ministro no cumple con las condiciones para representarla dignamente.

2. La facultad para confesar y la dimensión judicial del sacramento de la penitencia

Sabemos ya por el primer capítulo de nuestro estudio que el Concilio de Trento fundamentaba la necesidad de la jurisdicción del confesor en el carácter judicial de la absolución sacramental[35]. La argumentación era la siguiente: al haber sido instituido el sacramento a modo de juicio, la absolución es un acto judicial que, por su propia naturaleza, requiere de un poder jurisdiccional, el cual sólo puede ser ejercido sobre los propios súbditos. Tal modo de razonar subyace a la disciplina del Código de 1917 y fue seguido por la gran mayoría de los autores hasta la mitad del siglo pasado.

Sin embargo, tanto la legislación como la doctrina vigentes no consideran ya que el confesor deba estar dotado de una especial jurisdicción por parte de la Iglesia para poder absolver a sus penitentes. Surge entonces inmediatamente una pregunta: ¿significa ello que se ve disminuida

---

[34] JUAN PABLO II, *Alloc. ad sodales Apostolicae Panitentiariae*, 28 marzo 2003, 608: «Al tempo stesso, egli deve usare la carità, anzi la giustizia di referire, senza varianti ideologiche e senza sconti arbitrari, l'insegnamento genuino della Chiesa, rifuggendo dalle *profana vocum novitates*, riguardo ai loro problemi. In particolare, desidero qui richiamare la vostra attenzione sulla doverosa adesione al Magistero della Chiesa circa i complessi problemi che si pongono in campo bioetica e circa la normativa morale e canonica nell'ambito matrimoniale».

[35] Cf. *supra*, I, 4.1.1.

la índole judicial del sacramento de la penitencia tal como fue definida por el Concilio de Trento? A esta interrogante se suman otras más: ¿cómo entender hoy día el carácter judicial del sacramento?, ¿tiene la facultad para confesar a que alude el c. 966 §1 alguna relación con dicho carácter? Conscientes de que un acabado estudio acerca de la dimensión judicial de la penitencia va más allá de nuestras posibilidades, intentaremos en las líneas que siguen esbozar una respuesta a dichas interrogantes.

2.1 Sentido teológico del carácter judicial del sacramento de la penitencia

Con posterioridad al Concilio Vaticano II no han faltado quienes consideran superada la concepción judicial del sacramento de la penitencia. Es cierto que quizás en alguna época se enfatizó demasiado esta dimensión en desmedro de otros aspectos del sacramento, los cuales han sido redescubiertos por la reflexión teológica más reciente. Pero ello no puede significar olvidar este aspecto de juicio, definido solemnemente en el Concilio de Trento[36]. De ahí que, ante todo, debamos examinar con cierto detalle el sentido de la enseñanza tridentina antes de esbozar una breve síntesis de lo que el Magisterio y la teología nos enseñan sobre este aspecto que ahora analizamos.

2.1.1 El carácter judicial de la penitencia según el Concilio de Trento

El can. 9 del decreto sobre la penitencia define lo siguiente: «si alguno dijere que la absolución sacramental del sacerdote no es un acto judicial, sino el mero ministerio de pronunciar y declarar que los pecados están perdonados al que se confiesa, [...] sea anatema»[37]. Además de este canon, varios pasajes de la doctrina del mismo decreto aluden direc-

---

[36] Cf. CONCILIO DE TRENTO, Sess. 14, Decr. *De paenitentia et unctione extrema*, in *DS* 1709.

[37] CONCILIO DE TRENTO, Sess. 14, Decr. *De paenitentia et unctione extrema*, in *DS* 1709: «Si quis dixerit, absolutionem sacramentalem sacerdotis non esse actum iudicialem, sed nudum ministerium pronuntiandi et declarandi, remissa esse peccata confitenti [...] anathema sit».

tamente al carácter judicial del sacramento[38] o utilizan una terminología judicial[39].

El Concilio tridentino, al utilizar estos términos judiciales para referirse al sacramento de la penitencia, no hace sino recoger una larga tradición, que se acentúa notablemente a partir del Concilio Lateranense IV[40].

Sin embargo, para entender correctamente las definiciones de Trento, es necesario comprenderlas en relación a las ideas protestantes que estaban rebatiendo y de acuerdo al sentido que entonces tenían los términos utilizados. Los reformadores protestantes consideraban la penitencia como la concesión de un beneficio, pero no como un juicio. Negaban que el sacerdote tuviera verdadero poder para perdonar los pecados, por lo que no era necesaria la confesión de los mismos[41]. En respuesta a estas tesis, el Concilio en el canon citado confirma solemnemente la estructura judicial de la penitencia, siendo la absolución el acto decisivo ejercido por el sacerdote-juez. Ahora bien, ¿cuál es el contenido del acto judicial de la absolución sacerdotal? Han sido muy variadas las interpretaciones que los autores han dado al *actus iudicialis* de Trento[42]; muchos autores contemporáneos se inclinan a ver en él un acto que más se asemejaría a un acto administrativo, cual es la concesión de un indulto o beneficio[43]. En todo caso, más allá de lo que puedan discutir los

---

[38] Cf. CONCILIO DE TRENTO, Sess. 14, Decr. *De paenitentia et unctione extrema*, in *DS* 1671, 1679, 1685 y 1686.

[39] Al emplear términos como juez para referirse al ministro (cf. CONCILIO DE TRENTO, Sess. 14, Decr. *De paenitentia et unctione extrema*, in *DS* 1671, 1679, 1681, 1685), sentencia (cf. *Ibid.* in *DS* 1671, 1679, 1685, 1686), tribunal (cf. *Ibid.* in *DS* 1671, 1687), causa (cf. *Ibid.* in *DS* 1679), jurisdicción (cf. *Ibid.* in *DS* 1686). Lo mismo podría decirse de la referencia, en la misma doctrina, a los pecados como crímenes o delitos.

[40] Cf. A. AMATO, *I pronunciamenti*, 231-243. El autor cita numerosos testigos de la tradición al respecto, entre los cuales es particularmente significativa la enseñanza de santo Tomás de Aquino (cf. *Summa contra Gentiles* 1, IV, c. 72, citada por Amato en la p. 238).

[41] Cf. F. GIL DE LAS HERAS, «¿Es la absolución?», 194-195; A. AMATO, *I pronunciamenti*, 244-251.

[42] Se puede ver una completa reseña de estas interpretaciones en A. AMATO, *I pronunciamenti*, 295-306.

[43] La reseña de algunos de estos autores se puede ver en las páginas de Amato recién citadas. Ellos sostienen que en la época de Trento, el juez tenía muchas atribuciones, como la concesión de indultos, que a partir de la separación de poderes formulada en el siglo XVIII, serían consideradas como actos pertenecientes al poder administrativo. Se

autores, hacemos nuestra la conclusión de A. Amato respecto de la intención de los padres de Trento:

> En conclusión, de los documentos conciliares resulta que la absolución era considerada un verdadero y propio acto judicial. Con tal afirmación el Concilio intentaba defender importantes peculiaridades de la absolución sacerdotal que eran sistemáticamente negadas por los protestantes. Como *actus judicialis*, en efecto, la absolución tiene una *eficacia* directa respecto a la remisión de los pecados [...] Como *actus iudicialis*, además, la absolución es también *ejercicio del poder de las llaves y del poder de jurisdicción* de la Iglesia [...] Como *actus iudicialis*, finalmente, la absolución no puede ser *arbitraria*, sino que debe fundarse sobre el conocimiento de la causa, mediante la confesión[44].

Nos parece que, salvadas las características recién indicadas de la absolución, son legítimas las diversas interpretaciones que se puedan dar al *actus iudicialis* de Trento[45]. Por lo demás, el mismo Concilio nos da a entender que está utilizando la expresión en un sentido analógico a los juicios humanos, al decir que la absolución es dada por el sacerdote como [*velut*] por un juez, al modo de [*ad instar*] un acto judicial[46].

---

puede ver un desarrollo de la argumentación en F. GIL DE LAS HERAS, «¿Es la absolución?».

[44] A. AMATO, *I pronunciamenti*, 309: «In conclusione, dai documenti conciliari risulta che l'assoluzione veniva considerata come un vero e proprio atto giudiziale. Con tale affermazione il concilio intendeva difendere importanti peculiarità dell'assoluzione sacerdotale, che venivano sistematicamente negate dai protestanti. Come *actus iudicialis*, infatti, l'assoluzione ha un'*efficacia* diretta nei confronti della remissione dei peccati [...] Come *actus iudicialis*, inoltre l'assoluzione è anche *esercizio del potere delle chiavi e del potere di giurisdizione* della Chiesa [...] Come *actus iudicialis*, infine, l'assoluzione non può essere *arbitraria*, ma deve fondarsi sulla conoscenza della causa, mediante la confessione». Las cursivas son del autor.

[45] El mismo Amato concuerda que entonces el acto judicial incluía también actos que, en el sentido técnico de hoy día, no serían del solo poder judicial. En este sentido, Trento no rechaza que la absolución sea la *dispensatio alieni beneficii*. La absolución es un *iudicium* (en cuanto *actus iudicialis*) *salutare* (en cuanto *dispensatio alieni beneficii*) (Cf. *I pronunciamenti*, 313-314). Sin embargo, nos parece que son peligrosas aquellas reinterpretaciones de Trento que llevan a disminuir el valor de ciertas características fundamentales del sacranento de la penitencia, como es el caso de la integridad de la confesión (Cf. R. FRANCO, «La confesión», 312).

[46] Cf. CONCILIO DE TRENTO, Sess. 14, Decr. *De paenitentia et unctione extrema*, in *DS* 1685.

2.1.2 El carácter judicial de la penitencia en la teología y el Magisterio contemporáneos

Más allá de precisar qué entendió el Concilio de Trento al afirmar que la absolución es un acto judicial, son muy pocos los teólogos contemporáneos que se han adentrado a profundizar en el carácter de juicio de la penitencia[47]. Se trata, sin embargo, de un aspecto esencial de la teología católica, en el cual reside lo específico de este sacramento con respecto al bautismo[48]. En efecto, mientras en el bautismo el perdón de los pecados se realiza en la forma de un puro acto de la misericordia de Dios, lo propio de la penitencia es que el perdón se otorga mediante un juicio[49].

Ahora bien, ¿en qué consiste este juicio? Para captar toda la hondura del juicio que se realiza en la penitencia, debemos recordar que todo sacramento comporta una peculiar configuración con la muerte y resurrección de Cristo[50]. La Pasión de Cristo, de la cual todos los sacramentos extraen su virtud, puede también ser considerada bajo el prisma de un juicio: el juicio que el Padre ejerce en Cristo sobre el pecado, juicio que comporta a la vez una palabra de condena, la muerte, y una palabra de gracia, la salvación. En esta dinámica de identificación con Cristo, en la penitencia, en palabras de Schmaus, «el hombre se abraza a Cristo crucificado para someterse en comunidad con Él al juicio que Dios hizo en la muerte en cruz de su Hijo. Y viceversa: en este sacramento es aceptado por Cristo, quien se abraza a Él, y es introducido por Él en su muerte, para que pueda también llenarse de su gloria»[51]. Los actos del penitente adquieren así el carácter de mística unión con Cristo en su sacrificio y la absolución del sacerdote es signo eficaz de su

---

[47] Es sintomático que la mayoría de los manuales de teología sobre el sacramento de la penitencia no traten esta dimesión judicial en la sistemática sobre el sacramento. Se puede ver al respecto los manuales ya citados de Adnès y Ramos-Regidor y la obra más reciente de G. Flores (*Penitencia y Unción de enfermos*).

[48] Cf. L. SCHEFFCZYK, «La específica eficacia», 593.

[49] Es lo que enseña el Concilio de Trento. Cf. Sess. 14, Decr. *De paenitentia et unctione extrema*, in *DS* 1671 y 1672.

[50] Al explicar esta particular configuración con Cristo que se produce en el sacramento de la penitencia nos remitimos a L. SCHEFFCZYK, «La específica eficacia», 591-594 y a M. SCHMAUS, *Los sacramentos*, 544-552.

[51] M. SCHMAUS, *Los sacramentos*, 548-549.

victoria sobre el pecado y la muerte[52]. Pero como bien ha señalado Schmaus, el juicio cumplido en la penitencia no mira sólo al pasado, al juicio de la cruz, sino que también mira al futuro, al juicio final, del cual en cierto modo es una anticipación. Quien se somete en esta vida al juicio de misericordia obrado en el sacramento de la penitencia no será alcanzado después por el juicio de condena al pecador no convertido[53].

Documentos recientes del Magisterio eclesiástico han aludido, aunque brevemente, a este carácter judicial de la penitencia. El ritual de la penitencia lo hace en los nn. 6b y 10a. El Papa Juan Pablo II nos dice en *Reconciliatio et paenitentia* que el sacramento es «una especie de acto judicial; pero dicho acto se desarrolla ante un tribunal de misericordia, más que de estrecha y rigurosa justicia, de modo que no es comparable sino por analogía a los tribunales humanos» (n. 31). También el Catecismo se refiere al juicio que se realiza en este sacramento (cf. nn. 1465 y 1470).

2.2 *La dimensión judicial de la confesión en el Código de 1983*

El Código de 1983 recoge expresamente la dimensión judicial del sacramento y de la acción sacerdotal: «Al oír confesiones, tenga presente el sacerdote que hace las veces de juez y de médico, y que ha sido constituido por Dios ministro de justicia y a la vez de misericordia divina, para que provea al honor de Dios y a la salud de las almas» (c. 978 §1)[54].

Los tradicionales tratados sobre la confesión siempre habían buscado delinear los oficios del confesor. San Alfonso María de Ligorio, por ejem-

---

[52] Se puede ver una sugestiva meditación sobre la relación entre los distintos momentos de la Pasión de Cristo y los pasos de la penitencia en A. von Speyr, *La confesión*, 39-48.

[53] Cf. M. Schmaus, *Los sacramentos*, 551. El Catecismo de la Iglesia Católica expresa la misma idea: «En este sacramento, el pecador, confiándose al juicio misericordioso de Dios, *anticipa* en cierta manera *el juicio* al que será sometido al fin de esta vida terrena» (n. 1470).

[54] Es cierto que el c. 959, a diferencia del canon 870 del Código anterior, no califica expresamente de judicial la absolución del sacerdote. Sin embargo, el motivo para eliminar dicha calificación no fue el negar la índole judicial, sino evitar que ella se redujera a la sola absolución, siendo que, como veremos en las líneas que siguen, ella penetra todo el signo sacramental. Las actas de los trabajos de preparación del Código nos muestran la intención del legislador de conservar esta índole judicial (Cf. *Communicationes* 10 (1978) 49-50).

plo, enseñaba que el confesor hacía las veces de padre, maestro, médico y juez[55]. El Código actual, al igual que su antecesor (cf. c. 888 §1 CIC 17), señala los oficios de juez y de médico, los que sin duda abarcan también en su significado los otros dos enseñados por san Alfonso.

No es fácil separar con precisión aquello que corresponde al confesor en cuanto juez o en cuanto médico, pero pensamos que las palabras de Cappello siguen vigentes: «en cuanto juez, debe conducir a término la causa iniciada, en cuanto le es posible; dar la absolución al penitente dispuesto; conferir un válido sacramento, esto es, pronunciar una válida sentencia judicial; imponer una conveniente satisfacción»[56].

Otra forma de explicar el oficio de juez del confesor es utilizando la imagen de las llaves de acuerdo a la doctrina de santo Tomás. En efecto, hemos visto ya que los teólogos medievales enseñaban que el sacerdote en la penitencia ejerce dos llaves, la de la ciencia y la de atar y desatar, llamada también de la potencia[57]. La primera, por medio de la cual juzga de las disposiciones de quien pide ser absuelto, es necesaria para poder ejercer (o eventualmente no ejercer) la segunda. El confesor, para poder juzgar de las disposiciones del penitente, debe conocer la causa de que

---

[55] Cf. A.M. DE LIGORIO, *Pratica del confessore*, 3 (n. 2).

[56] F.M. CAPPELLO, *De Poenitentia*, 450: «Qua iudex, debet coeptam causam ad finem perducere, quantum in se est; absolutionem dare disposito penitenti; sacramentum validum conferre i. e. validam sententiam iudicialem pronuntiare, convenientem satisfactionem imponere».

[57] Cf. *supra*, I, 3.3.1, b. La explicación completa de la doctrina de las dos llaves la formula santo Tomás en *Suppl.* q. 17, a. 3. Éstas son algunas de sus palabras: «Quien debe ejecutar una acción que requiere idoneidad por parte del sujeto paciente, necesita dos cosas: juzgar de la idoneidad de este sujeto y realizar el acto [...] Según esto, existen dos llaves, de las cuales una tiene por objeto juzgar de la idoneidad de quien deba ser absuelto, y la otra, la absolución en sí misma». («in omni actu qui requirit idoneitatem ex parte recipientis, duo sunt necessaria ei qui debet actum illum exercere: scilicet iudicium de idoneitate recipientis; et expletio actus [...] Secundum hoc, sunt duae claves: quarum una pertinet ad iudicium de idoneitate eius qui absolvendus est; et alia ad ipsam absolutionem»). Y algo más adelante, en el mismo artículo, señala: «Para el acto de abrir una cerradura basta una sola llave. Pero no hay inconveniente en que una llave se ordene al acto de otra. Y esto es lo que ocurre en nuestro caso. La segunda llave, llamada "potestad de atar y desatar", es la que inmediatamente abre la cerradura del pecado; la llave que denominamos "ciencia" muestra a quien ha de ser abierta tal cerradura» (ad 1). («ad unam seram aperiendam una clavis immediate ordinatur: sed non est inconveniens quod una ad actum alterius ordinetur. Et sic est in proposito. Secunda enim clavis, quae dicitur "potestas ligandi et solvendi", est quae immediate seram aperit peccati: sed clavis quae dicitur "scientia", ostendit cui aperienda sit sera illa»).

se trata[58]. Varias disposiciones del Código aluden a este deber: en particular, el c. 988 §1 respecto de la obligación del penitente de confesar sus pecados, y el c. 979 respecto de las preguntas que ha de formular el confesor. Si el confesor no duda de la buena disposición del penitente y éste pide ser absuelto, le debe absolver (cf. c. 980)[59].

Al impartir la absolución, el sacerdote ejerce la segunda llave, la de atar y desatar, por medio de la cual dicta la definitiva sentencia en este juicio de la penitencia. Pero, ¿en qué sentido el confesor ata y desata por medio de la absolución? ¿No parecería, más bien, que sólo desata del pecado? Al absolver, el confesor desata de la culpa del pecado y al menos de parte de la pena debida, y a la vez ata con la satisfacción que impone[60]. Al contrario, en el caso de que no pueda impartir la absolución, el confesor nada desata, y sólo puede decirse que ata en cuanto no absuelve, es decir, en cuanto muestra al penitente la permanencia del vínculo de la culpa y de la pena[61].

Este rápido análisis del modo como el confesor ejerce su oficio de juez nos confirma la validez de la consideración judicial de la penitencia. Repetimos que no se trata de la única dimensión del sacramento

---

[58] Un buen resumen de lo que implica este conocimiento de causa puede verse en F.M. CAPPELLO, *De Poenitentia*, 479-480.

[59] La certeza que se requiere y basta en el confesor respecto de la buena disposición del penitente es la certeza moral lata, es decir, el juicio prudente y probable acerca de las disposiciones del penitente. Al respecto, cf. F.M. CAPPELLO, *De Poenitentia*, 481-489.

[60] El Concilio de Trento alude a esta función de atar de las llaves al imponer una satisfacción a cumplir (Cf. Sess. 14, Decr. *De paenitentia et unctione extrema*, in *DS* 1692 y 1715). Por su parte, el c. 981 alude al deber del confesor de imponer al penitente una saludable y conveniente satisfacción.

[61] Escuchemos nuevamente a santo Tomás, cuyas palabras son esclarecedoras: «La operación del sacerdote, al usar del poder de las llaves, es conforme a la operación de Dios, de quien es ministro [...] De la misma manera, el sacerdote, cuando absuelve, ejerce, en virtud del poder de las llaves, una operación ordenada al perdón de la culpa, según el modo ya dicho; pero no puede ejercer sobre la culpa la operación de atar, a no ser en cuanto no absuelve, con lo cual muestra que los pecadores siguen atados. Sin embargo, respecto a la pena tiene poder para atar y desatar. Absuelve de la pena que perdona, y liga con la que permanece». (*Suppl.* q. 18, a. 3: «Operatio sacerdotis in usu clavium est conformis Dei operationi, cuius minister est [...] Similiter ergo et sacerdos, etsi in absolvendo ex vi clavium habeat aliquam operationem ordinatam ad culpae dimissionem modo iam dicto, non tamen ligando aliquam operationem habet in culpam: nisi ligare dicatur inquantum non absolvit sed ligatos ostendit. Sed in poenam habet potestatem et ligandi et solvendi. Solvit enim a poena quam dimittit, sed ligat ad poenam quae remanet»).

y ella debe ser entendida de un modo sólo analógico a los juicios humanos[62]. Estamos ante un tribunal, sí, pero tribunal de misericordia más que de estrecha y rigurosa justicia (cf. RP 31). Sin embargo, esto no significa, como hemos visto, que el juicio se ejerza de un modo arbitrario. En este sentido, de la consideración judicial de la penitencia podemos extraer conclusiones similares a las que deducíamos algunos párrafos más atrás del carácter eclesial del sacramento y del ministerio del confesor. Dejemos que sea el Papa quien nos lo explique:

> De las palabras de Jesús que enuncian la potestad de remitir los pecados en el sacramento de la penitencia, resulta con toda evidencia que el acto sacramental está intrínsecamente unido a un juicio, y por ello mismo a un magisterio de verdad [...] En realidad el Espíritu Santo es *Spiritus veritatis* [...] y la decisión del sacerdote de remitir o de retener, no pudiendo ser arbitraria, porque es función instrumental al servicio del Dios de la verdad, presupone el juicio recto [...] De aquí la ineludible consecuencia que el sacerdote, en el ministerio de la penitencia, debe enunciar no sus opiniones privadas, sino la doctrina de Cristo y de la Iglesia[63].

2.3 *La facultad para confesar y el carácter judicial de la penitencia*

Luego de este breve *excursus* sobre el carácter judicial del sacramento de la penitencia, no debemos olvidar que nuestro objetivo es determinar si la facultad para confesar dice relación con tal carácter. Sabemos que durante siglos, fue ello el principal argumento para sostener la necesidad de la jurisdicción en el confesor. Pero ya durante la vigencia del Código de 1917, autores como Poschmann, que seguían sosteniendo la necesi-

---

[62] Las diferencias saltan a la vista. Mientras en los juicios humanos generalmente se condena al culpable, en la penitencia se lo absuelve, con tal que reconozca su culpa. En un caso la absolución es el reconocimiento de la ausencia de culpabilidad, en el otro es la respuesta a la culpa confesada. Ante el tribunal humano el reo se defiende y hay testigos que lo acusan; en la confesión, en cambio, el mismo reo aporta todas las pruebas en su contra (Cf. E. MIRAGOLI, «Il confessore», 30).

[63] JUAN PABLO II, *Alloc. Ad paenitentiarios basilicarum Urbis quosdamque sacerdotes*, 21 marzo 1992, 348-349: «dalle parole di Gesù. che enunciano la potestà di rimettere i peccati nel Sacramento della Penitenza, risulta con ogni evidenza che l'atto sacramentale è intrinsecamente connesso ad un giudizio, e perciò stesso ad un magistero di verità [...] In realtà lo Spirito Santo è "Spiritus veritatis" [...] e la decisione del sacerdote di rimettere o di ritenere, non potendo essere arbitraria, perché è funzione strumentale al servizio del Dio della verità, presuppone un retto giudizio [...] Di qui l'inedubile conseguenza che il sacerdote, nel ministero della Penitenza, deve enunziare non le sue private opinioni, ma la dottrina di Cristo e della Chiesa».

dad de la jurisdicción, basándose en el carácter analógico de la configuración judicial del sacramento y en el hecho de que todos los hombres son súbditos de Dios, señalaban que «no se comprende por ello por qué Dios no debería autorizar al sacerdote, al cual en la ordenación confiere el poder de las llaves, a ejercer tal potestad sobre todos los hombres indistintamente sujetos a su tribunal divino»[64].

Aun cuando la observación anterior nos parece certera, no se puede negar que la disciplina de la facultad, como ya hemos estudiado[65], dice relación a una cierta asignación de fieles por parte de la Iglesia al confesor. Ello se deduce de la misma terminología utilizada por el c. 966 §1, que hemos citado tantas veces, el cual habla de la facultad que debe tener el sacerdote de ejercer la potestad de orden «sobre los fieles a quienes da la absolución». Luego, tanto en el caso de la facultad obtenida *ipso iure* (y *vi officii*) como por concesión de la autoridad competente, se trata siempre de una facultad que se puede ejercer sólo sobre un cierto grupo de fieles (ya dijimos que la eventual extensión universal es un segundo momento que supone siempre este primer ámbito de ejercicio de la facultad, perdiéndose el cual cae también la extensión universal). Por tanto, si bien no podemos identificar la facultad con la jurisdicción propia de un juez, ella de hecho designa los fieles sobre los cuales el sacerdote puede administrar un sacramento que es *ad instar actus iudicialis*[66].

Nos podemos preguntar, finalmente, si el confesor es efectivamente juez, aunque lo sea de un juicio del todo peculiar, ¿cuándo recibe la jurisdicción[67] propia para este tipo de juicio? Creemos que la respuesta

---

[64] E. Fischer, «Necessità», 76: «non si comprende perciò perché Dio non dovrebbe autorizzare il sacerdote, cui nell'ordinazione conferisce il potere delle chiavi, ad esercitare tale potestà su tutti gli uomini indistintamente soggetti al suo tribunale divino». De ahí que Poschmann, siempre según nos lo indica Fischer, planteaba que había que buscar otro motivo para demostrar la necesidad de una particular autorización de parte de la Iglesia al confesor. Para él, la motivación fundamental de tal necesidad era el que la *pax cum Ecclesia* era el efecto inmediato del sacramento, por lo que el ministro requería de una jurisdicción especial para poder reconciliar al penitente. Son argumentos que ya conocemos.

[65] Cf. *supra*, III, 2.3.4, e.

[66] Y podría también determinar las causas sobre las cuales puede juzgar, en el caso que la legislación particular estableciera una reserva respecto de la absolución de ciertos pecados (Cf. *supra*, II, 1.2.4, b).

[67] Si estamos ante un juicio que tiene un carácter analógico respecto de los juicios humanos, al hablar aquí de jurisdicción lo hacemos también en un sentido analógico. La

CAP. IV: SENTIDO DE LA FACULTAD PARA CONFESAR

no puede ser otra sino que el confesor es constituido juez en el momento mismo de la ordenación, en virtud del mismo sacramento del orden. Si Cristo instituyó la penitencia a modo de juicio, es lógico que el acto mismo que confiere al ministro la potestad de otorgar el perdón de los pecados es el acto que lo instituye juez, que le confiere jurisdicción para este juicio sobre los pecados de los bautizados[68]. Bajo esta perspectiva puede afirmarse que la facultad sólo ordena y determina la jurisdicción que ya tiene el confesor.

2.4 Conclusión

Al llegar al término de estos párrafos en que nos hemos detenido a estudiar la dimensión judicial de la confesión, podemos ya responder a las preguntas con que abrimos este apartado. Creemos haber demostrado que, si bien la disciplina vigente ya no exige que el confesor tenga jurisdicción para poder confesar, esto no trae consigo que el sacramento

---

pregunta podría plantearse así: ¿cuándo el sacerdote es constituido juez de este juicio peculiar que es la penitencia?

[68] El que la jurisdicción sea recibida por el confesor en el momento mismo de la ordenación no es doctrina nueva. Como tuvimos ocasión de estudiarlo en el primer capítulo, ya lo afirmaban algunos autores antiguos, sea diciendo que ella es toda dada por la ordenación, sea afirmando que es dada de un modo sólo incoado, debiendo luego ser completada por la Iglesia (cf. *supra*, I, 4.2.2, a). En nuestra opinión, la dificultad con que topaban tales explicaciones estaba en el entender el concepto de jurisdicción en un sentido unívoco, teniendo como paradigma la jurisdicción eclesiástica. En este sentido, era justa la crítica de Suárez de que dichas explicaciones eran incompatibles con la enseñanza tridentina que postulaba que la Iglesia podía limitar o quitar la jurisdicción. Las dificultades se desvanecen, en cambio, si entendemos la jurisdicción dada en la ordenación en un sentido sólo analógico con respecto a la jurisdicción eclesiástica (en la analogía es más la diferencia que la semejanza). Si es así, no hay dificultad a que la Iglesia, mediante su jurisdicción, pueda regular la jurisdicción recibida en la ordenación (queda claro aquí el sentido diverso en que entendemos jurisdicción en uno y otro caso. En el primero se trata de la jurisdicción eclesiástica. Recordemos que la facultad para confesar, no siendo jurisdicción, proviene de la jurisdicción. En el segundo, en cambio, se trata de la ordenación que otorga la jurisdicción propia de este peculiar juicio que es la penitencia). Ahora bien, si dejamos de lado a los autores antiguos, nuestra afirmación de que los sacerdotes son constituidos jueces en virtud de la misma ordenación, la vemos apoyada en dos autores modernos de signo muy distinto: K. Rahner y J.M. González del Valle. La afirmación del primero está en K. RAHNER, *De Paenitentia*, 560 y la del segundo en J.M. GONZÁLEZ DEL VALLE, *El sacramento de la penitencia*, 245-246. Ambos emplean el término jurisdicción en un significado sólo analógico respecto de la jurisdicción eclesiástica.

mismo de la penitencia haya perdido su carácter jurisdiccional. Pensamos que este carácter hace parte de la doctrina católica acerca de la penitencia y salvaguarda elementos fundamentales de la misma. Sin embargo, es cierto que en lo que respecta a la exigencia de la facultad para confesar, ella no tiene su razón de ser principal en el carácter de juicio del sacramento. Pero ello no significa que le sea totalmente ajena; la facultad, de hecho, designa quienes pueden ser juzgados por el confesor-juez. Podemos entonces afirmar que no siendo quizás de necesidad que el carácter judicial del sacramento se exprese mediante la facultad que otorga la Iglesia, de hecho tal facultad nos recuerda dicha índole judicial.

3. Garantía y tutela del bien de los penitentes

Hemos visto en las páginas que nos han precedido que la facultad para oír confesiones es una expresión del carácter judicial y eclesial del sacramento de la penitencia. Pero ello, siendo cierto, no nos da aún razón del sentido último de la exigencia de la Iglesia de esta facultad. La razón última, en realidad, se confunde con la razón de todos los sacramentos, y en general, de todo el ordenamiento canónico: el bien de los fieles. En efecto, los sacramentos fueron instituidos *propter homines*: son los medios ordinarios de santificación de los fieles. Y todo el ordenamiento de la Iglesia tiene como ley suprema, como nos lo recuerda el c. 1752, la *salus animarum*. No es otro el motivo por el cual la Iglesia, a lo largo de toda su historia, ha exigido al sacerdote algo más que la sola potestad de orden para poder absolver válidamente a los fieles.

Cuando en la comisión preparatoria del actual Código alguien propuso eliminar la exigencia de la facultad, la moción fue rechazada aduciéndose escuetamente que el Obispo, en tal caso, no podría retirar la facultad[69]. La argumentación puede parecer pobre, pero mira al fondo del problema. En efecto, ¿cómo podría la Iglesia proteger a los fieles de un ministro indigno en un asunto tan delicado, de no existir un control jurídico sobre la potestad del confesor?

Conviene que nos detengamos con más tranquilidad a analizar en qué consiste este bien de los fieles que es particularmente tutelado por la facultad para confesar. Iniciaremos este análisis partiendo desde la perspectiva amplia del derecho general de los fieles a los sacramentos.

---

[69] Cf. *Communicationes*, 10 (1978) 56.

Luego, estudiaremos más en particular el derecho al sacramento de la penitencia, para finalmente indagar cómo se integra la necesidad de la facultad dentro de tal perspectiva.

3.1 *Horizonte de comprensión: el derecho de los fieles a los sacramentos*

El c. 213 consagra el derecho general de los fieles a los sacramentos: «Los fieles tienen derecho a recibir de los Pastores sagrados la ayuda de los bienes espirituales de la Iglesia, principalmente la palabra de Dios y los sacramentos». Este derecho, como ya lo insinúa el canon, comporta un deber correlativo de parte de los ministros, deber que está formulado en un modo indirecto en el c. 843 §1: «Los ministros sagrados no pueden negar los sacramentos a quienes los pidan de modo oportuno, estén bien dispuestos y no les sea prohibido por el derecho recibirlos».

La disposición del c. 213 tiene sin duda un carácter fundante de todo el ordenamiento canónico, ya que como ha escrito A. del Portillo, los derechos en él consagrados «son quizás los derechos más radicales y más elementales porque son la condición *sine qua non*, el medio absolutamente necesario para ejercer el irrenunciable y primordial derecho de pertenecer a la Iglesia y de participar en su única misión»[70]. Este canon tiene como fuentes inmediatas el c. 682 del Código de 1917 y un párrafo de la *Lumen Gentium*. Mientras el primero tiene un cierto dejo minimalista[71], el texto conciliar es de amplias perspectivas: «Los laicos, como todos los fieles, tienen derecho a recibir abundantemente [*abundanter*] de los Pastores sagrados, de entre los bienes espirituales de la Iglesia, de manera principal la ayuda de la palabra de Dios y de los sacramentos» (LG 37a).

Ahora bien, si nos detenemos en el derecho específico a los sacramentos, éste tiene su razón de ser en la realidad de que los sacramentos son debidos según justicia a los hombres. Esto, siguiendo a C. Errázuriz, se basa en dos verdades fundamentales: «Ante todo , porque los sacramentos son atribuidos por voluntad de Cristo a los fieles [...], y esta atribución implica en el sujeto un título jurídico [...] En segundo lugar, el ministro ha sido constituido como dispensador de aquello que ya ha

---

[70] A. DEL PORTILLO, *Fieles y laicos en la Iglesia*, 85.
[71] Cf. A. DEL PORTILLO, *Fieles y laicos en la Iglesia*, 84-85.

sido atribuido al fiel»[72]. Obviamente, no es que los fieles tengan un derecho a la gracia, la cual es siempre un don gratuito, pero desde el momento en que la gracia se nos otorga mediante signos visibles (materiales, podríamos decir), y que estos signos obran *ex opere operato*, se puede afirmar, sobre la base de las dos verdades recién citadas, que existe verdaderamente un derecho a los sacramentos. Podemos sintetizar estas ideas con las palabras de J. Hervada: «En Cristo el don es misericordia, pero en su Iglesia y en el ministro es justicia, porque son depositarios de aquello que mediante la Cruz ha sido entregado a los hombres»[73].

Lo señalado en el párrafo anterior tiene su razón de ser en una verdad fundamental de la fe católica, cual es la que los sacramentos son necesarios para la salvación (cf. *DS* 1603), contienen la gracia que significan y la confieren a quienes no colocan óbice (cf. *DS* 1606). Constituyen el medio ordinario de la gracia y de la santificación de los hombres. Por tanto, desde el momento en que todos los fieles están llamados a la santidad (cf. LG 40 y c. 210), los sacramentos son necesariamente debidos según justicia a los hombres[74].

3.2 *El derecho al sacramento de la penitencia*

¿Cómo se concretiza lo señalado en los párrafos anteriores en el sacramento de la penitencia? Sin duda, este sacramento es uno de los principales bienes espirituales a que los fieles tienen derecho conforme al c. 213. ¿Por qué? Porque, como enseña el P. Cappello siguiendo la definición de Trento[75], «este sacramento, al menos *in voto*, es necesario, *necessitate medii*, a todos los que después del bautismo han caído en

---

[72] C. ERRÁZURIZ, *Il diritto*, 190-191: «Anzitutto, perché i sacramenti sono attribuiti, per volontà di Cristo, ai fedeli [...], e questa attribuzione implica nel soggetto un vero titolo giuridico [...] In secondo luogo, il ministro è stato costituito quale dispensatore di ciò che è già attribuito al fedele».

[73] J. HERVADA, «Las raíces», 875.

[74] El nexo entre vocación a la santidad y derecho a los sacramentos está claramente explicado en J.M. DÍAZ MORENO, «Los sacramentos», 127-129.

[75] Cf. CONCILIO DE TRENTO, Sess. 14, Decr. *De paenitentia et unctione extrema*, in *DS* 1706: «Si alguno negare que la confesión sacramental ha sido instituida o que sea necesaria para la salvación, por derecho divino [...] sea anatema». («Si quis negaverit, confessionem sacramentalem vel institutam vel ad salutem necessariam esse iure divino [...] anathema sit»).

pecado mortal»⁷⁶. Pero el derecho al sacramento de la penitencia no puede reducirse a la confesión sólo en caso de haber cometido un pecado mortal; tal sería una interpretación minimalista ajena al espíritu del *abundanter* del texto conciliar que consagra el derecho a los sacramentos. En efecto, aun cuando no se trate de una necesidad en sentido estricto, toda la tradición de la Iglesia ha recomendado vivamente la confesión frecuente, también de los pecados veniales, como un medio privilegiado de progreso espiritual⁷⁷. Por tanto, el derecho de los fieles al sacramento de la penitencia incluye también el derecho a la llamada confesión de devoción, esto es, la confesión frecuente de los pecados veniales⁷⁸.

Si nos adentramos ahora a analizar la estructura del sacramento, el derecho a la penitencia incluye tanto el derecho a ser escuchado en confesión como el derecho a ser absuelto. Es más, dado que la confesión individual e íntegra y la absolución, también individual, constituyen el único modo ordinario de reconciliación de los fieles que han caído en pecado grave (cf. c. 960)⁷⁹, el objeto directo del derecho de los fieles a este sacramento consiste en el carácter personal, individual, tanto de la confesión como de la absolución⁸⁰. Ahora bien, el derecho a ser escu-

---

⁷⁶ F.M. CAPPELLO, *De poenitentia*, 14-15: «Hoc sacramentum saltem *in voto* necessarium est *necessitate medii* omnibus illis, qui *post baptismum* in peccatum *mortale* lapsi sunt». *In voto* significa la seria voluntad de recibir el sacramento en el tiempo oportuno, voluntad que puede estar implícita en un acto de contrición perfecta. La necesidad de medio para la salvación se da cuando quien omite tal medio, aun sin culpa, no puede salvarse. Esta necesidad del sacramento es evidentemente sólo para los bautizados; para los no bautizados, basta la obligación general de hacer penitencia (cf. *DS* 1669). Finalmente, además de ser una necesidad de medio, el sacramento es también una necesidad de precepto, tanto divino como eclesiástico (cf. el precepto de la confesión anual sancionado en el Lateranense IV y recogido en el c. 989).

⁷⁷ Se puede citar la enseñanza del Catecismo de la Iglesia Católica: «La confesión habitual de los pecados veniales ayuda a formar la conciencia, a luchar contra las malas inclinaciones, a dejarse curar por Cristo, a progresar en la vida del Espíritu» (n. 1458) (Cf. también el c. 988 §2).

⁷⁸ Cf. J.A. MARQUES, «O direito», 34-35.

⁷⁹ Esta doctrina ha sido recordada recientemente con especial fuerza por el Papa Juan Pablo II. (cf. MP *Misericordia Dei*, 7 abril 2002).

⁸⁰ Cf. J.A. MARQUES, «O direito», 32-33. Por otra parte, el Papa Juan Pablo II ha recordado en varias oportunidades que se trata de un verdadero derecho de los fieles. A modo de ejemplo, citamos estas palabras de la Ex. Ap. *Reconciliatio et Paenitentia*: «A los pastores queda la obligación de facilitar a los fieles la práctica de la confesión íntegra e individual de los pecados, lo cual constituye para ellos no sólo un deber, sino también

chado en confesión tiene como único límite el que la confesión sea pedida razonablemente (cf. c. 986). Y el derecho a la absolución está condicionado a las buenas disposiciones del penitente, consistentes básicamente en el debido arrepentimiento y propósito de enmienda (cf. c. 980 y 987)[81].

Por otra parte, sabemos que a todo derecho corresponde un deber correlativo. Los derechos de los fieles con respecto a la penitencia recién aludidos pueden también ser leídos bajo la perspectiva de los deberes de los ministros de la Iglesia. Estos deberes son de estricta justicia para los titulares de un oficio con cura de almas (cf. c. 986 §1). Pero también constituyen un deber de justicia, en caso de necesidad, para cualquier sacerdote que goce de las debidas facultades, y en peligro de muerte, para cualquier sacerdote aun desprovisto de tales facultades (cf. c. 986 §2)[82].

Finalmente, debemos preguntarnos cómo situar la exigencia del c. 966 §1 dentro de esta perspectiva del derecho de los fieles al sacramento de la penitencia. Si nos situamos desde la perspectiva del deber correlativo del ministro, nos parece acertada la afirmación de A. del Portillo en el sentido de que las licencias para confesar «deben entrañar, no sólo la facultad, el derecho, sino también el deber de servir al Pueblo de Dios. Y deber de justicia»[83]. Sin embargo, si nos situamos desde el punto de vista del derecho del fiel, ¿facilita la exigencia de la facultad el ejercicio de tal derecho o más bien lo limita? Sabemos que a lo largo de la historia las normas sobre la jurisdicción para confesar no siempre han facilitado el acceso de los fieles al sacramento, sobre todo si se lo

---

un derecho inviolable e inalienable, además de una necesidad del alma» (n. 33). En el MP *Misericordia Dei* insiste en que esta necesidad es *verae pastoralis iustitiae* (p. 38). De ahí que el empleo de la llamada absolución colectiva más allá de lo estipulado por las normas canónicas es no sólo un abuso, sino una lesión de un derecho específico de los fieles.

[81] Cf. J.A. MARQUES, «O direito», 33-34. Sin embargo, es el ministro quien juzga la presencia de estas buenas disposiciones.

[82] Nos parece interesante la observación que hace T. Rincón-Pérez: «De intento, el legislador no ha querido recoger la distinción del Código antiguo entre obligación de justicia que afectaba sólo a los primeros, y obligación de caridad que correspondía a los sacerdotes sin cura de almas. Ello significa que se ha ampliado el marco de los obligados en justicia, haciendo depender esa obligación del derecho del fiel a recibir el sacramento de manos de quien ha sido constituido administrador de él». («La liturgia y los sacramentos en el derecho de la Iglesia», 250).

[83] A. DEL PORTILLO, *Fieles y laicos en la Iglesia*, 92.

considera desde la perspectiva de la libertad de poder elegir confesor. Pensemos sólo en la obligación de confesarse con el *proprius sacerdos* que rigió durante siglos[84]. Hoy día, la situación es muy distinta. En virtud de la disposición del c. 967, la gran mayoría de los sacerdotes puede confesar a cualquier fiel en cualquier lugar del mundo, por lo que no se puede afirmar que la necesidad de la facultad sea un obstáculo serio al derecho de los fieles al sacramento. Es más, uno de los criterios que guió la extensión, que hemos denominado tendencialmente universal, de la facultad para confesar ha sido precisamente el facilitar al máximo a los fieles la posibilidad de acceso al sacramento[85]. Siendo lo anterior cierto, nos podemos pre-guntar, sin embargo, al menos en teoría, ¿por qué los fieles pueden siempre recibir válidamente, por ejemplo, el bautismo, la Eucaristía y la unción de los enfermos de cualquier ministro, y no así la confesión?[86]. ¿No será porque la exigencia contemplada en el c. 966 §1 está tutelando un derecho específico que va más allá del derecho general al sacramento de la penitencia? El responder a esta interrogante necesitará de un estudio más detenido, y ello será el objeto de las líneas que siguen.

3.3 *El derecho a tener ministros dignos*

Todos los fieles están llamados a la plenitud de la vida cristiana que es la santidad (cf. LG 5). Esta llamada está recogida en el Código actual en el c. 210 y concretizada, como un deber peculiar de los clérigos, al interior de los cánones que tratan los derechos y obligaciones de éstos. En efecto, el c. 276 §1 así enseña: «Los clérigos, en su propia conducta, están obligados a buscar la santidad por una razón peculiar, ya que, consagrados a Dios por un nuevo título en la recepción del orden, son administradores de los misterios del Señor en servicio de su pueblo»[87].

¿Cómo calificar el deber sancionado por el c. 276? Según Otaduy, dicho canon «establece un deber que tiene una vertiente jurídica y no

---

[84] Remitimos a lo ya señalado en el primer capítulo, en especial en 3.2.
[85] Cf. *Communicationes* 31 (1999) 260-261.
[86] No queremos volver con esta pregunta a temáticas ya planteadas en otro lugar de nuestro estudio, como el problema, estudiado ya en el capítulo anterior, del porqué de la exigencia de la facultad *ad validitatem* (Cf. *supra*, III, 39).
[87] Juan Pablo II en la Ex. Ap. *Pastores dabo vobis* subraya especialmente el que los sacerdotes son llamados a la santidad por un nuevo título derivante del sacramento del orden (cf. n. 19).

solamente moral»[88]. En efecto, si se considera que, como enseña el Concilio, «la santidad de los presbíteros contribuye mucho a realizar con fruto el propio ministerio» (PO 12), se entiende que se pueda afirmar que los fieles tienen derecho, si no a ministros santos, al menos a ministros que desempeñen dignamente su misión[89]. Este derecho a ministros dignos se hace particularmente necesario en lo que respecta al ministro de la penitencia. A continuación intentaremos explicar el porqué de esta particular exigencia y su mínimo contenido de justicia.

3.3.1 Peculiar exigencia de los penitentes de contar con confesores dignos

Creemos no equivocarnos en afirmar que en ningún otro sacramento la fructuosidad del mismo depende tanto de la acción del ministro. En un sentido positivo, nos lo demuestra el testimonio de la fecundidad del ministerio de santos confesores como san Juan María Vianney o san Pío de Pietralcina. En un sentido negativo, sabemos también que una mala experiencia en este sacramento puede alejar por años a un alma de la vida sacramental. El Papa Juan Pablo II ha aludido en diversas ocasiones a este especial influjo de la acción sacerdotal en el penitente. A modo de ejemplo, ha afirmado que «la percepción gratificante de esta

---

[88] J. DE OTADUY, «Can. 276 », 331. Se basa en que tal deber goza de las dos notas esenciales de la juricidad de una obligación: la externidad y la alteridad.

[89] Pensamos que sostener de parte de los fieles un derecho a tener ministros santos, por muy deseable que ello sea, es mucho decir. El ministerio sacerdotal es necesario en la Iglesia para que los fieles puedan llevar a cabo su vocación sobrenatural. Sin embargo, después de la acción divina, cada uno es el primer responsable de la propia salvación. En este sentido, para que cada fiel pueda salvarse, por parte de los ministros, basta que nada obste a que el ejercicio de su ministerio produzca el fruto ordinario. De ahí que pensemos que se pueda hablar de un derecho de los fieles a tener dignos ministros, ya que de lo contrario, podría peligrar el fruto de la acción sacerdotal que es debida en justicia a los fieles. Nos referimos a la eficacia de la predicación, de la celebración de los sacramentos y de la conducción pastoral. Sin embargo, no puede decirse lo mismo de la santidad del ministro, la cual, si bien puede agregar un *plus* de fructuosidad al ministerio, de faltar, supuesta una mínima dignidad, no obsta al fruto ordinario de la acción sacerdotal. ¿Qué entendemos por esta mínima dignidad de los ministros que es debida en justicia a los fieles? Ya tendremos ocasión de explicitarla respecto del ministerio de la confesión. A modo general, pensamos que ella incluye un mínimo de condiciones espirituales, intelectuales y humanas que, en la generalidad de los casos, permiten, por parte del ministro, la fructuosidad de su actuar. Entre estas condiciones incluimos, no obstante el *ex opere operato* en el caso de los sacramentos, el estado de gracia del ministro.

paz [la paz que es fruto del perdón divino] por parte del sujeto del sacramento depende también en notable medida de la santidad personal del sacerdote, [...] de su sabiduría cultivada en el estudio, de su sensibilidad psicológica, de su acogedora humanidad»[90].

Ahora bien, ¿por qué esta particular influencia del ministro en este sacramento? La respuesta está en la naturaleza misma de la penitencia, en la que a diferencia de otros sacramentos, la materia próxima no es una acción del ministro, sino ciertos actos del mismo penitente que el sacerdote debe poder disponer[91]. Estos actos, si bien deben ser manifestados externamente, no son externos al penitente, sino que lo involucran en una dimensión muy personal e íntima de su ser. En la confesión, el penitente, como en ningún otro sacramento, abre su misma conciencia al sacerdote. La conciencia, como enseña el Concilio, es «el núcleo más secreto y el sagrario del hombre» (GS 16). El penitente, al abrir su conciencia al confesor, realiza un acto de confianza, no sólo en el poder divino de perdonar, sino también en la mediación eclesial de dicho perdón. Esta confianza tiene derecho a exigir a cambio una razonable garantía de que su conciencia no será deformada ni menos violentada.

Bajo esta perspectiva debemos entender todas las cautelas con que la Iglesia rodea la confesión sacramental. Estas cautelas son de orden disciplinar y también penal, y todas ellas tienen por objetivo el proteger la conciencia del fiel de eventuales abusos. Así entendemos la disciplina sobre el sigilo de la confesión (cf. cc. 983 y 984), acerca de la sede del sacramento (cf. c. 964), ciertas normas de prudencia contenidas en el Código (cf. cc. 979 y 985)[92] y las sanciones establecidas para delitos cometidos con ocasión del sacramento (cf. cc. 1378 §2, 2°; 1387, 1388 y

---

[90] JUAN PABLO II, *Alloc. ad maiorem Paenitentiarium necnon minores paenitentiarios basilicarum Urbis*, 27 marzo 1993, 79: «la percezione gratificante di questa pace da parte del soggetto del sacramento dipende anche in notevole misura dalla personale santità del sacerdote, [...] dalla sua sapienza coltivata nello studio, dalla sua sensibilità psicologica, dalla sua accogliente umanità».

[91] Ya nos hemos detenido a explicar esta peculiaridad del sacramento de la penitencia (Cf. *supra*, III, 2.3.4, e).

[92] Junto a estas normas de prudencia, hay que señalar las *Normae quaedam de agendi ratione confessariorum in interrogandis et instruendis fidelibus circa VI Decalogi praeceptum*, emanadas por el Santo Oficio el 16 de mayo de 1943, cuyo texto, nunca publicado en *AAS*, se puede ver traducido al italiano en E. MIRAGOLI, «Il confessore e il "de sexto"», 120-123.

1390)[93]. En esta misma perspectiva, entonces, debemos entender la exigencia de la facultad para confesar. Los fieles, ya que deben abrir su conciencia al sacerdote para poder recibir el perdón divino, tienen el derecho de hacerlo ante un ministro idóneo, tanto por su ciencia, espiritualidad como equilibrio psicológico. Y, en palabras de Manzanares, «todo esto no queda garantizado, una vez para siempre, por el mero hecho de la ordenación. Las licencias ministeriales actuales ofrecen esa garantía de idoneidad»[94]. Éste es el sentido último de la exigencia del c. 966 §1.

3.3.2 Otras consideraciones que nos llevan a la misma conclusión

Si analizamos con atención, podemos confirmar que la facultad para confesar es una tutela concreta del bien de los fieles a partir del análisis de otros de los aspectos que ya hemos estudiado a lo largo de las páginas de este trabajo.

Por una parte, bajo una perspectiva histórica, la misma distinción entre potestad de orden y potestad de jurisdicción, elaborada hacia el s. XII, fue el modo como la doctrina resolvió el problema, muy antiguo, planteado por aquellos ministros que se hacían indignos o rompían la comunión eclesial. En tal caso, ¿conservaban todavía la capacidad de conferir los sacramentos? La solución fue el distinguir entre una potestad inamisible (la de orden) y otra amisible (la de jurisdicción)[95]. El problema que se planteaba era la validez de los sacramentos conferidos a los fieles; en último término, el bien de los mismos fieles. En el caso de la confesión, quitando la jurisdicción a tales ministros indignos, la Iglesia les retiraba el encargo de almas que les había confiado, por lo que no podían absolver por no poder disponer de la materia del sacramento. La Iglesia, exigiendo la jurisdicción *ad validitatem*, consideró que el peligro a que estaban sujetos los fieles en el caso de un confesor indigno era de tal entidad de hacer necesario incluso limitarles el acceso al sacramento mismo.

---

[93] Ningún otro sacramento está tan protegido por el derecho penal canónico como la confesión. Un buen estudio sobre estas tutelas penales lo encontramos en G. NÚÑEZ, *Tutela penal del sacramento de la penitencia*.

[94] J. MANZANARES, «Penitencia», 273.

[95] Cf. K. MÖRSDORF, «Potestades de la Iglesia», 682-685. Se puede ver también lo que hemos escrito en I, 3.3.2.

Por otra parte, la disciplina acerca del ámbito de extensión de la facultad para confesar siempre dice relación al bien de los fieles a los cuales el sacerdote puede absolver. Ello es particularmente claro en el caso de la facultad concedida por la autoridad competente. La autoridad competente es siempre la autoridad que tiene jurisdicción directa sobre los fieles a los que el sacerdote puede confesar, y no necesariamente sobre el sacerdote mismo. Un Obispo, por ejemplo, puede conceder la facultad a cualquier sacerdote, incluso no incardinado ni domiciliado en su diócesis, pero sólo le puede dar la facultad para confesar a los fieles que son sus súbditos (como hemos señalado, la extensión universal es un segundo momento, y también tiene sus limitaciones). ¿Qué nos muestra esto? Que la concesión que hace el Obispo hace parte de la solicitud y responsabilidad que él tiene por el bien espiritual de sus fieles. Y por lo mismo, la autoridad siempre tiene la potestad de prohibir a un determinado sacerdote el confesar a sus súbditos.

El mismo bien espiritual de los penitentes está detrás de ciertas situaciones particulares reguladas por la norma codicial, que hemos estudiado en páginas anteriores. Así, por ejemplo, la disposición del c. 976 que en peligro de muerte otorga a todo sacerdote la facultad de absolver de cualquier pecado o censura. O la disposición del c. 144 que, para no perjudicar a los fieles que se acercan de buena fe al sacramento, concede también la facultad en el caso del error común o la duda positiva. Asimismo, las normas que permiten con relativa facilidad al confesor remitir ciertas censuras con ocasión de la administración de la confesión, están animadas por la misma búsqueda del bien de los fieles (cf. cc. 1355 §2 y 1357).

3.3.3 Contenido del derecho de los fieles a confesores dignos

Debemos finalmente explicitar qué contenido damos al derecho de los fieles a contar con dignos confesores tutelado por la facultad para confesar. Grandes maestros de la pastoral de la confesión como san Francisco de Sales y san Alfonso María de Ligorio decían que el confesor debía ser docto, prudente y santo[96]. Creemos que a partir de la consideración de estas dotes con que debe estar adornado todo buen confesor[97], podemos extraer ciertas mínimas condiciones tanto doctrinales como psico-

---

[96] Cf. F.M. CAPPELLO, *De Poenitentia*, 484.
[97] Un buen resumen del magisterio del Papa Juan Pablo II acerca de las cualidades que debe gozar un confesor celoso se puede ver en M. FALCÃO, «Facultade», 45-48.

lógicas y ascéticas que serían el contenido del derecho de los fieles a contar con dignos ministros del perdón divino[98]. Detengámonos a analizarlas.

a) *Condiciones doctrinales*

Debemos referirnos aquí a la ciencia mínima requerida en el confesor y a la solidez de su doctrina. No se debe olvidar que uno de los oficios del confesor es el de ser maestro. El Papa Juan Pablo II nos dice: «es por tanto cierto que el sacerdote, al administrar el sacramento de la penitencia, ejerce también una tarea de magisterio eclesial [...] pertenece a la obra personal del ministro de explicitar los contenidos de la verdad con particular referencia a aquellos concernientes el orden moral»[99]. Esta tarea magisterial se expresará especialmente en la iluminación de la conciencia del penitente y en los consejos que imparta. Pero la ciencia le será necesaria también en el juicio que debe realizar sobre las disposiciones del penitente.

¿Cuál es la mínima ciencia requerida en el confesor?

El P. Cappello enseña que no es necesario que sepa resolver en el acto todos los casos y dudas que puedan planteársele, pero «se requiere y *regulariter* basta aquella ciencia, mediante la cual pueda percibir y resolver los casos que ocurren ordinariamente [*ordinarie contingentes*] y, en los más difíciles, sepa al menos prudentemente dudar, de modo que pueda consultar libros o a confesores más doctos»[100]. Salvo en caso

---

[98] Recordemos que, como dijimos en la nota 89 de este capítulo, por muy auspiciable que ello sea, no puede hablarse de un derecho (en el sentido técnico del término) de los fieles a tener ministros santos, pero ellos sí tienen derecho a ministros dignos. El contenido de este derecho es un mínimo de cualidades en el ministro que permita que, por parte suya, en la generalidad de las situaciones, el sacramento produzca el fruto ordinario. En los párrafos que siguen trataremos de individuar este mínimo debido en justicia y que como tal es tutelado por la facultad para confesar.

[99] JUAN PABLO II, *Alloc. ad paenitentiarios basilicarum Urbis quosdamque sacerdotes*, 21 marzo 1992, 347-348: «E dunque certo che il sacerdote, nell'amministrare il Sacramento della Penitenza, esercita anche un compito di magistero ecclesiale [...] appartiene all'opera personale del ministro di esplicitare i contenuti della verità con particolare riferimento a quelli concernenti l'ordine morale».

[100] F.M. CAPPELLO, *De Poenitentia*, 487: «requiritur et sufficit *regulariter* ea scientia, qua casus ordinarie contingentes percipere et risolvere possit, et in difficilioribus saltem prudenter dubitare sciat, ut confessarios doctiores vel libros consulere queat». La misma doctrina ha sido enseñada por el Papa Juan Pablo II (Cf. *Alloc. ad maiorem Paenitentiarium necnon minores paenitentiarios basilicarum Urbis*, 27 marzo 1993, 79-80). El P.

de necesidad, si faltara en el confesor esta ciencia mínima, junto con faltar a la justicia debida a sus penitentes, pecaría él gravemente[101].

Junto a esta ciencia de los *communiter contingentia*, el confesor también tiene el deber de mantener y acrecentar su preparación doctrinal mediante el periódico estudio de las materias relacionadas con este delicado ministerio. Es un aspecto fundamental de la formación permanente del sacerdote, formación que, como enseña *Pastores dabo vobis*, «es necesaria para que el sacerdote pueda responder debidamente a este derecho del Pueblo de Dios [se refiere al derecho a los bienes salvíficos]»[102]. Este deber está recogido en el c. 279, y en lo que se refiere específicamente a la permanente preparación al ministerio de la confesión, podría justificar el que el sacerdote sea examinado por la autoridad competente (cf. c. 970)[103].

Un aspecto particular de la ciencia requerida en el confesor es la solidez doctrinal de su magisterio. Ya nos referimos a este aspecto al tratar de las obligaciones de justicia del confesor para con la Iglesia derivadas de su actuar *nomine Ecclesiae*[104]. Pensamos que vistas desde la perspectiva de los penitentes, estas mismas obligaciones son debidas a ellos también en justicia. En este sentido, es un derecho de los fieles el recibir los sacramentos tal como Cristo los confió a la Iglesia y del modo como la misma Iglesia los regula[105]. Al ser la Iglesia «columna y fundamento de la verdad» (1Tim. 3,15), los fieles tienen del mismo modo derecho a ser juzgados y aconsejados según los criterios morales y ascéticos que se contienen en el Magisterio, solemne u ordinario, de la

---

Cappello, siguiendo a san Alfonso, enumera en la obra citada ciertos contenidos mínimos que el confesor debe siempre conocer (cf. p. 488).

[101] San Alfonso María de Ligorio afirma que «está en estado de condenación el confesor que se expone a escuchar confesiones sin la ciencia suficiente». (*Pratica del confessore*: «è in stato di dannazione un confessore che senza la sufficiente scienza si espone a sentir le confessioni», 28-29 (n. 18)).

[102] JUAN PABLO II, Ex. Ap. *Pastores dabo vobis*, 25 marzo 1992, 70: «Necessaria igitur est formatio permanens, ut huic Dei Populi iuri congruenter sacerdos respondere valeat». Un desarrollo de esta idea de la formación permanente como una exigencia de justicia pastoral puede verse en T. RINCÓN-PÉREZ, «Sobre algunas cuestiones canónicas a la luz de la Exh. Apost. "Pastores dabo vobis"», 325-332.

[103] Ya nos hemos referido a las modalidades de este examen. Cf. *supra*, I, 1.2.5, a.

[104] Cf. *supra*, em este mismo capítulo, 1.4.

[105] El Santo Padre ha aludido a este derecho de los fieles a una correcta administracion del sacramento de la penitencia (Cf. JUAN PABLO II, *Alloc. ad Paenitentiarium maiorem aliosque coram admissos*, 31 marzo 2001, 524).

Iglesia. Si sucediera, por ejemplo, que un sacerdote, a nombre de un mal entendido concepto de misericordia, aconsejara al penitente de un modo reñido con la doctrina de la Iglesia, tal actitud no redundaría en el bien del penitente, ya que el bien y la caridad nunca pueden ir disociados de la verdad. Además, la práctica muestra el daño y desconcierto que produce en la conciencia de los fieles la aplicación en el confesionario de criterios opuestos a la enseñanza de la Iglesia[106].

b) *Condiciones psicológicas y morales*

Dadas las peculiares características de la confesión, el confesor debe estar dotado de un conjunto de cualidades psicológicas y morales que serán importantes para que el sacramento pueda producir su finalidad, cual es la reconciliación y el progreso espiritual del penitente.

Es cierto que la confesión nunca debe reducirse o confundirse con una técnica psicoanalítica o psicoterapéutica[107]. Sin embargo, la experiencia enseña cuánto los gestos, actitudes y palabras del confesor son importantes para ayudar al penitente a realizar una buena confesión[108]. Ello puede incluso llegar a condicionar la validez del sacramento[109]. El c. 979 alude directamente a estas actitudes en lo que se refiere al modo de interrogar al penitente. Pero lo mismo habría que decir respecto de cada uno de los momentos del sacramento: la acogida del penitente, los consejos que le imparte, la satisfacción que le impone. Por otra parte, el confesor debe ser capaz de juzgar, en base a las circunstancias concretas del caso, de las disposiciones del penitente para la absolución. Ello

---

[106] El exponer en el confesionario opiniones en contradicción con el Magisterio de la Iglesia, sea solemne u ordinario, según Juan Pablo II, es «traicionar a las almas exponiéndolas a gravísimos peligros espirituales y haciéndolas padecer un angustioso tormento interior». (*Alloc. ad paenitentiarios basilicarum Urbis quosdamque sacerdotes*, 21 marzo 1992, 349: «tradire le anime esponendole a pericoli spirituali gravissimi e facendo subire loro un angoscioso tormento interiore»).

[107] Cf. al respecto JUAN PABLO II, *Alloc. ad maiorem Paenitentiarium necnon minores paenitentiarios basilicarum Urbis*, 27 marzo 1993, 79.

[108] Esta fineza psicológica será de particular ayuda para suscitar la confianza necesaria para abrir la conciencia y realizar una completa confesión, también para infundir un sano optimismo ante la tentación de desaliento, invitando a la confianza en el poder de la gracia divina. Una hermosa y práctica reflexión acerca de la impor-tancia de estas cualidades humanas en el confesor se puede ver en JUAN PABLO II, *Alloc. ad maiorem Paenitentiarium necnon minores paenitentiarios basilicarum Urbis*, 27 marzo 1993, 78-82.

[109] Pensamos, por ejemplo, en actitudes o reacciones negativas del confesor que podrían eventualmente inhibir al penitente de hacer una íntegra confesión.

requerirá en él, además de la ciencia a la que ya hemos aludido, una mínima capacidad de penetración psicológica y de valoración de la realidad.

El conjunto de estas cualidades psicológicas y morales requeridas en el confesor confluyen, como lo notaban los autores antiguos, en la virtud de la prudencia de que debe estar dotado[110]. Y esta prudencia la debe manifestar no sólo durante la celebración del sacramento, sino también fuera de él, en especial en todo lo que tiene que ver con la tutela del sigilo de la confesión. No sólo la violación directa del sigilo, sino la misma ligereza en el referirse al sacramento puede alejar a las almas del mismo[111].

Ahora bien, dentro de estas cualidades humanas que el ministro debe esforzarse por cultivar, no es tan fácil, a diferencia de cuando tratábamos de las condiciones doctrinales, individuar un mínimo que pueda decirse que es debido en justicia a los fieles. Pensamos que este mínimo está dado, por una parte, por la normalidad psicológica del ministro, normalidad que es más fácil definir en negativo que en positivo. En este sentido, la normalidad mínima requerida en el confesor excluye toda patología que altere seriamente su capacidad de relacionarse con los demás, su discreción de juicio o capacidad valutativa de la realidad y su aptitud para guardar el sigilo propio de este sacramento. Con todo, conviene notar que la ausencia de estas mínimas condiciones no sólo puede ser debida a una incapacidad patológica, sino también a la falta de un esfuerzo moral en el confesor para, por ejemplo, dominar las tendencias de su carácter. Este supuesto también iría contra el derecho de los fieles a contar con dignos ministros.

---

[110] Cf. F.M. CAPPELLO, *De Poenitentia*, 489-491. Siendo la prudencia «la virtud que dispone la razón práctica a discernir en toda circunstancia nuestro verdadero bien y a elegir los medios rectos para realizarlo» (CEC 1806), entendemos que la prudencia indicará al confesor los medios más adecuados, en atención a las circunstancias de los penitentes, para conducirlos a la perfección cristiana. Entre estos medios, la prudencia le indicará la oportunidad y el modo de interrogar, la manera de suscitar una verdadera contrición en el penitente, los remedios y consejos a sugerirle, la satisfacción a imponerle y, en general, la valoración de todos los elementos que le permiten realizar el juicio propio de este sacramento.

[111] Cf. al respecto JUAN PABLO II, *Alloc. ad P.D. Cardinalem Paenitentiarium necnon minores Urbis basilicarum paenitentiarios coram admissos*, 12 marzo 1994, 78.

c) *Condiciones ascético-espirituales*

Finalmente, debemos aludir a las cualidades ascéticas del confesor. Sin duda, un ministerio tan sublime y delicado debe estar acompañado de las más altas disposiciones espirituales en quien lo ejerce[112]. Estas disposiciones ciertamente influirán en la fructuosidad del sacramento[113]. Sin embargo, nuestra tarea será, como ya lo hicimos respecto de las condiciones doctrinales y psicológico-morales, el individuar dentro de estas cualidades espirituales un mínimo que sea debido en justicia a los fieles.

Pensamos que, bajo esta perspectiva, lo más que se puede afirmar es que un digno ministro del perdón debe estar al menos en estado de gracia. Ello, no sólo por motivos espirituales y morales (*sancta sancte tractanda sunt*, el sacrilegio que significa el celebrar en pecado mortal un sacramento, etc.), sino también por motivos de justicia hacia los mismos penitentes. Es cierto que la validez del sacramento no se ve afectada por el estado de pecado del ministro, pero el fruto, aun ordinario, del sacramento sí podría verse comprometido, en razón de la incongruencia y el escándalo a que puede dar lugar la situación del ministro[114]. Esta reflexión tiene especial valor en el caso de un ministro que se encontrara habitualmente en pecado mortal, en cuyo caso el peligro de escándalo en los fieles es mayor. Por otra parte, si consideramos algunas de las cualidades de los confesores debidas en justicia a los fieles a que aludíamos en párrafos anteriores, vemos que ellas difícilmente podrán darse en quien no esté habitualmente en estado de gracia. En efecto, los dones del Espíritu Santo, en particular el don de consejo, que son necesarios para

---

[112] Juan Pablo II ha afirmado que «obra divina, la remisión de los pecados debe ser por tanto cumplida con disposiciones espirituales tan elevadas que se pueda afirmar que aquel sublime ministerio, en cuanto es posible a la limitación humana, es desempeñado *digne Deo*». (*Nuntius ad E.P.D. Paenitentiarium maiorem*, 1 abril 2000, 636: «Opera divina, la remissione dei peccati deve essere quindi compiuta con disposizioni spirituali così elevate da poter affermare che quel sublime ministero, per quanto è possibile à l'umana limitatezza, è svolto *digne Deo*»). El esforzarse por alcanzar aquellas disposiciones espirituales es un verdadero deber moral en el confesor.

[113] Cf. *supra*, nota 90 de este capítulo.

[114] Se podría objetar que en la mayoría de los casos el penitente que se confiesa con un ministro indigno no conoce y quizás nunca conocerá la situación del mismo. Es cierto. Pero también es cierto que muchos fieles se alejan de la práctica sacramental o no hacen mayor esfuerzo por abandonar el pecado en razón del mal ejemplo que dan en general algunos ministros. De ahí que consideremos que el estado de gracia en el ministro es debido en justicia a la Iglesia, y por ende, a cada fiel en particular.

realizar la valutación propia del juicio sacramental, acompañan, son el séquito de la gracia santificante. El combate contra ciertos impulsos o pasiones que pueden ser causa de que el fiel tenga una experiencia negativa del sacramento (p. ej., un trato en exceso duro o impaciente, el inquirir lo que no se debe, etc.) difícilmente podrá ser victorioso en quien vive encadenado al pecado. Todas estas consideraciones nos refuerzan la convicción de que el estado de gracia del ministro es debido en justicia a los penitentes.

3.4 Conclusión

Es el momento de sintetizar y extraer algunas conclusiones de la reflexión realizada en los párrafos anteriores. El objetivo que nos ha guiado ha sido el demostrar que la exigencia de la facultad para confesar es una tutela y garantía de un bien específico de los penitentes. En efecto, los fieles tienen un derecho a recibir de los Pastores de la Iglesia los sacramentos (cf. c. 213), y entre éstos, en particular la penitencia (cf. cc. 843 y 986). Sin embargo, la facultad para confesar dice relación a un derecho más específico: el derecho a recibir la penitencia de manos de un ministro digno e idóneo.

¿Cuál es el contenido de este derecho? Son ciertas mínimas cualidades doctrinales, psicológico-morales y ascéticas del ministro que podemos sintetizar en la siguiente enumeración: una ciencia referida a los *communiter contingentia*, la fidelidad al Magisterio y a la disciplina de la Iglesia, una mínima capacidad de relación y de valutación de la realidad proporcionada a las características del sacramento y el estado habitual de gracia. La existencia de estas cualidades en el confesor son un derecho de los fieles en cuanto su carencia puede afectar gravemente la fructuosidad del sacramento en el penitente, y, por tanto, hacer ineficaz el derecho general a los bienes espirituales consagrado en el c. 213.

Ahora bien, todo derecho implica un deber correlativo. ¿Quiénes son los titulares de este deber? Los Pastores de la Iglesia y cada confesor en particular. Por parte de los Pastores, este deber tiene una triple configuración. Ante todo, se traduce en el otorgar la facultad para confesar solamente a aquellos sacerdotes que estén dotados de las cualidades arriba indicadas (cf. c. 970). Luego, les impone también el deber de procurar a los sacerdotes los medios de formación, antes y después de la ordenación, que los habilite para adquirir las cualidades requeridas (cf.

cc. 232-264 y 279 §2). Finalmente, significa el deber de revocar la facultad para confesar, una vez agotados otros medios para remediar la situación, a quienes carezcan de dichas cualidades (cf. c. 974 §1). Por parte de los confesores, el deber se traducirá en un serio esfuerzo, tanto previo como posterior a la ordenación, de adquirir, cultivar y acrecentar las cualidades necesarias para este ministerio (cf. c. 279)[115]. Repetimos que estas obligaciones de los Pastores y de cada sacerdote son no sólo de orden moral, sino también debidas en justicia a los fieles que les han sido encomendados.

---

[115] De ahí que la facultad para confesar, además de ser una garantía para los fieles, deba al mismo tiempo ser vista como un llamado a los mismos sacerdotes a ser conscientes de estos deberes que les incumben (Cf. M. FALCÃO, «Facultade para confessar e idoneidade de confessor», 43-45).

CONCLUSIÓN

Hemos llegado ya al término de este largo recorrido que nos ha llevado a estudiar la historia de la facultad para confesar, su actual disciplina y su naturaleza y significado. Llegados a este punto, debemos intentar responder la pregunta fundamental que nos planteábamos en la introducción del presente trabajo: ¿tiene aún sentido la disposición del c. 966 §1?; ¿por qué la Iglesia hace depender la validez de un sacramento tan importante para la vida de los fieles de una mera determinación canónica? Para dar una respuesta adecuada a estas interrogantes, recojamos en modo sintético los pasos seguidos a lo largo de nuestro estudio.

El primer capítulo nos llevó a estudiar la historia de la facultad para confesar, historia que en cierto modo se confunde con la historia misma del sacramento de la penitencia. El origen remoto de la facultad, veíamos, está en que hasta el siglo VI el Obispo fue el ministro ordinario de la penitencia. Si en algunas situaciones excepcionales los presbíteros eran llamados a administrar el sacramento, ellos debían contar con una licencia, al menos implícita, del Obispo. Más tarde, con el generalizarse de la penitencia privada, los presbíteros pasaron también a ser los ministros ordinarios del sacramento. Sin embargo, no por ello se perdió el vínculo del presbítero con el Obispo como ministro originario de la penitencia. En efecto, los fieles debían confesarse, como sería sancionado solemnemente por el Concilio Lateranense IV, con el *proprius sacerdos*, es decir, con el propio Obispo o aquel presbítero que había recibido de aquél un oficio que comportaba la cura pastoral de tales fieles. Ciertamente, hasta el siglo XII los conceptos canónicos aún no están elaborados con toda claridad, en particular en lo que se refiere a la distinción entre validez y licitud de los actos efectuados en conformidad o no con las prescripciones eclesiásticas. Será entonces, en el siglo XII, cuando la doctrina conceptualizará la *praxis* de los siglos anteriores, y acuñará la noción fundamental de jurisdicción necesaria en el sacerdote para poder confesar válidamente a un fiel. Es decir, junto a la potestad de orden, que jamás se pierde, el sacerdote debe estar dotado de un poder de jurisdicción, el cual es otorgado, regulado y eventualemente quitado por la Iglesia. Esta doctrina será recibida por el Magisterio en el Concilio de Trento, y estrechamente vinculada al carácter judicial de la penitencia, será doctrina común hasta mediados del siglo XX, habiendo sido recogida, por lo demás, en el Código de 1917. Podemos apreciar, entonces, más allá del desarrollo de los hechos y del modo en que han sido conceptualizados, una fundamental línea de continuidad: la Iglesia siempre ha exigido al sacerdote un determinado vínculo jurídico con la autoridad eclesiástica que lo habilite para absolver a un fiel de sus pecados. Y esta línea de continuidad no se ha roto con el Código de 1983. Es cierto, ya no se habla de jurisdicción, sino de facultad para confesar. Con todo, como habría de quedar más claro en los dos capítulos que siguen, el problema de fondo es siempre el mismo: la Iglesia, mediante su jurisdicción, regula, incluso *ad validitatem*, el poder de perdonar los pecados recibido por el sacerdote en la ordenación.

El segundo capítulo estuvo dedicado al estudio de la disciplina del Código vigente acerca de la facultad para confesar. El método fue eminentemente exegético, de análisis de los cánones respectivos, buscando desentrañar su verdadero sentido y alcance. Vimos que, no obstante una claridad sustancial, no deja de haber dificultades de interpretación, las que tratamos de aclarar. A la vez, en todo momento confrontamos la disciplina vigente con la del Código píobenedictino. Estudiamos así los modos de adquirir la facultad, su extensión, sus eventuales limitaciones y su revocación, además de algunos aspectos complementarios. Sin duda, el Código actual ha simplificado bastante la materia que nos ocupa. Ello es evidente en lo que se refiere a la extensión, que hemos denominado tendencialmente universal, del ejercicio de la facultad obrada por el c. 967: hoy día, la mayoría de los confesores puede, en circunstancias normales, ejercer el ministerio de la confesión en todo el mundo. Pero esta simplificación se nota también en otras materias, como, por ejemplo, en la eliminación de los pecados reservados *ratione sui* y en el no exigirse ya una facultad especial para la confesión de religiosas. Por otra parte, junto con la dimensión exegética recién señalada, nos guió también una perspectiva práctica. En efecto, la aplicación de los cánones que regulan la facultad para confesar comporta una serie de actuaciones que normalmente se llevan a cabo en las curias diocesanas de las Iglesias particulares. En este sentido, no faltan en este capítulo oportunas sugerencias que buscan iluminar dicha práctica; a modo de ejemplo, piénsese en lo que se refiere a la aplicación del c. 970 acerca del modo de verificar la idoneidad del presbítero antes de otorgarle la respectiva facultad.

El tercer capítulo tuvo por objetivo el estudiar la naturaleza teológico-canónica de la facultad para confesar tal como es entendida por el c. 966 §1. Para ello, había que partir analizando las razones del cambio terminológico obrado por el Código de 1983. ¿Qué llevó a sustituir el concepto de jurisdicción por el de facultad? Dicho cambio fue la culminación de un largo proceso de reflexión doctrinal que precedió a la codificación. A lo largo de este proceso, cada vez quedó más claro que el poder de absolver los pecados proviene de la sola ordenación. Lo que durante la vigencia del Código de 1917 se denominaba jurisdicción será visto cada vez más con un influjo sólo extrínseco al acto de la absolución. Es así que al reservarse después el término jurisdicción al poder de gobierno, se vio con claridad que no era la palabra más adecuada para referirse a la determinación jurídica otorgada por la Iglesia al confesor. Se prefirió, entonces, el término facultad. Pero, ¿qué significa esta facultad? La doctrina no ha profundizado en su estudio. Analizando el concepto jurídico general de facultad y su empleo específico en el Código, llegamos a la conclusión que el uso de facultad en el ámbito sacramental (también se usa respecto a la confirmación y al matrimonio) constituye una categoría *a se*. En el caso de la confesión, se trata de una regulación canónica de la potestad de orden que puede entenderse de dos modos distintos. Algunos autores plantean que la potestad recibida por el sacerdote en la ordenación para perdonar los pecados ha sido ligada por la Iglesia, y ésta, al otorgar la facultad respectiva, desata dicha potestad permitiendo ejercerla dentro de un ámbito determinado. Nosotros, en cambio, hemos preferido explicarla de otro modo. El sacerdote recibe en la ordenación el poder de perdonar los pecados. Sin embargo, es la Iglesia, a quien ha sido confiada la economía de la salvación, la que debe asignar al sacerdote los fieles sobre los cuales puede ejercer dicho poder. Es éste el rol de la facultad: sea bajo la forma de un oficio con cura de almas, sea bajo la forma de un acto particular de concesión, determina el ámbito de ejercicio de la potestad recibida en la ordenación. En ambos casos, la facultad así concebida se nos manifiesta como un encargo de confianza de la Iglesia al ministro: le confía los fieles que pueden llegar a ser sus penitentes. Y así también se entiende el que de la facultad dependa la validez del sacramento: la facultad otorga la materia (es la *applicatio materiae*) que posibilita el ejercicio del poder de perdonar los pecados. De faltar ella, no hay sacramento por falta de materia. Todas las conclusiones señaladas en este capítulo se basan en la consideración de dos características esenciales del sacramento de la penitencia. Una, en el ser la sustancia del mismo, tal como fue instituida por Cristo, un juicio confiado a la Iglesia. La otra, en el tener la peculiaridad de que la materia próxima del sacramento (o cuasimateria) no es una acción del ministro, sino los mismos actos del penitente que el ministro debe integrar en el signo sacramental.

Finalmente, nos preguntamos en el último capítulo la razón por la cual la Iglesia se ha reservado a sí (o por qué Cristo así lo determinó, para no dirimir la cuestión de si se trata de una reserva de derecho divino o de institución eclesiástica) la asignación de los fieles a la potestad del ministro. Es decir, si en el capítulo anterior la pregunta fundamental había sido: ¿qué es la facultad para confesar?; en este último capítulo la pregunta fue: ¿cuál es el sentido de dicha facultad?, ¿por qué la exige la Iglesia? La respuesta a estas interrogantes nos llevó a descubrir tres dimensiones o vertientes de significado de la facultad para confesar. Por un lado, ella tiene una evidente componente eclesial. Es un signo jurídico de que el ministerio sacerdotal debe ejercerse en comunión con la Iglesia. Y de parte de ésta, comporta una verdadera *missio* de modo tal que el sacerdote dotado de facultad confiesa *nomine Ecclesiae*. De estas consideraciones hemos derivado concretas obligaciones de justicia de los confesores con respecto a la Iglesia. Por otra parte, la facultad para confesar nos recuerda también el carácter judicial del sacramento de la penitencia, al designar, de hecho, los fieles que pueden ser juzgados en este peculiar juicio sacramental. Y, finalmente, quizás su característica más importante, la facultad es una concreta tutela del bien de los fieles. En efecto, la exigencia contemplada en el c. 966 §1 es una garantía de un derecho específico de los penitentes: el derecho a contar con dignos ministros del perdón de Dios. Estudiamos también el contenido de este derecho, el cual incluye ciertas mínimas condiciones intelectuales, espirituales y humanas en el confesor que son debidas en justicia a los fieles. Son debidas en justicia, decíamos, tanto por parte de la Iglesia como por parte del mismo confesor.

Luego de este breve resumen de lo tratado en los cuatro capítulos de nuestro trabajo, podemos nuevamente plantearnos la pregunta inicial:

¿tiene aún sentido la exigencia del c. 966 §1? Creemos que la respuesta es ciertamente afirmativa: sí, tiene sentido, porque responde a características esenciales del sacramento de la penitencia.

En efecto, como indicábamos algunas líneas atrás, toda la economía de la salvación ha sido confiada a la Iglesia. La Iglesia ha recibido de Cristo el encargo, no sólo de la dispensación de los medios salvíficos, sino de los mismos fieles que deben ser conducidos a la salvación. En particular, Cristo ha querido vincular el perdón de los pecados cometidos después del bautismo a un juicio que debe ser realizado en la Iglesia. Este juicio, como hemos tenido ocasión de estudiar, es del todo peculiar. Para poder realizarlo, el ministro-juez debe entrar en la conciencia misma del fiel para poder juzgar sus disposiciones y decidir, por tanto, si lo puede absolver o no. En base a estas premisas, -el encargo recibido por la Iglesia y las peculiaridades del juicio que debe realizar-, se comprende bien que la Iglesia tiene no sólo el derecho, sino también el deber de regular todo lo que se refiere a la administración de la penitencia. Es aquí que entra la necesidad de la facultad para confesar: mediante ella la Iglesia confía al sacerdote los fieles a los que puede perdonar y garantiza a los fieles que podrán contar con dignos ministros del perdón.

Aunque repitamos ideas ya expresadas, queremos reiterar que la necesidad de la facultad en el ministro nos recuerda verdades fundamentales de la doctrina católica: el perdón de los pecados ha sido confiado al juicio de la Iglesia; la Iglesia tiene el poder de regular la celebración lícita, y en muchos casos también válida, de los sacramentos; los sacerdotes no son dueños, sino administradores de los medios de la salvación, debiendo actuar *in persona Christi* y *nomine Ecclesiae*; la Iglesia, y sus ministros en particular, al administrar los sacramentos tienen ciertas obligaciones que son debidas en estricta justicia a los fieles.

Con lo señalado en los párrafos anteriores, podemos también responder a una crítica que a menudo se formula a la disciplina canónca vigente. En efecto, se dice con cierta frecuencia que el hacer depender la validez de la confesión de una determinación canónica es un signo de formalismo jurídico que sería ajeno al espíritu del derecho eclesial. ¿Qué decir al respecto? Por una parte, es cierto que la facultad ya no tiene un contenido propiamente jurisdiccional como se entendía durante la vigencia del antiguo derecho. Proviniendo de la jurisdicción de la Iglesia, la facultad, sin embargo, no es en sí misma jurisdicción. Pero ello no significa que tenga un contenido sólo formal. Podría quizás así entenderse si hubiéramos seguido la teoría que denominamos de la potestad ligada, si la facultad fuera sólo un desligar una potestad previamente ligada por la Iglesia. Pero si consideramos la facultad como un encargo de almas, un acto de confianza de la Iglesia al ministro, ella adquiere inmediatamente un contenido material y una connotación pastoral que va mucho más allá de una mera determinación formal.

Evidentemente, todo lo señalado en estas líneas conclusivas tiene sentido si en la vida de la Iglesia se valora y aplica con seriedad la disciplina canónica acerca de la facultad para confesar. El reducir todo lo que dice relación con la facultad a un mero trámite burocrático, como desgraciadamente sucede en algunos lugares, no ayuda, ciertamente, a disipar las sospechas de formalismo. En este sentido, pensamos que el valorar el verdadero significado de la facultad para confesar debería llevar a una mayor conciencia de lo·delicado del ministerio de la penitencia, en primer lugar por parte de los Pastores de la Iglesia, que son los llamados a moderar dicho ministerio (cf. LG 26). Ello debería expresarse en la preparación de los futuros confesores y en el estar siempre atentos a verificar la idoneidad de los mismos, idoneidad que no está asegurada de una vez para siempre con la ordenación.

Iniciábamos nuestro estudio aludiendo a los desconocimientos y prejuicios existentes en ciertos ambientes con respecto a la materia que nos ha ocupado a lo largo de estas páginas. Es de auspiciar que un mayor conocimiento, particularmente por parte de quienes están llamados a ejercer el ministerio de la reconciliación, de lo que la Iglesia, amparada en tan antigua tradición, pretende expresar y salvaguardar con la normativa acerca de la facultad para confesar, ayude a disipar los equívocos y a valorar la vigente disciplina. De este modo, se habrá dado un paso, ciertamente no el único ni el más importante, pero no por ello no significativo, para revalorizar el sacramento de la penitencia en la vida de la Iglesia y para proveer efectivamente al bien de los fieles, otorgándoles una mayor garantía de que puedan contar con dignos ministros de la misericordia de Dios.

ABREVIACIONES Y SIGLAS

§	párrafo
a.	artículo
AAS	*Acta Apostolicae Sedis*
AkathKR	*Archiv für katholisches Kirchenrecht*
Alloc.	Alocución
Apoll.	*Apollinaris*
BEFil	*Boletín eclesiástico de Filipinas*
BFRPC	*Bullarium Franciscanum, Romanorum Pontificum constitutiones, epistolas ac diplomata continens, tribus Ordinibus Minorum, Clarissarum et Poenitentium a Seraphico Patriarcha S. Francisco institutis concessa ab illorum exordio ad nostra usque tempora. Notis atque indicibus locupletatum studio ac labore Fr. Ioannis Hyacinthi Sbaralea eiusdem Ordinis*, Romae 1759.
BLE	*Bulletin de littérature ecclésiastique*
Burg.	*Burgense*
c./can.	canon
cc.	cánones
CCEO	Código de Cánones de las Iglesias Orientales
CEC	Catecismo de la Iglesia Católica
CD	*Christus Dominus*, Decreto del Concilio Vaticano II sobre el oficio pastoral de los Obispos (28 octubre 1965)
Cf.	Confrontar
CIC	Código de Derecho Canónico
CICF	*Codex Iuris Canonici Fontes*, ed. P. Gasparri – G. Seredi, I-IX, Typis Polyglottis Vaticanis, 1923-1939
Clem.	*Clementis Papae V. Constitutiones* del *Corpus Iuris Canonici*
COD	*Conciliorum Oecumenicorum Decreta*, ed. G. Alberigo – G. Dossetti – P. Joannou, edizione bilingue, Bologna 1991^2.

ComEx	*Comentario Exegético al Código de Derecho Canónico*, I-V, ed. A. Marzoa - J. Miras - R. Rodríguez-Ocaña, Instituto Martín de Azpilcueta, Facultad de Derecho Canónico Universidad de Navarra, Pamplona 2002³.
Com (I)	*Communio (Italia)*
const.	Constitución
Const. Ap.	Constitución apostólica
CRM	*Commentarium Pro Religiosis et Missionariis*
Decl.	Declaración
Decr.	Decreto
De Reform.	*Decreta super reformatione*, decretos disciplinares de reforma emanados por el Concilio de Trento
Dist.	Distinción
DS	DENZINGER, H. - SCHÖNMETZER, A., *Enchiridion Symbolorum definitionum et declarationum de rebus fidei et morum*, Barcelona – Friburgo - Roma 1976³⁶.
DT (F)	*Divus Thomas (Freiburg)*
DThC	*Dictionnaire de Théologie Catholique*, ed. A. Vacant - E. Mangenot - E. Amann, III/1, Paris 1923³.
ed.	Editor
EJCan	*Ephemerides Iuris Canonici*
etc.	etcetera
EtFr	*Études franciscaines*
Ex. Ap.	Exhortación apostólica
Extrav. Com.	*Extravagantes Decretales, quae a diversis Romanis Pontificibus post Sextum emanaverunt ad Corpus Iuris Canonici*
Fs.	Festschrift
GS	*Gaudium et Spes*, Constitución pastoral del Concilio Vaticano II sobre la Iglesia en el mundo contemporáneo (7 diciembre 1965)
Ibid.	*Ibidem*/la misma obra
ID.	*Idem*/el mismo autor
IE	*Ius Ecclesiae*
In Sent.	*Commentum in quatuor libros sententiarum magistri Petri Lombardi*
Irén.	*Irénikon*
JC	*Ius Canonicum*
Jn.	Evangelio según san Juan
Laur.	*Laurentianum*
LG	*Lumen Gentium*, Constitución dogmática del Concilio Vaticano II sobre la Iglesia (21 noviembre 1964)
Lett. Ap.	Carta apostólica

Lib.	Libro
Lum. (P)	*Lumen (Portugal)*
MANSI	MANSI, J., ed., *Sacrorum Conciliorum nova e amplissima collectio*, 1-30, Graz 1960-1962.
MP	*Motu Proprio*
Mt.	Evangelio según san Mateo
n.	número
NatGrac	*Naturaleza y gracia*
NDDC	*Nuovo Dizionario di Diritto Canonico*, ed. C. Corral – V. de Paolis – G. Ghirlanda, Cinisello Balsamo 1996^2.
NEP	*Nota explicativa praevia*
NRTh	*Nouvelle Revue théologique*
Nun.	*Nunzia*
OE	*Orientalium Ecclesiarum*, Decreto del Concilio Vaticano II sobre las Iglesias orientales católicas (21 noviembre 1964)
p. ej.	por ejemplo
Periodica	*Periodica de re morali canonica liturgica* 1920-1990; a partir de 1991: *Periodica de re canonica*
PL	MIGNE, J.P., ed., *Patrologiae cursus completus*, Series Latina, Paris 1844-1864.
PO	*Presbyterorum Ordinis*, Decreto del Concilio Vaticano II sobre el ministerio y la vida de los presbíteros (7 diciembre 1965)
Prot.	Protocolo
q.	*quaestio*
QDE	*Quaderni di Diritto Ecclesiale*
RDC	*Revue de Droit Canonique*
RDR	*Rivista Diocesana di Roma*
REDC	*Revista Española de Derecho Canónico*
Resp.	Respuesta
RfR	*Review for Religious*
RP	*Reconciliatio et Paenitentia*, Exhortación Apostólica postsinodal sobre la reconciliación y la penitencia en la misión de la Iglesia hoy (2 diciembre 1984)
RSR	*Recherches de Science Religieuse*
S.	San
s.	siglo
Salm.	*Salmanticensis*
SC	*Sacrosanctum Concilium*, Constitución del Concilio Vaticano II sobre la Sagrada Liturgia (4 diciembre 1963)
ScrTh	*Scripta theologica*
Sess.	Sesión

SMC	Constitución apostólica *Spirituali militum curae*, por la que se establece una nueva regulación canónica para la cura pastoral de los militares (21 abril 1986)
ss.	siguientes
StCan	*Studia canonica*
STh.	*Summa Theologica* de santo Tomás de Aquino
Suppl.	*Supplementum* a la *Summa Theologica* de santo Tomás de Aquino
Theol. (Br)	*Theologica (Braga)*
Tim.	Epistola a Timoteo
tit.	título
v.	versículo
Vat.II	Concilio Vaticano II, *Constituciones. Decretos. Declaraciones*. Edición bilingüe promovida por la Conferencia Episcopal Española, Lumen Gentium, Madrid 1993.

BIBLIOGRAFIA

1. Fuentes y documentos

1.1 *Documentos pontificios (en orden cronológico)*

GREGORIO IX, Bula *Quoniam abundavit*, 6 abril 1237, in *BFRPC*, 215.

PÍO V, Const. *Romani Pontificis*, 6 agosto 1571, in *CICF* I, n. 139, 246-247.

CLEMENTE VIII, Decr. *Sanctissimus*, 26 mayo 1593, in *CICF* I, n. 177, 338-339.

GREGORIO XV, Const. *Inscrutabili*, 5 febrero 1622, in *CICF* I, n. 199, 379-381.

URBANO VIII, Const. *Cum sicut*, 12 septiembre 1628, in *CICF* I, n. 208, 394-395.

CLEMENTE X, Const. *Superna*, 21 junio 1670, in *CICF* I, n. 246, 472-475.

INOCENCIO XII, Const. *Cum sicut*, 19 abril 1700, in *CICF* I, n. 263, 520-522.

INOCENCIO XIII, Const. *Apostolici Ministerii*, 23 mayo 1723, in *CICF* I, n. 280, 582-592.

BENEDICTO XIV, Const. *Sacramentum poenitentiae*, 1 junio 1741, in *CICF* I, n. 309, 680.

———, Const. *Apostolica indulta*, 5 agosto 1744, in *CICF* I, n. 344, 819-823.

———, Const. *Apostolici muneris*, 8 febrero 1745, in *CICF* I, n. 365, 884-885.

———, Const. *Apostolicum ministerium*, 30 mayo 1753, in *CICF* II, n. 425, 390-404.

CLEMENTE XIII, Const. *Inter multiplices*, 11 diciembre 1758, in *CICF* II, n. 449, 579-583.

CLEMENTE XIV, Encíclica *Decet quam maxime*, 21 septiembre 1769, in *CICF* II, n. 467, 628-640.

Pío VI, Bula *Auctorem fidei*, 28 agosto 1794, in *DS* 2600-2700.

Pío XII, Const. Ap. *Sacramentum Ordinis*, 30 noviembre 1947, in *DS* 3857-3861, *AAS* 40 (1948) 5-7.

Paulo VI, MP *Pastorale Munus*, 30 noviembre1963, *AAS* 56 (1964) 5-12.

Juan Pablo II, Const. Ap. *Ut sit*, 28 noviembre 1982, *AAS* 75 (1983) 423-425.

——, Ex. Ap. *Reconciliatio et paenitentia*, 2. diciembre 1984, *AAS* 77 (1985) 185-275.

——, Const. Ap. *Spirituali militum curae*, 21 abril 1986, *AAS* 78 (1986) 481-486.

——, Alloc. ad paenitentiarios basilicarum Urbis quosdamque sacerdotes, 21 marzo 1992, *AAS* 85 (1993) 346-349.

——, Ex. Ap. *Pastores dabo vobis*, 25 marzo 1992, *AAS* 84 (1992) 657-804.

——, Alloc. ad maiorem Paenitentiarium necnon minores paenitentiarios basilicarum Urbis, 27 marzo 1993, *AAS* 86 (1994) 78-82.

——, Alloc. ad Em. P.D. Cardinalem Paenitentiarium necnon minores Urbis basilicarum paenitentiarios coram admissos, 12 marzo 1994, *AAS* 87 (1995) 75-79.

——, Nuntius ad E.P.D. Paenitentiarium Maiorem, 1 abril 2000, *AAS* 92 (2000) 635-639.

——, Litt. Ap. *Novo Millenio Ineunte*, 6 enero 2001, *AAS* 93 (2001) 266-309.

——, Alloc. ad Paenitentiarium maiorem aliosque coram admissos, 31 marzo 2001, *AAS* 93 (2001), 522-527.

——, MP *Misericordia Dei*, 7 abril 2002, *AAS* 94 (2002) 452-459.

——, Alloc. ad sodales Apostolicae Paenitentiariae, 28 marzo 2003, *AAS* 95 (2003), 607-609.

1.2 Documentos conciliares (en orden cronológico)

Concilio III de Cartago, año 397, can. 32, in Mansi III, 885.

Concilio de Piacenza, año 1095, in Mansi XX, 801-814.

Concilio de Londres, año 1102, can. 28, in Mansi XX, 1150-1155.

Concilio Lateranense II, año 1139, can. 5, in Mansi XXI, 523-546.

Concilio Lateranense IV, Cap. 21, Decr. *Omnis utriusque sexus*, noviembre 1215, in *DS* 812-814.

CONCILIO DE FLORENCIA, Decr. *Pro Armeniis*, 22 noviembre 1439, in *DS* 1310-1328.

CONCILIO DE TRENTO, Sess. 14, Decr. *De paenitentia et unctione extrema*, 25 noviembre 1551, in *DS* 1667-1719.

———, Sess. 21, Decr. *De communione eucharistica*, 9 diciembre 1562, in *DS* 1725-1734.

———, Sess. 23, Decr. *Super reformatione*, 15 julio 1563, in *COD* 744-753.

CONCILIO PLENARIO DE AMÉRICA LATINA, *Actas y decretos del Concilio Plenario de la América Latina*, Roma 1906.

PRIMER CONCILIO PLENARIO CHILENO, *Concilium Plenarium Chiliense Primum. In urbe s. Iacobi en Chile anno domini MCMXLVI celebratum*, Santiago 1955.

CONCILIO VATICANO II, Const. *Sacrosanctum Concilium*, Constitución sobre la Sagrada Liturgia, 4 diciembre 1963, *AAS* 56 (1964) 97-134; Vat.II, 215-285.

———, Const. *Lumen Gentium*, Constitución dogmática sobre la Iglesia, 21 noviembre 1963, *AAS* 57 (1965) 5-71; Vat.II, 21-171.

———, Decr. *Orientalium Ecclesiarum*, Decreto sobre las Iglesias Orientales católicas, 21 noviembre 1963, *AAS* 57 (1965) 78-84; Vat.II, 796-817.

———, Decr. *Christus Dominus*, Decreto sobre la función pastoral de los Obispos en la Iglesia, 28 octubre 1965, *AAS* 58 (1966) 673-696; Vat.II, 506-565.

———, Decr. *Presbyterorum Ordinis*, Decreto sobre el ministerio y vida de los presbíteros, 7 diciembre 1965, *AAS* 58 (1966) 991-1024; Vat.II, 572-647.

———, Const. *Gaudium et Spes*, Constitución pastoral sobre la Iglesia en el mundo actual, 7 diciembre 1965, *AAS* 58 (1966) 1025-1115; Vat.II, 298-499.

1.3 Documentos de la Curia Romana

S. CONGREGACIÓN DEL CONCILIO, Resp. *Panormitana*, septiembre 1585, in *CICF* V, n. 2142, 118.

———, Resp. *Anconitana*, 11 septiembre 1610, in *CICF* V, n. 2386, 211.

———, Resp. *Pampilonensis*, 15 enero 1667, in *CICF* V, n. 2800, 358.

———, Decr. *Cum ad aures*, 12 febrero 1679, in *CICF* V, n. 2848, 380.

S. CONGREGACIÓN DEL CONCILIO, Resp. *Posnaniensis*, 3 diciembre 1707, in *CICF* V, n. 3058, 519.

S. Congregación de Obispos y Regulares, Resp. *Armeniensis*, 13 mayo 1611, in *CICF* IV, n. 1649, 718.

S. Congregación del Santo Oficio, Resp. *Smyrnensis*, 7 julio 1864, in *CICF* IV, n. 978, 250-252.

——, Decl. 29 julio 1891, in *CICF* IV, n. 1141, 467.

S. Congregación de Religiosos, Decr. *Dum canonicarum legum*, 8 diciembre 1970, *AAS* 63 (1971) 318-319.

Pontificia Comisión para interpretar auténticamente los Cánones del Código, *Responsa*, 16 octubre 1919, *AAS* 11 (1919) 476-480.

Congregación para los Obispos, Decl. *Praelaturae personales*, Declaración acerca de la prelatura de la Santa Cruz y del Opus Dei, 23 agosto 1982, *AAS* 75 (1983) 464-468.

1.4 *Colecciones legislativas, documentos sobre los códigos de derecho canónico y varios*

Corpus Iuris Canonici, instruxit A. Friedberd, Graz 1955².

Codex Iuris Canonici Pii X. Pontificis Maximi iussu digestus Benedicti Papae XV auctoritate promulgatus. Praefatione, fontium annotatione et indice analytico-alphabetico, ab E.mo Petro Card. Gasparri auctus, Città del Vaticano 1917.

Pontificia Commissio Codicis Iuris Canonici Recognoscendo, Acta Commissionis, *Communicationes*, I-XXXIV (1969-2002).

Gasparri, P. – Seredi, I., ed., *Codex Iuris Canonici Fontes*, I-IX, Typis Polyglottis Vaticanis 1923-1939.

Derecho Canónico posconciliar. Suplemento al Código de Derecho Canónico bilingüe de la Biblioteca de Autores Cristianos, Madrid 1978⁶.

Código de Derecho Canónico. Edición bilingüe comentada por los profesores de la facultad de Derecho Canónico de la Universidad Pontificia de Salamanca, Madrid 1995¹³.

Código de Cánones de las Iglesias Orientales. Edición bilingüe comentada por los profesores de la facultad de Derecho Canónico de la Universidad Pontificia de Salamanca, Madrid 1994.

Codex iuris particularis Operis Dei, in A. de Fuenmayor – V. Gómez-Iglesias – J.L. Illanes, *El itinerario jurídico del Opus Dei. Historia y defensa de un carisma*, Pamplona 1990⁴, 628-657.

Ritual conjunto de los sacramentos. Versión preparada por el Consejo Episcopal Latinoamericano, Barcelona 1976.

Catecismo de la Iglesia Católica, Madrid 1992².

2. Estudios

ADNÈS, P., *La penitencia*, Madrid 1981.

ALONSO LOBO, A., «Sugerencias acerca de la futura disciplina sacramentaria de la Iglesia», *Salm.* (1961) 563-579.

ALONSO, J.M., «Orden y jurisdicción. Dos potestades y una sola jerarquía en la constitución íntima de la Iglesia y de su economía sacramentaria», in A. JAVIERRE – B. MARINA – J. SALAVERRI, ed., *XVI Semana Española de Teología*, Madrid 1957, 363-454.

ALSZEGHY, Z., *De Paenitentia Christiana*, Roma 1961.

AMATO, A., *I pronunciamenti tridentini sulla necessità della confessione sacramentale nei canoni 6-9 della sessione XIV (25 novembre 1551)*, Roma 1974.

ANCIAUX, P., *La théologie du sacrement de la pénitence au XII siècle*, Louvain 1949.

ANDRÉS, D., «Comentario a los cc. 330-746», in A. BENLLOCH, ed., *Código de Derecho Canónico. Edición bilingüe, fuentes y comentarios de todos los cánones*, Valencia 1993², 175-352.

ARNAU, R., *Tratado general de los sacramentos*, Madrid 1994.

ARRIETA, J.I., «"Potestas regiminis" y sacramento del orden. Algunas consecuencias del número 2 de la nota explicativa previa de la Const. "Lumen Gentium", de cara a la futura legislación codicial», in P. RODRÍGUEZ, ed., *Sacramentalidad de la Iglesia y Sacramentos. IV Simposio internacional de teología de la Universidad de Navarra*, Pamplona 1983, 523-537.

————, *Diritto dell'organizzazione ecclesiastica*, Milano 1997.

DE AZPILCUETA, M., *Commentaria in septem distinctiones de poenitentia*, in *Opera Omnia*, III, Venetiis 1618, 1-471.

BERTRAMS, W., «De differentia inter sacerdotium episcoporum et presbyterorum», *Periodica* 59/2 (1970) 185-213.

————, «De potestatis episcopalis exercitio personali et collegiali», *Periodica* 71 (1982) 93-145.

BEYER, J.B., «Nature et position du sacerdoce», *NRTh.* 76/4 (1954) 356-373.

————, «De natura potestatis regiminis seu iurisdictionis recte in codice renovato enuntianda», *Periodica* 71 (1982) 93-145.

CALVI, M., «La supplenza della potestà (can. 144)», *QDE* 10 (1997) 436-444.

CAPPELLO, F.M., *Tractatus canonico-moralis de Sacramentis*. I, Roma 1938³.

CAPPELLO, F.M., *Tractatus canonico-moralis de Sacramentis*. II/1. *De poenitentia*, Torino 19475.

CARREYRE, J., «Synode de Pistoie», in *DThC*, XII /1, 2134-2230.

CARZANIGA, G., «Confessione, penitenza, riconciliazione. Introduzione storico-teologica», *QDE* 8 (1995) 376-389.

CATTANEO, A., «Sacramentalidad de la Iglesia y sacramento de la penitencia en la canonística de Klaus Mörsdorf», in P. RODRÍGUEZ, ed., *Sacramentalidad de la Iglesia y Sacramentos*. IV Simposio internacional de teología de la Universidad de Navarra, Pamplona 1983, 223-231.

——, *Questioni fondamentali della canonistica nel pensiero di Klaus Mörsdorf*, Pamplona 1986.

CAVALLERA, F., «Le décret du concile de Trente sur la Pénitence. Chapitre VII, canon XI. Les cas réservés», *BLE* 35 (1934) 125-137.

CELEGHIN, A., «Sacra Potestàs : Quaestio post-conciliaris», *Periodica* 74 (1985) 165-225.

——, *Origine e natura della potestà sacra. Posizioni postconciliari*, Brescia 1987.

CHARRIERE, F., «Le pouvoir d'ordre et le pouvoir de jurisdiction dans le sacrement de la pénitence», *DT (F)* 23 (1945) 191-213.

CHIAPPETTA, L., *Il Codice di Diritto Canonico. Commento giuridico-pastorale*, II, Roma 1996².

CIPRIANO, *Epistula 13*, in *PL* 3, 266-268.

CONGAR, Y., *Sainte Eglise. Etudes et approches ecclésiologiques*, Paris 1963.

——, «Propos en vue d'une théologie de l'"Économie" dans la tradition latine», *Irén.* 45 (1972) 155-206.

CORECCO, E., «Nature et structure de la "Sacra Potestas" dans la doctrine et dans le nouveau Code de Droit Canonique», *RDC* 34 (1984) 361-389.

COSIO, R. A, «De natura potestatis remittendi peccata», *Laur* 2 (1961) 3-18.

DAMIZIA, G., «Commento ai cc. 965-986», in P.V. PINTO, ed., *Commento al Codice di Diritto Canonico*, Città del Vaticano 2001², 586-595.

DE CLERCQ, CH., «Des sacrements», in R. NAZ, ed., *Traité de Droit Canonique*, II, Paris 1954², 143-199.

DE DIEGO-LORA, D., «La disciplina penitencial en el nuevo Código de derecho canónico», in J. SANCHO, ed., *Reconciliación y Penitencia*. V Simposio internacional de teología de la Universidad de Navarra, Pamplona 1983, 899-938.

DE PAOLIS, V., «Il Sacramento della penitenza», in A. LONGHITANO, ed., *Il Codice del Vaticano II. I sacramenti della Chiesa*, Bologna 1989, 163-237.

———, «De delictis contra sanctitatem sacramenti paenitentiae», *Periodica* 79 (1990) 177-218.

———, «Il libro I del Codice: norme generali», in A. MARTINI – A. LONGHITANO – A. GIACOBBI, ed., *Il diritto nel mistero della Chiesa*, I, Roma 1995³, 237-486.

DE PAOLIS, V. - CITO, D., *Le sanzioni nella Chiesa. Commento al Codice di Diritto Canonico. Libro VI*, Città del Vaticano 2000.

D'ERCOLE, G., *Penitenza canonico-sacramentale. Dalle origini alla Pace Costantiniana*, Roma 1963.

DÍAZ MORENO, J.M., «Las innovaciones de la disciplina sobre el sacramento de la penitencia», in J.L. SANTOS, ed., *Temas fundamentales en el nuevo Código*. XVIII Semana Española de Derecho Canónico, Salamanca 1984, 253-292.

DORONZO, E., *Tractatus dogmaticus De ordine*, III, Milwaukee 1962.

DUCASSE, I., «En la marcha hacia la unidad. La *communicatio in sacramentis* (c. 844) ¿Con quiénes?», in A. REHBEIN – A. ROJAS, ed., *Plenitudo legis dilectio*, Fs. F. Retamal, Santiago 2002, 261-278.

DUFOUR, B., *Le sacrement de pénitence et le sacrement de l'onction des malades. Commentaire des canons 959-1007*, Paris 1989.

ERDÖ, P., «Problemi interrituali (interecclesiali) nell'amministrazione del sacramento della penitenza», *Periodica* 90 (2001) 437-453.

ERRÁZURIZ, C.J., *Il diritto e la giustizia nella Chiesa. Per una teoria fondamentale del diritto canonico*, Milano 2000.

FALCÃO, M., «Facultade para confessar e idoneidade do confessor», in A. MONTEIRO - M. FALCÃO - J. FERREIRA, *Penitência e Reconciliaçao na Igreja*, Lisboa 2000, 23-50.

FERRARI, G., «I canoni sulla penitenza e sull'unzione degli infermi», *Nun.* 6 (1978) 58.

FISCHER, E., «Necessità della potestà di giurisdizione nell'amministrazione del sacramento della penitenza», in M. KAISER - E. FISCHER - K. NASILOWSKI, *Potere di ordine e di giurisdizione: nuove prospettive nella dottrina del potere di giurisdizione*, Roma 1971, 43-88.

FLORES, G., «La reconciliación en el sacramento de la penitencia: su doble alcance eclesial y mistérico», in I. RODRÍGUEZ – J.L. LARRABE –

J.A. MARCÉN, ed., *El sacramento de la penitencia*. XXX Semana Española de Teología, Madrid 1972, 431-459.

FLORES, G., *Penitencia y Unción de enfermos*, Madrid 1993.

FRANCO, R., «La confesión en el Concilio de Trento: exégesis e interpretación», in I. RODRÍGUEZ – J.L. LARRABE – J.A. MARCÉN, ed., *El sacramento de la penitencia*. XXX Semana Española de Teología, Madrid 1972, 303-316.

GALTIER, P., *De Poenitentia. Tractatus dogmatico-historicus*, Roma 1956.

GARCÍA, E., «Faculty to hear confessions», *BEFil* 73 (1997) 179-187.

GARCÍA MARTÍN, J., «Le facoltà abituali secondo la disciplina canonica», *Apoll.* 74 (2001) 659-687.

GARRIDO, M., «El sacramento de la Penitencia en el concilio Vaticano II», in J. SANCHO, ed., *Reconciliación y Penitencia*. V Simposio internacional de teología de la Universidad de Navarra, Pamplona 1983, 709-720.

GASPARRI, P., *Tractatus canonicus de matrimonio*, II, Città del Vaticano 1932^2.

GAUDEMET, J., *Droit de l'Eglise et vie sociale au Moyen Age*, Northampton 1989.

GHIRLANDA, G., «Episcopato e presbiterato nella Lumen Gentium», *Com (I)* 59 (1981) 53-70.

———, *El derecho en la Iglesia misterio de Comunión. Compendio de derecho eclesial*, Madrid 1992^2.

———, «Prelatura personale», in *NDDC*, 818-821.

GIL DE LAS HERAS, F., «¿Es la absolución sacramental un acto judicial?», *Burg.* 1 (1960) 191-204.

GNILKA, J., *Il vangelo di Matteo*, II, Brescia 1991.

GONZÁLEZ AYESTA, J., *La naturaleza jurídica de las «facultades habituales» en la codificación de 1917*, Roma 1999.

———, «La noción jurídica de "facultad" en los comentadores del Código de 1917», *JC* 79 (2000) 99-123.

———, «La specificità delle "facoltà abituali" all'interno della delega (Can. 132 CIC '83», *IE* 12 (2000) 187-208.

GONZÁLEZ DEL VALLE, J.M., *El sacramento de la penitencia: Fundamentos históricos de su regulación actual*, Pamplona 1972.

GORKA, M., *Natura della «facultas ad confessiones excipiendas»*, Roma 1992.

HERVADA, J., «Las raíces sacramentales del derecho canónico», in *Vetera et Nova. Cuestiones de Derecho Canónico y afines*, II, Pamplona 1991, 855- 892.

——, «cc. 294-297», in *ComEx*, II/1, 400-419.

HILL, R. A., «The universal faculty to hear confessions», *RfR* 46 (1986) 302-304.

HUELS, J., «Permissions, authorizations and faculties in canon law», *StCan* 36 (2002) 25-58.

JIMÉNEZ, J., *La Penitencia. Sacramento constitutivamente jurisdiccional.* Santiago 1975.

JOURNET, CH., *L'Eglise du Verbe Incarné.* Fribourg 1955².

KAISER, M., «Befugnis zur Entgegennahme der Beichten», *AkathKR* 154 (1985) 164-182.

LABANDEIRA, E., «Naturaleza jurídica del poder de absolver los pecados desde la perspectiva del Vaticano II y del nuevo Código», in J. SANCHO, ed., *Reconciliación y Penitencia. V Simposio internacional de teología de la Universidad de Navarra*, Pamplona 1983, 957-981.

——, *Trattato di diritto amministrativo canonico*, Milano 1994².

LEEMING, B., *Principles of sacramental theology.* London 1960².

LEITE, A., «Faculdade de confessar. Comentario», *Lumen (P)* 45 (1984) 1-13.

DE LIGORIO, A.M., *Theologia Moralis. Editio nova cum antiquis editionibus diligenter collata in singulis auctorum allegationibus recognita notisque criticis et commentariis illustrata*, III, Roma 1909.

——, *Pratica del confessore. Per bene esercitare il suo ministero*, Modena 1948.

LÓPEZ-GONZÁLEZ, P., *Penitencia y reconciliación. Estudio histórico-teológico de la «res et sacramentum»*, Pamplona 1990.

LÓPEZ ILLANA, F., *El sacramento de la penitencia en el derecho particular español antes del Código*, Vitoria 1960.

LOPPA, L., «*In persona Christi*»-«*Nomine Ecclesiae*». *Linee per una teologia del ministero nel Concilio Ecumenico Vaticano II e nel magistero post-conciliare (1962-1985)*, Roma 1985.

LOZA, F., «cc. 965-986», in *ComEx*, III/1, 777-834.

MANZANARES, J., «Penitencia», in J. MANZANARES - A. MOSTAZA - J.L. SANTOS, *Nuevo Derecho Parroquial*, Madrid 1994³, 259-296.

MARQUES, J., «O direito fundamental dos fiéis ao Sacramento da Penitência e a dimensão comunitária da Liturgia», *Theol. (Br)* 10 (1975) 22-41.

MARQUES, J., «Executio potestatis», *JC* 16 (1976) 350-351.

MARTIMORT, A., *Los signos de la nueva alianza*, Salamanca 19675.

MCCORMACK, A., *The term «Privilege». A textual study of its meaning and use in the 1983 Code of Canon Law*, Roma 1997.

MCMANUS, F., «The internal forum», in PONTIFICIA COMMISSIO CODICI IURIS CANONICI RECOGNOSCENDO, ed., *Acta conventus internationalis canonistarum. Romae diebus 20-25 mai 1968 celebrat*, Città del Vaticano 1970, 251-261.

——, «Comment to cc. 965-986», in J. BEAL - J. CORIDEN - T. GREEN, ed., *New Commentary on the Code of Canon Law*, New York 2000, 1151-1167.

MERKELBACH, H., *Quaestiones de Poenitentiae Ministro eiusque officiis*, Liège 1928.

MICHIELS, G., *Normae Generales Iuris Canonici. Commentarius libri I Codicis Iuris Canonici*, II, Paris 1949².

MIGUÉLEZ, L., «Comentario a los cc. 871-892», in L. MIGUÉLEZ – S. ALONSO – M. CABREROS DE ANTA, ed., *Código de Derecho Canónico y legislación complementaria*, Madrid 1978¹¹, 336-343.

MIRAGOLI, E., «Il confessore giudice e medico: natura della confessione», in E. MIRAGOLI, ed., *Il sacramento della Penitenza. Il ministero del confessore: indicazioni canoniche e pastorali*, Milano 1999, 25-40.

——, «Il confessore e il "de sexto"», in E. MIRAGOLI, ed., *Il sacramento della Penitenza. Il ministero del confessore: indicazioni canoniche e pastorali*, Milano 1999, 101-123.

MIRALLES, A., «Dimensión eclesial del sacramento de la penitencia», in P. RODRÍGUEZ, ed., *Sacramentalidad de la Iglesia y Sacramentos. IV Simposio internacional de teología de la Universidad de Navarra*, Pamplona 1983, 485-501.

——, *«Pascete il gregge di Dio». Studi sul ministero ordinato*, Roma 2002.

MOLINA, A., «Comentario a los cc. 232-293», in A. BENLLOCH, ed., *Código de Derecho Canónico. Edición bilingüe, fuentes y comentarios de todos los cánones*, Valencia 1993², 131-160.

——, «Comentario a los cc. 965-982», in A. BENLLOCH, ed., *Código de Derecho Canónico. Edición bilingüe, fuentes y comentarios de todos los cánones*, Valencia 1993², 437-444.

MONTINI, G.B., «La tutela penale del sacramento della penitenza. I delitti nella celebrazione del sacramento (cann. 1378; 1387; 1388)», in GRUPPO

ITALIANO DOCENTI DI DIRITTO CANONICO, ed., *Le sanzioni nella Chiesa,* Milano 1997, 213-235.

MÖRSDORF, K., «Potestades de la Iglesia», in *Sacramentum Mundi,* III, Barcelona 1973, 676-692.

MOSTAZA, A., *El problema del ministro extraordinario de la confirmación,* Salamanca 1952.

——, «La potestad de confirmar de los ministros extraordinarios», *REDC* 14 (1959) 503-516.

——, «Confirmación», in J. MANZANARES - A. MOSTAZA - J.L. SANTOS, *Nuevo Derecho Parroquial,* Madrid 1994³, 151-173.

NASILOWSKI, K., «Distinzione tra postestà d'Ordine e potestà di giurisdizione dai primi secoli della Chiesa sino alla fine del periodo dei decretisti», in M. KAISER - E. FISCHER - K. NASILOWSKI, *Potere di ordine e di giurisdizione: nuove prospettive nella dottrina del potere di giurisdizione,* Roma 1971, 90-121.

NICOLAU, M., *Teología del signo sacramental,* Madrid 1969.

——, *Ministros de Cristo. Sacerdocio y sacramento del orden,* Madrid 1971.

——, «Función de la Iglesia en la determinación del signo sacramental», *NatGrac* 24 (1977) 93-108.

NOTHOMB, D., «La nature du pouvoir de jurisdiction du confesseur», *NRTh* 82 (1960) 470-482.

NÚÑEZ, G., *Tutela penal del sacramento de la Penitencia,* Pamplona 2000.

DE OTADUY, J., «c. 276», *ComEx,* II/1, 331-335.

PAGÉ, R., «c. 556», in *ComEx,* II/2, 1344-1347.

PEÑAFORT, R., *Summa de Poenitentia et Matrimonio cum glossis Ioannis de Friburgo,* Roma 1603.

DEL PORTILLO, A., *Fieles y laicos en la Iglesia,* Pamplona 1991³.

POSCHMANN, B., *La pénitence et l'onction des malades,* Paris 1966.

PRIMETSHOFER, B., «Problemi intorno alla facoltà per sacerdoti religiosi di conferire il sacramento della penitenza», *CRM* 81 (2000) 377-386.

RAHNER, K., *De Poenitentia. Tractatus historico-dogmaticus,* Roma 1955³.

RAMOS-REGIDOR, J., *Il sacramento della penitenza. Riflessione teologica-biblico-storico-pastorale alla luce del Vaticano II,* Torino 1971².

RINCÓN-PÉREZ, T., «Disciplina canónica del culto divino», in J.I. ARRIETA, ed., *Manual de Derecho Canónico,* Pamplona 1991², 459-603.

RINCÓN-PÉREZ, T., «Sobre algunas cuestiones canónicas a la luz de la Exh. Apost. "Pastores dabo vobis"», *JC* 65 (1993) 315-378.

———, *La liturgia y los sacramentos en el derecho de la Iglesia*, Pamplona 2001².

DA ROMALLO, S.M., *Il ministero della confessione nei primordi dell'ordine francescano in relazione ai diritti parrocchiali*, Milano 1949.

ROORDA, T.J., «De natura potestatis absolvendi a peccatis», *EJCan* 3-4 (1948) 353-381, 513-540.

RUSSO, F., «Pénitence et excommunication. Etude historique sur les rapports entre la théologie et le droit canon dans le domaine pénitentiel du IX au XIII siècle», *RSR* 33 (1946) 257-279.431-461.

SALACHAS, D., *Il Diritto Canonico delle Chiese orientali nel primo millennio. Confronti con il diritto canonico attuale delle Chiese orientali cattoliche: CCEO*, Bologna 1997.

———, *Teologia e disciplina dei sacramenti nei codici latino e orientale. Studio teologico-giuridico comparativo*, Bologna 1999.

SÁNCHEZ, J., «Comentario al c. 262», in J.L. ACEBAL, ed., *Código de Derecho Canónico. Edición bilingüe comentada por los profesores de la facultad de Derecho Canónico de la Universidad Pontificia de Salamanca*, Madrid 1995[13], 160-161.

SARAIVA MARTINS, J., *I sacramenti della nuova alleanza*, Roma 1987.

SCHEFFCZYK, L., «La eficacia santificadora del sacramento de la penitencia», *ScrTh* 10/2 (19758) 581-599.

SCHMAUS, M., *Teología dogmática. VI. Los sacramentos*, Madrid 1961.

SCHNACKENBURG, R., *Il vangelo di Giovanni*, III, Brescia 1981.

SOLÁ, F. DE P., «¿Hasta qué punto puede depender de la potestad de jurisdicción el valor de los sacramentos?», in F. DE P. SOLÁ - A. TEMIÑO – M. GARCÍA, ed., *XV Semana Española de Teología*, Madrid 1956, 3-32.

von SPEYR, A., *La confession*, Namur 1991².

STICKLER, A.M., «La bipartición de la potestad eclesiástica en su perspectiva histórica», *JC* 15 (1975) 45-74.

SUÁREZ, F., *Commentarii et disputationes in tertiam partem D. Thomae*, in C. BERTON, ed., *Opera Omnia*, XX, Paris 1861.

———, *De sacramento poenitentiae*, in C. BERTON, ed., *Opera Omnia*, XXII, Paris 1861, 336-806.

TEJERO, E., «Sobre la "res et sacramentum" de la penitencia y su dimensión eclesial», in J. SANCHO, ed., *Reconciliación y Penitencia*. V Simposio internacional de teología de la Universidad de Navarra, Pamplona 1983, 983-1009.

TEJERO, E., «cc. 564-567», in *ComEx*, II/2, 1360-1376.

———, «c. 882», in *ComEx*, III/1, 529-534.

TOMÁS DE AQUINO, S., *Commentum in quatuor libros sententiarum magistri Petri Lombardi*, in *Opera Omnia*, VII, Parmae 1857.

———, *Suma teológica*, XIV, Madrid 1957.

TREVISAN, G., «La facoltà di confessare», in E. MIRAGOLI, ed., *Il sacramento della Penitenza. Il ministero del confessore: indicazioni canoniche e pastorali*, Milano 1999, 91-99.

URRUTIA, F.J., «Facoltà abituali», in *NDDC*, 480.

———, «Mandato d'insegnare discipline teologiche», in *NDDC*, 661-664.

VACANDARD, E., «Confession du I au XIII siècle», in *DThC*, III, 838-894.

VAN DE KERCKHOVE, M., «La notion de juridiction chez les décrétistes et les premiers décrétalistes (1140-1250)», *EtFr* 49 (1937) 420-455.

WERNZ, F.X. – VIDAL, P., *Ius canonicum*, II, Roma 1928² y IV/*1*, Roma 1934.

WOESTMAN, W., *Sacraments. Initiation, Penance, Anointing of the Sick: Commentary on Canons 840-1007*, Ottawa 1996².

ZALBA, M., «Num Ecclesia habeat potestatem invalidandi ritum sacramentalem ordinis ab episcopis exclusis peractum», *Periodica* 78 (1989) 187-242.

ÍNDICE DE AUTORES

Adnès: 8, 9, 10, 11, 12, 13, 14, 140, 209
Alonso Lobo: 94
Alszeghy: 12, 40, 133, 137
Amato: 207, 208
Anciaux: 16, 17, 19, 21, 22, 132, 140
Andrés: 70
Arnau: 185, 187
Arrieta: 144, 153, 157
de Azpilcueta: 40, 41, 135, 136, 140, 162, 191, 240
Benedicto XIV: 46, 47, 120, 159
Bertrams: 134, 168, 169, 188, 194, 195
Beyer: 139, 143, 180, 181
Calvi: 105, 106
Cappello: 52, 53, 55, 57, 63, 71, 73, 76, 81, 82, 84, 89, 92, 93, 102, 104, 105, 106, 108, 111, 121, 125, 156, 159, 211, 212, 218, 219, 225, 226, 229
Carreyre: 49
Carzaniga: 10, 49
Cattaneo: 141, 142, 160
Cavallera: 36
Celeghin: 144, 168, 189
Charrière: 54, 133, 137, 166
Chiappetta: 125, 157
Cipriano: 12, 28, 178

Clemente VIII: 46, 77
Clemente X: 45, 46
Clemente XIII: 47
Clemente XIV: 46
Concilio de Florencia: 34, 177, 189
Concilio de Londres: 15
Concilio de Piacenza: 15
Concilio de Trento: 9, 34, 35, 36, 37, 41, 43, 46, 47, 79, 102, 103, 133, 165, 174, 176, 187, 198, 199, 205, 206, 207, 208, 209, 212, 218, 234, 240
Concilio III de Cartago: 13
Concilio Lateranense II: 15
Concilio Lateranense IV: 18, 31, 207, 233
Concilio Vaticano II: 5, 58, 60, 66, 67, 73, 143, 197, 201, 206, 239, 240
Congar: 27, 175, 189
Congregación para los Obispos: 85
Corecco: 134, 144, 153, 155, 158, 160, 163, 168, 170, 182, 183
Cosio: 10, 26, 27, 53, 54, 57
Damizia: 112
De Clercq: 34, 79
D'Ercole: 11
De Paolis: 52, 64, 66, 69, 74, 75, 82, 83, 89, 94, 112, 113, 120,

123, 125, 126, 127, 128, 154, 159, 160
Díaz Moreno: 164, 218
de Diego-Lora: 161, 203
Doronzo: 179
Ducasse: 110
Dufour: 66, 71, 85
Erdö: 90
Errázuriz: 217, 218
Falcão: 77, 78, 85, 86, 110, 225, 232
Ferrari: 61
Fischer: 12, 14, 15, 22, 35, 37, 51, 142, 214
Flores: 199, 209
Franco: 208
Galtier: 12, 38, 132, 137
García: 151, 152, 153
Garrido: 58
Gasparri: 45, 156, 157, 239
Gaudemet: 20, 27, 28
Ghirlanda: 77, 144, 145, 162, 180, 195
Gil de las Heras: 207, 208
Gnilka: 9
González Ayesta: 145, 146, 147, 148, 151, 153, 154, 155
González del Valle: 16, 20, 21, 22, 41, 46, 138, 139, 215
Gorka: 43
Gregorio IX: 33
Gregorio XV: 47
Hervada: 77, 218
Hill: 98
Huels: 158, 170
Inocencio XII: 46
Inocencio XIII: 46
Jiménez: 138, 142, 143
Journet: 57
Juan Pablo II: 5, 6, 86, 204, 205, 210, 213, 219, 221, 222, 223, 225, 226, 227, 228, 229, 230
Kaiser: 93, 117, 129, 182

Labandeira: 144, 145, 146, 151, 153, 160, 161, 162, 181
Leeming: 185, 186
Leite: 69, 116, 118
de Ligorio: 42, 43, 103, 108, 210, 211, 225, 227
López Illana: 47, 48
López-González: 202
Loppa: 199, 200
Loza: 71, 72, 76, 77, 85, 87, 88, 112, 119, 159, 160
Manzanares: 193, 224
Marques: 181, 182, 219, 220
Martimort: 199
McCormack: 146, 148, 149, 150
McManus: 78, 87, 89, 91, 94, 99, 112
Merkelbach: 20, 22
Michiels: 56, 146, 147, 148
Miguelez: 173
Miragoli: 213, 223
Miralles: 38, 85, 95, 96, 110, 194, 196, 198, 199, 201, 202
Molina: 66, 72, 91, 159
Montini: 123, 124
Mörsdorf: 18, 141, 142, 160, 173, 191, 201, 224
Mostaza: 162, 180, 181, 183
Nasilowski: 20, 28, 29
Nicolau: 165, 176, 177, 186, 195
Nothomb: 8, 54, 57, 201
Núñez: 123, 124, 125, 224
de Otaduy: 222
Pagé: 71
Paulo VI: 59
Peñafort: 22, 32
Pío V: 45, 46
Pío VI: 39, 49, 50
Pío XII: 176, 177, 185
Pontificia Comisión para interpretar auténticamente los Cánones del Código: 81
del Portillo: 217, 220

ÍNDICE DE AUTORES

Poschmann: 11, 13, 14, 15, 132, 140, 141, 142, 213, 214
Primetshofer: 117
Rahner: 38, 39, 40, 133, 139, 140, 143, 162, 181, 185, 215
Ramos-Regidor: 8, 9, 12, 140, 209
Rincón-Pérez: 60, 61, 64, 67, 88, 112, 220, 227
da Romallo: 31, 32, 33
Roorda: 41, 42, 53, 54, 55, 56, 57
Russo: 17, 19, 21, 29, 30
S. Congregación de Religiosos: 59
Salachas: 13, 63, 99, 159
Sánchez: 72, 82, 98, 116, 117, 118
Saraiva Martins: 185, 187
Scheffczyk: 199, 209
Schmaus: 209, 210
Schnackenburg: 9
Solá: 180, 183
von Speyr: 210
Stickler: 17, 27, 28, 29
Suárez: 39, 40, 41, 43, 44, 51, 58, 134, 135, 136, 137, 138, 162, 166, 167, 184, 190, 215
Tejero: 69, 70, 157, 158, 181, 199, 202
Tomás de Aquino: 19, 22, 23, 24, 25, 26, 30, 32, 40, 167, 168, 177, 178, 184, 203, 204, 207, 211, 212
Urbano VIII: 45
Urrutia: 152, 201
Vacandard: 11
Van de Kerckhove: 22, 27, 28
Wernz-Vidal: 34, 42, 43, 52, 53, 55, 56, 57, 63, 65, 79, 80, 106, 108, 109
Woestman: 66, 73, 76, 81, 91, 101, 112, 114
Zalba: 179, 180, 181, 182

ÍNDICE GENERAL

Introducción 5

Capítulo I: *Desarrollo histórico* 7
1. Fundamento escriturístico 7
2. Período de la penitencia pública: siglos I-VI 10
    2.1 La penitencia pública y el rol del Obispo 11
    2.2 Paulatina participación de los presbíteros 12
3. Desarrollo medieval de la praxis y de la doctrina penitencial 14
    3.1 Paso de la penitencia pública a la penitencia privada 14
    3.2 La confesión ante el proprius sacerdos 16
    3.3 Desarrollo doctrinal de los siglos XII y XIII 18
        3.3.1 Paulatina elaboración del concepto de la jurisdicción
        necesaria para absolver 18
        a) Graciano 19
        b) Canonistas y teólogos de fines del s. XII
        y principios del s. XIII 20
        c) Síntesis de santo Tomás de Aquino 22
        d) Identificación de la jurisdicción con la potestas clavium 26
        3.3.2 Distinción entre potestad de orden y de jurisdicción 27
        3.3.3 Distinción entre penitencia y excomunión 29
    3.4 Del Lateranense IV a los albores de Trento 30
        3.4.1 La regla canónica y las órdenes mendicantes 31
        3.4.2 Concilio de Florencia 34
4. El Concilio de Trento y el desarrollo posterior
de la doctrina y de la praxis 35
    4.1 La enseñanza del Concilio de Trento 35
        4.1.1 Doctrina sobre la jurisdicción 35
        4.1.2 Decretos disciplinares 37
    4.2 Sentido de la enseñanza tridentina sobre la jurisdicción 37

  4.2.1 Valor doctrinal de la enseñanza tridentina 37
  4.2.2 La jurisdicción en la doctrina posterior a Trento 40
   a) Francisco Suárez 40
   b) Otros autores 41
 4.3 Distinción entre jurisdicción y aprobación a partir
  del c. XV de la sess. XXIII 43
 4.4 Legislación y práctica administrativa posterior a Trento 44
  4.4.1 A nivel universal 45
  4.4.2 A nivel particular 47
 4.5 La bula *Auctorem fidei* y la condena del sínodo de Pistoya 49
 4.6 La jurisdicción necesaria para absolver pecados veniales 50
5. Del Código de 1917 al Código de 1983 51
 5.1 El Código de 1917 51
 5.2 Doctrina de los comentadores del Código de 1917 53
  5.2.1 Confluencia del orden y de la jurisdicción en el ministro 53
  5.2.2 Naturaleza de la jurisdicción 55
 5.3 Inicios de una evolución doctrinal 57
 5.4 El Concilio Vaticano II y la legislación posterior 58
 5.5 El Código de 1983 60
6. Conclusión 61

CAPÍTULO II: *La disciplina vigente acerca de la facultad para confesar* 63
1. Adquisición de la facultad para confesar 63
 1.1 Adquisición de la facultad ipso iure 65
  1.1.1 Inmediatamente en virtud de la misma ley 65
  1.1.2 Mediante un oficio (*vi officii*) 67
   a) Dentro del ámbito de las comunidades jerárquicas:
    c. 968 §1 67
   b) Dentro del ámbito de un instituto religioso
    o de una sociedad de vida apostólica: c. 968 §2 74
   c) El Prelado de una prelatura personal 77
 1.2 Adquisición de la facultad por especial concesión
  de la autoridad competente 78
  1.2.1 Algo de historia 79
  1.2.2 Facultad concedida por el Ordinario del lugar 80
   a) Sólo el Ordinario del lugar 80
   b) Ámbito de la concesión 81
   c) Destinatarios de la concesión 82
  1.2.3 Facultad concedida por el Superior de un instituto
   religioso o de una sociedad de vida apostólica 83
  1.2.4 Facultad concedida por el Prelado
   de una prelatura personal 85

1.2.5 Requisitos y modalidades para la concesión
de la facultad 86
a) Idoneidad del sacerdote 86
b) Limitaciones a la facultad..................................... 89
c) Otras características de la concesión 90
1.3 Extensión universal de la facultad para confesar 92
1.3.1 Consideraciones generales 92
1.3.2 Extensión a todos los fieles de la Iglesia: c. 967 §2 95
a) Itinerario de redacción 95
b) Sujetos de la extensión universal........................... 96
c) Problema del cuasidomicilio.................................. 97
d) Poder del Ordinario del lugar de limitar............... 98
1.3.3 Extensión dentro de todo el ámbito del instituto
religioso o de la sociedad de vida apostólica: c. 967 §3 100
1.4 Dos situaciones particulares de concesión
de la facultad *a iure*..101
1.4.1 Facultad en peligro de muerte 102
a) Algo de historia... 102
b) Disciplina del Código de 1983 104
1.4.2 Facultad por suplencia de la Iglesia 105
a) Error común de hecho o de derecho 106
b) Duda positiva y probable de derecho o de hecho 108
1.4.3 La communicatio in sacris,
¿otro caso de concesión *a iure*? 109
2. Cesación de la facultad para confesar 111
2.1 Revocación de la facultad: c. 974 111
2.1.1 Requisitos para la revocación.................................. 112
2.1.2 Efectos y alcance de la revocación........................... 114
2.2 Cesación de la facultad para confesar por pérdida del oficio,
excardinación o pérdida del domicilio: c. 975 115
2.2.1 Por pérdida del oficio 115
2.2.2 Por excardinación y pérdida del domicilio............. 116
a) Dificultades relativas a la cesación de la facultad por
pérdida del domicilio 116
b) Respuesta a las objeciones 117
c) Pérdida del cuasidomicilio................................... 119
2.3 Otros casos de cesación de la facultad, y en particular,
la absolución del cómplice 119
2.4 Cesación de la facultad por una pena canónica...................120
3. Algunos aspectos complementarios..122
3.1 Sanción para el sacerdote que atenta impartir la absolución o
escucha la confesión sin tener facultad para ello: c. 1378 §2, 2º.123

ÍNDICE GENERAL

3.2 Potestad del confesor para absolver de censuras dentro del sacramento de la penitencia 126
4. Conclusión 128

CAPÍTULO III: *Naturaleza de la facultad para confesar* 131
1. Desarrollo doctrinal previo a la codificación de 1983 131
   1.1 Factores que llevan a replantear la naturaleza de la jurisdicción para confesar 132
   1.2 Doctrinas que ven en la jurisdicción un contenido más formal que material 133
      1.2.1 Teoría de la asignación de súbditos 135
         a) Autores antiguos 135
         b) Autores modernos 137
      1.2.2 Teoría de la potestad ligada 139
   1.3 La escuela de Munich: la necesidad de la jurisdicción desde una perspectiva eclesiológica 140
   1.4 Enseñanza del Concilio Vaticano II acerca de la *sacra potestas* 143
2. Facultad en vez de jurisdicción 145
   2.1 Facultad en general 145
   2.2 Facultad en el Código de 1917 y en los comentadores del mismo 146
   2.3 Facultad en el Código de 1983 148
      2.3.1 Facultades en general 148
      2.3.2 Las facultades habituales: c. 132 151
         a) Las facultades sacramentales, una especie dentro de las facultades habituales del c. 132 152
         b) Las facultades sacramentales y las facultades habituales, dos figuras jurídicas distintas 153
      2.3.3 Las facultades en el ámbito sacramental 155
      2.3.4 La facultad para confesar 159
         a) Una terminología nueva 159
         b) Doctrina posterior al Código de 1983 159
         c) Una distinción fundamental 161
         d) Evaluación de la doctrina actual 162
         e) Otra posible explicación de la facultad: la asignación de los fieles a la potestad del ministro 163
         f) ¿De derecho divino o de institución eclesiástica? 169
         g) Algunos aspectos complementarios 170
3. ¿Por qué ad validitatem? 172
   3.1 Respuesta tradicional 172
   3.2 Planteamiento del problema 173

3.3 Tres principios fundamentales 175
    3.3.1 El *usus Ecclesiae* 175
    3.3.2 La potestad de la Iglesia sobre los sacramentos
    salva illorum substantia 176
    3.3.3 Elementos esenciales para la validez de un sacramento 177
3.4 Un intento de solución 177
    3.4.1 ¿Influjo de la Iglesia sobre la potestad del ministro? 178
        a) Enseñanza tradicional 178
        b) Doctrina y hechos históricos contradictorios 179
        c) Opiniones modernas acerca del poder de la Iglesia
        de atar la potestad de orden 180
        d) Evaluación 183
    3.4.2 ¿Influjo de la Iglesia sobre el signo sacramental? 184
        a) Doctrina tradicional 184
        b) Hechos contradictorios aducidos 185
        c) Un intento de solución: potestad de la Iglesia
        de precisar el signo esencial instituido por Cristo 186
    3.4.3 ¿Influjo de la Iglesia sobre los sujetos del sacramento? 188
    3.4.4 ¿Aplicación del principio de la economía? 189
3.5 Algunas conclusiones 190
4. Conclusión del capítulo 191

CAPÍTULO IV: *Sentido de la facultad para confesar* 193
1. Significado eclesial de la facultad para confesar 194
    1.1 La facultad para confesar y algunas características
    del ministerio sacerdotal 194
        1.1.1 Doctrina conciliar acerca del ministerio
        de los presbíteros en relación a los Obispos 194
        1.1.2 Dimensión universal del ministerio sacerdotal 197
    1.2 La facultad para confesar y la eclesialidad de la penitencia 198
    1.3 ¿La *pax cum Ecclesia* como *res et sacramentum*
    de la penitencia? 201
    1.4 Algunas consecuencias 203
2. La facultad para confesar y la dimensión judicial
del sacramento de la penitencia 205
    2.1 Sentido teológico del carácter judicial
    del sacramento de la penitencia 206
        2.1.1 El carácter judicial de la penitencia
        según el Concilio de Trento 206
        2.1.2 El carácter judicial de la penitencia en la teología
        y el Magisterio contemporáneos 209
    2.2 La dimensión judicial de la confesión en el Código de 1983 210

    2.3 La facultad para confesar y el carácter judicial
        de la penitencia..213
    2.4 Conclusión..215
3. Garantía y tutela del bien de los penitentes..................................216
    3.1 Horizonte de comprensión: el derecho de los fieles
        a los sacramentos...217
    3.2 El derecho al sacramento de la penitencia 218
    3.3 El derecho a tener ministros dignos..................................221
        3.3.1 Peculiar exigencia de los penitentes
            de contar con confesores dignos 222
        3.3.2 Otras consideraciones que nos llevan
            a la misma conclusión...224
        3.3.3 Contenido del derecho de los fieles a confesores dignos....225
            a) Condiciones doctrinales......................................226
            b) Condiciones psicológicas y morales....................228
            c) Condiciones ascético-espirituales........................230
    3.4 Conclusión..231

CONCLUSIÓN..233

ABREVIACIONES Y SIGLAS 239

BIBLIOGRAFIA 243

1. Fuentes y documentos..243
    1.1 Documentos pontificios (en orden cronológico)...............243
    1.2 Documentos conciliares (en orden cronológico)..............244
    1.3 Documentos de la Curia Romana......................................245
    1.4 Colecciones legislativas, documentos
        sobre los códigos de derecho canónico y varios...............246
2. Estudios..247

ÍNDICE DE AUTORES 257

ÍNDICE GENERAL 260

TESI GREGORIANA

Depuis 1995, la collection «Tesi Gregoriana» met à la disposition du pubblic quelques-unes des meilleures thèses élaborées à l'Université Pontificale Grégorienne. La composition en est assurée par les auteures eux-mêmes, selon les normes typographiques définies et contrôlées par l'Université.

Volumes Publiés [Série: Droit Canonique]

1. RUESSMANN, Madeleine, *Exclaustration. Its Nature and Use according to Current Law*, 1995, pp. 552.
2. BRAVI, Maurizio Claudio, *Il Sinodo dei Vescovi. Istituzione, fini e natura. Indagine teologico-giuridica*, 1995, pp. 400.
3. SUGAWARA, Yuji, *Religious Poverty. From Vatican Council II to the 1994 Synod of Bishops*, 1997, pp. 412.
4. FORCONI, Maria Cristina, *Antropologia cristiana come fondamento dell'unità e dell'indissolubilità del patto matrimoniale*, 1996, pp. 200.
5. KOVAČ, Mirjam, *L'orizzonte dell'obbedienza religiosa. Ricerca teologico-canonica*, 1996, pp. 368.
6. KAKAREKO, Andrzej, *La riforma della vita del clero nella diocesi di Vilna dopo il Concilio di Trento (1564-1796)*, 1996, pp. 248.
7. KUBIAK, Piotr, *L'assoluzione generale nel Codice di Diritto Canonico (Cann. 961-963) alla luce della dottrina del Concilio di Trento sull'integrità della confessione sacramentale*, 1996, pp. 212.
8. AMENTA, Pietro, *Partecipazione alla potestà legislativa del Vescovo. Indagine teologico-giuridica su chiesa particolare e sinodo diocesano*, 1996, pp. 272.
9. LORUSSO, Luca, *Gli strumenti di comunicazione sociale nel diritto ecclesiale. Aspettative, problematiche e realizzazioni alla luce dell'insegnamento magisteriale*, 1996, pp. 272.
10. PÉREZ DIAZ, Andrés, *Los vicarios generales y episcopales en el Derecho Canónico actual*, 1996, pp. 336.
11. ZEC, Slavko, *La tossicodipendenza come radice d'incapacità al matrimonio (Can. 1095). Scienze umane, dottrina canonica e giurisprudenza*, 1996, pp. 288.

12. SERRES LÓPEZ DE GUEREÑU, Roberto, *«Error recidens in condicionem sine qua non» (Can. 126). Estudio histórico-jurídico*, 1997, pp. 232.

13. MINGARDI, Massimo, *L'esclusione della dignità sacramentale dal consenso matrimoniale nella dottrina e nella giurisprudenza recenti*, 1997, pp. 320.

14. MARGELIST, Stefan, *Die Beweiskraft der Parteiaussagen in Ehenichtigkeitsverfahren*, 1997, pp. 226.

15. D'AURIA, Andrea, *L'imputabilità nel diritto penale canonico*, 1997, pp. 240.

16. ZADRA, Barbara, *I movimenti ecclesiali e i loro statuti*, 1997, pp. 200.

17. MIGLIAVACCA, Andrea, *La «confessione frequente di devozione». Studio teologico-giuridico sul periodo fra i Codici del 1917 e del 1983*, 1997, pp. 336.

18. SERENO, David, *Whether the Norm Expressed in Canon 1103 is of Natural Law or of Positive Church Law*, 1997, pp. 292.

19. SEMBENI, Giulio, *Direttorio Ecumenico 1993: sviluppo dottrinale e disciplinare*, 1997, pp. 260.

20. KAMAS, Juraj, *The Separation of the Spouses with the Bond Remaining. Historical and Canonical Study with Pastoral Applications*, 1997, pp. 360.

21. VISCOME, Francesco, *Origine ed esercizio della potestà dei vescovi dal Vaticano I al Vaticano II. Contesto teologico-canonico del magistero dei «recenti Pontefici»* (Nota Explicativa Praevia 2), 1997, pp. 276.

22. KADZIOCH, Grzegorz, *Il ministro del sacramento del matrimonio nella tradizione e nel diritto canonico latino e orientale*, 1997, pp. 276.

23. MCCORMACK, Alan, *The Term «Privilege». A Textual Study of its Meaning and Use in the 1983 Code of Canon Law*, 1997, pp. 444.

24. PERLASCA, Alberto, *Il concetto di bene ecclesiastico*, 1997, pp. 428.

25. ZVOLENSKÝ, Stanislav, *«Error qualitatis dans causam» e «error qualitatis directe et principaliter intentae». Studio storico della distinzione*, 1998, pp. 264.

26. GARZA MEDINA, Luis, *Significado de la expresión* nomine Ecclesiae *en el Código de Derecho Canónico*, 1998, pp. 192.

27. BREITBACH, Udo, *Die Vollmacht der Kirche Jesu Christi über die Ehen der Getauften. Zur Gesetzesunterworfenheit der Ehen nichtkatholischer Christen*, 1998, pp. 292.

28. ZANETTI, Eugenio, *La nozione di «laico» nel dibattito preconciliare. Alle radici di una svolta significativa e problematica*, 1998, pp. 404.

29. ECHEBERRIA, Juan José, *Asunción de los consejos evangélicos en las asociaciones de fieles y movimientos eclesiales. Investigación teológico-canónica*, 1998, pp. 274.

30. SYGUT, Marek, *Natura e origine della potestà dei vescovi nel Concilio di Trento e nella dottrina successiva (1545-1869)*, 1998, pp. 356.

31. RUBIYATMOKO, Robertus, *Competenza della Chiesa nello scioglimento del vincolo del matrimonio non sacramentale. Una ricerca sostanziale sullo scioglimento del vincolo matrimoniale*, 1998, pp. 300.

32. BROWN, J. Phillip, *Canon 17 CIC 1983 and the Hermeneutical Principles of Bernard Lonergan*, 1999, pp. 436.

33. BAFUIDINSONI, Maloko-Mana, *Le munus regendi de l'évêque diocésain comme munus patris et pastoris selon le Concile Vatican II*, 1999, pp. 280.

34. POLVANI, Carlo Maria, *Authentic Interpretation in Canon Law. Reflections on a Distinctively Canonical Institution*, 1999, pp. 388.

35. GEISINGER, Robert, *On the Requirement of Sufficient Maturity for Candidate to the Presbyterate (c. 1031 §1), with a Consideration of Canonical Maturity and Matrimonial Jurisprudence (1989-1990)*, 1999, pp. 276.

36. VISIOLI, Matteo, *Il diritto della Chiesa e le sue tensioni alla luce di un'antropologia teologica*, 1999, pp. 480.

37. CORONELLI, Renato, *Incorporazione alla Chiesa e comunione. Aspetti teologici e canonici dell'appartenenza alla Chiesa*, 1999, pp. 456.

38. ASTIGUETA, Damián G., *La noción de laico desde el Concilio Vaticano II al CIC 83. El laico: «sacramento de la Iglesia y del mundo»*, 1999, pp. 300.

39. OLIVER, James M., *Ecumenical Associations: Their Canonical Status, with Particular Reference to the United States of America*, 1999, pp. 336.

40. BRUGNOTTO, Giuliano, *L'«aequitas canonica». Studio e analisi del concetto negli scritti di Enrico da Susa (Cardinal Ostiense)*, 1999, pp. 284.

41. TINTI, Myriam, *Condizione esplicita e consenso implicitamente condizionato nel matrimonio canonico*, 2000, pp. 220.

42. KALLENBACH, Gerald A., *Ein Kirchenamt im Dienst der Verkündigung. Die Rechtsstellung des Religionslehrers*, 2000, pp. 388.

43. MIRAGOLI, Egidio, *Il Consiglio Pastorale Diocesano secondo il Concilio e la sua attuazione nelle diocesi lombarde*, 2000, pp. 260.

44. ROMANO, Maria Teresa, *La rilevanza invalidante del dolo sul consenso matrimoniale (can. 1098 C.I.C.): dottrina e giurisprudenza*, 2000, pp. 252.

45. MARCHETTI, Gianluca, *La curia come organo di partecipazione alla cura pastorale del Vescovo diocesano*, 2000, pp. 556.

46. MALECHA, Pawe , *Edifici di culto nella legislazione canonica e concordataria in Polonia*, 2000, pp. 328.

47. GHISONI, Linda, *La rilevanza giuridica del metus nella consumazione del matrimonio*, 2000, pp. 212.

48. MOSCARIELLO, Giovanni, *«Error qui versetur circa id quod substantiam actus constituit» (can. 126). Studio storico-giuridico*, 2001, pp. 284.

49. RAVA, Alfredo, *Il requisito della rinnovazione del consenso nella convalidazione semplice del matrimonio (can. 1156§2). Studio storico-giuridio*, 2001, pp. 340.

50. FERNÁNDEZ CONDE, María Teresa, *La misión profética de los laicos del Concilio Vaticano II a nuestros días. El laico, «signo profético» en los ámbitos de la Iglesia y del mundo*, 2001, pp. 356.

51. SALVATORI, Davide, *L'oggetto del magistero definitivo della Chiesa alla luce del m.p. Ad Tuendam Fidem: il can. 750 visto attraverso i Concilî vaticani*, 2001, pp. 466.

52. ZAMBON, Adolfo, *Il consiglio evangelico della povertà nel ministero e nella vita del presbitero diocesano*, 2002, pp. 400.

53. CELIS BRUNET, Ana Maria, *La relevancia canónica del matrimonio civil a la luz de la teoría general del acto jurídico. Contribución teórica a la experiencia jurídica chilena*, 2002, pp. 396.

54. PAWŁOWSKI, Andrzej, *Il «bonum fidei» nella tradizione canonica e la sua esclusione nella recente giurisprudenza rotale*, 2002, pp. 408.

55. GRAZIAN, Francesco, *La nozione di amministrazione e di alienazione nel Codice di Diritto Canonico*, 2002, pp. 324.

56. BOLCHI, Elena Lucia, *La consacrazione nell'Ordo Virginum. Forma di vita e disciplina canonica*, 2002, pp. 450.

57. MULLANEY, Michael J., *Incardination and the Universal Dimension of the Priestly Ministry. A Comparison Between CIC 1917 and CIC 1983*, 2002, pp. 276.

58. CABRERA LÓPEZ, Rubén, *El derecho de asociación del presbítero diocesano*, 2002, pp. 236.

59. HEINZMANN, Marcelo Cristian, *Le leggi irritanti e inabilitanti. Natura e applicazione secondo il CIC 1983*, 2002, pp. 232.

60. UGGÉ, Bassiano, *La fase preliminare/abbreviata del processo di nullità del matrimonio in secondo grado di giudizio a norma del can. 1682 § 2*, 2002, pp. 368.

61. SAJE, Andrej, *La forma straordinaria e il ministro della celebrazione del matrimonio secondo il Codice latino e orientale*, 2003, pp. 276.

62. COLOMBO, Giovanna Maria, *«Sapiens aequitas». L'equità nella riflessione canonistica tra i due codici*, 2003, pp. 452.

63. SEQUEIRA, Domingos, *Os presbíteros diocesanos e o seu envolvimento na política: proibição e excepção. Estudo histórico-canónico-teológico*, 2004, pp. 384.

64. GAVIN, Fintan, *Pastoral Care in Marriage Preparation (Can. 1063). History, Analysis of the Norm, and Its Implementation by Some Particular Churches*, 2004, pp. 240.

65. BESSON, Éric, *La dimension juridique des sacrements*, 2004, pp. 386.

66. WALKER VICUÑA, Francisco, *La facultad para confesar*, 2004, pp. 270.

Finito di stampare
nel mese di Luglio 2004

presso la tipografia
"Giovanni Olivieri" di E. Montefoschi
00187 Roma • Via dell'Archetto, 10, 11, 12
Tel. 06 6792327 • E-mail: tip.olivieri@libero.it